长江养老·全球养老金管理前沿译丛

风险管理

全球新监管格局下的养老保障

Retirement System
Risk Management
Implications of the New Regulatory Order

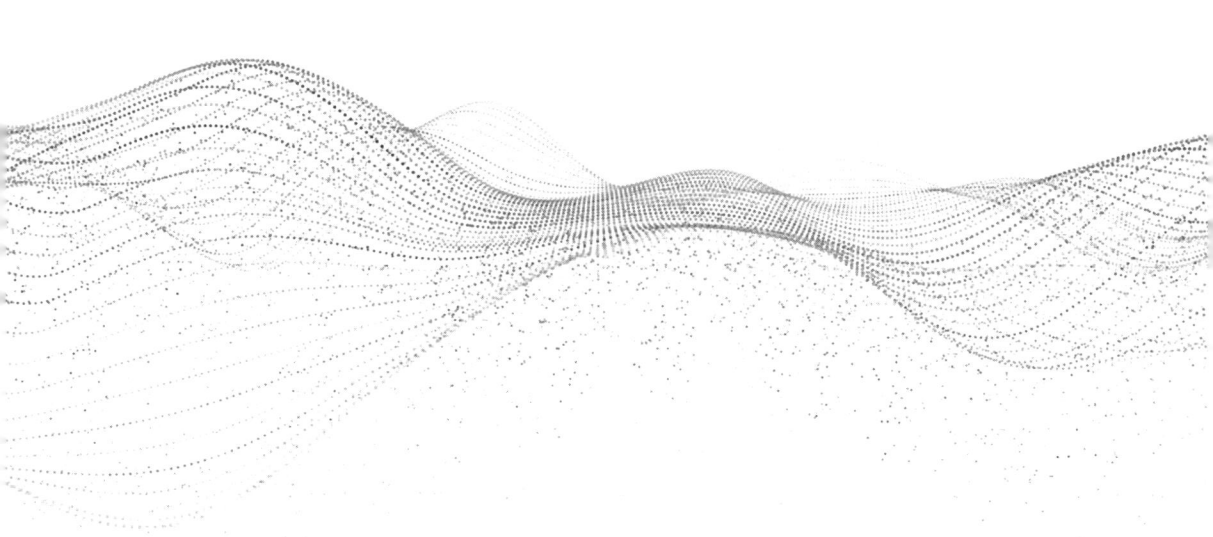

［美］奥利维亚·S. 米切尔（Olivia S. Mitchell）
［德］雷蒙·毛雷尔（Raimond Maurer） 编
［美］J. 迈克尔·奥斯扎格（J. Michael Orszag）
沈国华 译

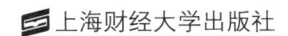

上海财经大学出版社

图书在版编目(CIP)数据

风险管理:全球新监管格局下的养老保障/(美)奥利维亚·S. 米切尔(Olivia S. Mitchell),(德)雷蒙·毛雷尔(Raimond Maurer),(美)J. 迈克尔·奥斯扎格(J. Michael Orszag)编;沈国华译. —上海:上海财经大学出版社,2023.5

(长江养老·全球养老金管理前沿译丛)

书名原文:Retirement System Risk Management: Implications of the New Regulatory Order

ISBN 978-7-5642-3947-3/F·3947

Ⅰ.①风… Ⅱ.①奥… ②雷… ③J… ④沈… Ⅲ.①养老保险基金-风险管理-研究 Ⅳ.①F830.45

中国版本图书馆 CIP 数据核字(2022)第 152897 号

□ 责任编辑 徐 超
□ 封面设计 张克瑶

风险管理
全球新监管格局下的养老保障

奥利维亚·S. 米切尔(Olivia S. Mitchell)
雷蒙·毛雷尔(Raimond Maurer)   编
J. 迈克尔·奥斯扎格(J. Michael Orszag)
沈国华   译

上海财经大学出版社出版发行
(上海市中山北一路 369 号 邮编 200083)
网   址:http://www.sufep.com
电子邮箱:webmaster @ sufep.com
全国新华书店经销
上海华教印务有限公司印刷装订
2023 年 5 月第 1 版 2023 年 5 月第 1 次印刷

710mm×1000mm 1/16 15.5 印张(插页:2) 261 千字
定价:72.00 元

图字：09-2022-0930 号

Olivia S. Mitchell，Raimond Maurer，J. Michael Orszag

Copyright © Pension Research Council，The Wharton School，University of Pennsylvania 2016.

Retirement System Risk Management：Implications of the New Regulatory Order，First Edition was originally published in English in 2016. This translation is published by arrangement with Oxford University Press. Shanghai University of Finance & Economics Press is solely responsible for this translation from the original work and Oxford University Press shall have no liability for any errors，omissions or inaccuracies or ambiguities in such translation or for any losses caused by reliance thereon.

《风险管理：全球新监管格局下的养老保障》英文版于2016年出版。本中文翻译版由牛津大学出版社授权出版。上海财经大学出版社全权负责本书的翻译工作，牛津大学出版社对本翻译版中的任何错误、遗漏、歧义或因相关原因而造成的任何损失不负任何责任。

2023年中文版专有出版权属上海财经大学出版社

版权所有　翻版必究

总序一

国势之强由于人，人材之成出于学。上海财经大学一直立足于中国崛起和民族复兴的时代主题，立德树人、探索真理，促进知识创造和知识传播。上海财经大学出版社是上海财经大学主办的综合性财经专业出版社，此次与长江养老合作，共同推出"长江养老·全球养老金管理前沿译丛"，旨在把海外养老金管理的先进经验和我国具体实际相结合，形成具有实践意义的养老金融发展目标和路径。

推动我国养老金融的高质量、可持续发展，应进行全面的结构性思考。目前，我国坚持应对人口老龄化和促进经济社会发展相结合，坚持满足老年人需求和解决人口老龄化问题相结合。随着我国人口结构的变化，可以从老龄化本身寻求社会经济发展新动能，养老金融的高质量发展将有效助力社会经济的转型发展：一方面，养老金融通过长期可持续的复利回报积累养老财富，促进银发经济发展；另一方面，养老金融为养老产业提供资金支持，养老产业战略布局与供给侧结构性改革密切相关。

我国养老保障体系顶层设计持续完善，推动养老金融的改革创新。党的二十大报告立足全面建设社会主义现代化强国，提出要健全覆盖全民、统筹城乡、公平统一、安全规范、可持续的多层次社会保障体系。养老保障是多层次社会保障体系的重要组成部分，个人养老金制度的正式落地实施，体现出党中央国务院推进积极应对人口老龄化国家战略的决心。未来，金融市场将涌现出更多符合国际发展趋势和中国国情的养老金融产品，以账户制改革为方向的制度创新，以金融机构为主导的投资方式创新，以及以智能投顾为代表的服务创新将持续进行。

同时，我们也注意到，世界百年未有之大变局加速演进，我国发展进入战略机遇和风险挑战并存、不确定因素增多的时期，我国的养老金融的发展也面临诸多挑战，需要政府、产业界、学术界等社会各界的积极探索，需要学术界和实践界的密切配合，需要多学科领域的通力合作。此次系列丛书的出版是一次有益的尝试，长江养老和上海财大出版社精心挑选了涵盖金融科技、基金受托、风险管理和养老金经济与财务研究的四本著作，提出实践中的改革与完善养老金管理的对策，探索养老金融高质量发展之路，这些探索也必将引领我们创造一个社会更加繁荣、人民更加富足的银色经济新时代。

未来，上海财经大学将与各方携手，聚焦社会前沿、科技前沿、经济发展前沿，在战略思路上进行创新，以科研力量服务国家战略，为我国经济社会的高质量发展贡献力量。

上海财经大学校长

刘元春

总序二

作为国民收入再分配的一种手段,全球养老金制度至今已有130多年的历史,是经济制度的重要组成部分,其规模和保障深度、范围与一个国家的经济发展水平息息相关。美国、英国、日本、荷兰等经济水平较高的国家,养老金体系制度建设相对完善,发展较为成熟。

1994年,世界银行首次提出三支柱理论,我国也逐步建立起了多层次、多支柱的养老保险体系。《中国养老金发展报告2021》数据显示,我国各类养老金规模达到13万亿元人民币,与我国GDP规模的比率为11.36%,为我国养老金管理行业提供了广阔的发展空间。另一方面,人口老龄化、人均寿命延长、医疗卫生支出剧增等,凸显了养老金的可持续性压力大、长期投资不足的问题。为此,国家各部委发布一系列推动个人养老金发展的指导意见和实施办法,进一步加强养老保障体系建设,规范个人养老金投资管理,为养老金管理提供了更有利的环境。

借鉴海外养老金管理的优秀经验,能帮助我们更好地探寻中国养老金融机构发展的新思路和新方向。此次,中国太保旗下长江养老携手上海财经大学出版社,共同推出"长江养老·全球养老金管理前沿译丛",聚焦养老金管理的受托、投资、金融科技和风险管理等关键领域,研究海外养老金运作的专业管理经验,以期为我们进一步提升养老金运作效率提供参考。

受人之托、代人理财是养老金管理的本质。《卓越投资:养老基金、捐赠基金和慈善基金会受托人实用指南》一书,全景展示了世界各大养老基金受托人的实践经验和教训。

正如巴菲特所言,"今天的投资者不是从昨天的增长中获利的",养老金投资同样需要忠于现实、投资未来,在国家发展的大趋势中找到值得坚守的长期价值,形成具有养老特色的投资哲学和逻辑体系。《养老基金效率、投资与风险承担》一书正是从这一角度出发,从安全和收益的角度思考如何提升养老金管理的效率。

养老金融以科技创新赋能。《金融科技:养老保障体系的革新力量》一书指出金融科技对养老规划、储蓄、投资产生了颠覆性的影响。在中国,金融科技在养老金管理的运用已迈入积厚成势的新阶段,随着以账户制为核心的个人养老金制度落地,如何解决养老金融服务"最后一公里"的问题,探索具有规模效应的服务模式,金融科技给出了答案。

养老金融更以风险管理立身。《风险管理:全球新监管格局下的养老保障》一书描述了2008年全球金融危机对保险公司及养老金计划产生的不利影响,评估了金融危机如何潜移默化地改变保险公司、养老金计划的风险管理方式,也给了我们更多应对和分散风险的启迪。

知之愈明,行之愈笃。随着积极应对人口老龄化上升为国家战略,养老保障体系的顶层设计日益完善。中国太保始终坚持对行业健康稳定发展规律的尊重,坚持以客户需求为导向,提供全方位、全覆盖、全周期的健康养老产品和服务,以提升人民群众的获得感、幸福感和安全感。展望未来,中国太保旗下长江养老将借鉴国内外优秀的养老金管理经验,坚持长期投资、价值投资、责任投资,努力为广大养老金受益人提供最好的权益。

中国太平洋保险(集团)股份有限公司总裁

序　言

近期，由长江养老保险公司与上海财经大学出版社合作组织编译出版"长江养老·全球养老金管理前沿译丛"，其中包括由沈国华翻译美国养老金研究理事会与牛津大学出版社合作出版，由奥利维亚·S. 米切尔（Olivia S. Mitchell）、雷蒙·毛雷尔（Raimond Maurer）、J. 迈克尔·奥斯扎格（J. Michael Orszag）编写的专著《风险管理：全球新监管格局下的养老保障》。本书从监管措施和养老金融产品两个角度，深入探讨国际上养老保障制度风险管理的发展规律。

本书系统性地揭示和解读海外为应对 2008 年金融危机采取的监管措施如何潜移默化地影响后续的金融机构、养老金计划发起人长期以来的风险管理方式。金融危机引发了世界各国监管部门关于风险管理的思考，本书说明了保险公司、商业银行、资产管理公司、基金公司的风险管理方式有着本质区别的原因，并指出监管部门应不断健全保护参保人利益的法律法规。其次，本书辅以实践案例，通过评估全球范围内养老储蓄和养老理财产品的发展状况，表明新的风险管理方法和投资工具能够提高居民的养老储蓄，以此来寻找抵御长寿风险、缓解养老金不足的实践路径。本书的上述视角能够为有关中国养老保障体系发展过程中的风险管理问题提供可以借鉴的参考依据。

中国是世界上老年人口最多的国家，而且未来将是人口老龄化速度最快、老龄化程度最严重的国家之一。近年来，中国人口老龄化不断加速，2021 年底全国 60 岁及以上老年人口总数为 2.67 亿人，占全国总人口的 18.9%。预计 2035 年，60 岁及以上老年人口将超过 4 亿人，占全国总人口的比重将达到

30%。预计2052年,中国60岁及以上人口总量将达到4.87亿人,占总人口的比重将达到35%左右。同时,近年来中国人口出生率持续下降,2021年末全国人口出生率仅为0.75%,已经陷入低生育率陷阱。在老龄化、少子化趋势已经形成的背景下,中国养老保障问题日益突出。由于中国人口老龄化高峰阶段将一直持续到本世纪末,未来大半个世纪中人口老龄化都将一直是中国经济和社会发展面临的一个突出问题,也是养老保障体系面临的一个长期挑战。

在未富先老的情况下,未来中国养老保障的负担之重、养老保障体系建设面临的压力之大、养老保障制度改革的难度之大、养老保障对社会经济发展的影响之深远都将是前所未有的!展望未来,中国养老保障领域的改革与发展任重而道远!

习近平总书记在党的二十大报告中提出,要"健全覆盖全民、统筹城乡、公平统一、安全规范、可持续的多层次社会保障体系……健全社保基金保值增值和安全监管体系"。因此,确保基金运行安全对新时代养老保障体系建设中的风险管理工作提出了更高要求,需要早识别、早预警、早发现、早处置各类风险,重点要完善安全防线和风险应急处置机制。目前,中国是一个居民储蓄水平很高的国家,但个人投资渠道相对较窄,在建立个人养老金制度之后,个人可以根据自己的风险偏好、年龄和生命周期预期以及自己的风险承受能力选择养老金融产品,尤其在个人养老金账户实行封闭运营的情况下,如何平衡风险和收益,通过长期、稳定的复利回报积累可持续养老财富成为关键。

目前,我国基本养老保险参保人数已经增加到10.4亿人,参保率达到95%,基本实现全覆盖。但企业年金发展缓慢,覆盖人数不到基本养老保险参保人数的7%;个人养老金制度建设还处于起步阶段。养老保障关系到广大人民群众的切身利益,关系到国计民生,关系到经济发展和社会稳定的大局。因此,要从促进中国养老保障制度公平可持续发展的战略高度,全面深化养老保障制度改革,大力加强多层次、多支柱的养老保障体系建设,稳步提高养老保障水平,努力实现养老保障公平可持续发展。

推进建立和完善多层次养老保障体系,是一项利国利民的重大民生工程。"它山之石,可以攻玉",我们要认真学习借鉴西方国家在养老保障方面比较成熟的先进经验,并充分考虑现阶段中国的基本国情,积极推进养老保障领域的各项改革。当前,要以推动建立个人养老金制度为契机,积极促进个人养老金市场的发展和壮大。同时,要进一步协调推进多层次、多支柱的养老保障体系建设,通过加快推进多层次的养老保障体系建设特别是第二和第三支柱的建设,健全和完善中国养老保障体系,促进中国养老保障制度可持续发展,让广大老年人能够依法享有更加公平、更加可靠的养老保障。

中国社会保障学会副会长
中国养老金融50人论坛学术委员会主席
浙江大学国家制度研究院副院长

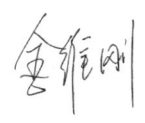

金维刚

前　言

在2008～2010年的全球金融危机结束以后,世界各地的监管机构和政策制定机构试图再造金融机构运营的环境,目的就是要使银行、保险公司、养老基金和资产管理公司等机构的监管和监控基本架构变得更加透明、一致。金融业的崩溃也促使人们重新思考会计制度如何处理资产和负债报告尤其是养老金等长期承诺报告的问题。

在养老金研究理事会(Pension Research Council)/牛津大学出版社(Oxford University Press)合作出版的系列丛书最新一卷里,我们对这方面的变化进行了盘点,并且考察了这方面的变化将如何改变未来银行和非银行机构的运营方式。我们也评估了这方面的变化有可能对其他市场和经济部门产生的意外影响。我们可以从国际经验中吸取一些密切相关的教训,因为有关的监管法规和实践还没有实现完全的全球统一。本书能够吸引在职员工和退休人员、消费者和研究人员以及致力于设计更好的退休计划产品的金融机构。

在编写本书的过程中,有很多人和机构发挥了重要作用。本书的联合编者雷蒙·毛雷尔和J.迈克尔·奥斯扎格在我们设计和构思本书介绍的研究项目时贡献了许多有益的建议。我们要感谢我们的顾问委员会和养老金研究理事会的会员提供的知识和资金支持。此外,我们还得到了宾夕法尼亚大学沃顿商学院养老金研究理事会和伯特纳养老金与退休研究中心(Boettner Center for Pensions and Retirement Research)以及拉尔夫·H.布兰查德纪念基金会

（Ralph H. Blanchard Memorial Endowment）的资助。我们也要向牛津大学出版社表示深切的感谢,感谢它出版了我们的全球退休保障系列丛书。我们还要感谢唐娜·圣路易斯(Donna St. Louis)和约瑟夫·贝克(Joseph Bercker)对本书的手稿进行了专家级别的审阅和精心编辑。

我们在宾夕法尼亚大学沃顿商学院养老金研究理事会和伯特纳养老金与退休研究中心的研究已经持续了60多年,重点关注养老金和退休福利问题。本书进一步推动了我们对全球养老金和退休保障政策进行卓越研究并开展热烈讨论的努力。

奥利维亚·S. 米切尔
宾夕法尼亚大学沃顿商学院伯特纳养老金与
退休研究中心主任、养老金研究理事会执行理事

撰稿人简介

哈维尔·阿隆索(Javier Alonso)现就职于西班牙对外银行(BBVA)设在马德里的研究机构,他曾是西班牙应用经济学基金会(Foundation for Applied Economics,FEDEA)的研究经济学家、马德里诺华制药公司(Novartis)的财务专家、马德里孔普卢腾斯大学(University Complutense de Madrid)的教授。哈维尔·阿隆索在马德里孔普卢腾斯大学先后获得了经济学学士和博士学位。

阿方索·阿雷利亚诺(Alfonso Arellano)现就职于西班牙对外银行研究机构和马德里养老金研究所,并且还是马德里孔普卢腾斯大学的兼职副教授。在这之前,他曾是西班牙应用经济学基金会的博士后研究员和阿利坎特大学(University of Alicante)的客座教授。阿方索·阿雷利亚诺在马德里孔普卢腾斯大学获得了经济学学士学位,在庞培法布拉大学(University Pompeu Fabra)获得了经济学和管理学硕士学位,在马德里卡洛斯第三大学(University Carlos III of Madrid)获得了经济学博士学位。

安德鲁·G. 比格斯(Andrew G. Biggs)是美国企业研究所(American Enterprise Institute)的常驻学者,专门研究社会保障改革、州和地方政府养老金以及公共部门薪酬和福利等问题。他在北爱尔兰贝尔法斯特女王大学(Queen's University Belfast)获得了学士学位,在剑桥大学(Cambridge University)和伦敦大学(University of London)获得了硕士学位,在伦敦经济学院(London

School of Economics)获得了博士学位。

约瑟夫·布西洛(Joseph Busillo)是 SEI 资产管理公司机构部(SEI's Institutional Group)的高级策略师,他在该集团悉心为待遇确定型养老金计划的客户工作,并为他们提供投资策略建议。他负责 SEI 资产管理公司全球负债驱动型投资策略的开发和应用,并且在投资行业积累了丰富的经验。

阿斯利·德米尔古克-肯特(Asli Demirgüç-Kunt)是世界银行研究部主任。她在作为一名年轻经济学家加盟世界银行后,曾先后担任过多种职务,包括发展政策研究主任、金融与私营部门发展网络首席经济学家、高级研究经理。她的研究和咨询建议主要集中在金融和私营部门的发展问题。她在俄亥俄州立大学获得了经济学硕士和博士学位。

凯瑟琳·唐纳利(Catherine Donnelly)是赫瑞瓦特大学(Heriot-Watt University)数学与计算机科学学院精算数学与统计学系副教授。她的学术兴趣主要是提出和分析团体分担风险的方法,尤其是分担投资和死亡风险的方法,还包括年金、人寿保险、养老基金、生命周期投资(投资组合优化)和风险定量管理。她在剑桥大学三一学院获得了数学硕士学位,在牛津大学基布尔学院(Keble College)获得了数学与计算机科学基础硕士学位,在加拿大滑铁卢大学(University of Waterloo)获得了数学博士学位。

彼得·A. 费雪(Peter A. Fisher)是塔佩斯特里网络公司(Tapestry Networks)的合伙人,负责公司包括银行和保险公司治理、私募股票、资产管理和新业务开发在内的金融服务领域的业务。他的兴趣主要集中于金融服务、战略性新业务开发、新产品开发和思想领导力等方面的研究。此前,他曾担任过锥体全球顾问公司(Pyramis Global Advisors)的总经理,专注于长期业务战略和全球扩张计划。他还领导过富达研究所(Fidelity Research Institute)和战略新业务发展集团(Strategic New Business Development Group)的产品设计与上市工作。他曾与贝恩公司(Bain & Company)和美国国家经济研究协会(National Economic Research Associates,NERA)进行过合作。他在美国西北大学(Northwestern University)获得了经济学学士学位,在哈佛大学获得了商业经济学硕士和博士学位。

蒙特塞拉特·吉兰(Montserrat Guillén) 是巴塞罗那大学(Universitat de Barcelona)风险研究中心——保险与金融风险研究团队(Research Group on Risk in Insurance and Finance)——的教授和主任。她的研究重点是精算统计和风险定量管理。她是美国风险与保险协会(American Risk and Insurance Association)官方期刊《风险与保险》(Risk and Insurance)的副主编、国际精算协会(International Actuarial Association)官方期刊《奥斯汀公报》(Astin Bulletin)的高级编辑以及《统计与运筹学会刊》(Statistics and Operations Research Transactions,SORT)的主编。她在巴塞罗那大学获得了数学与数理统计理学硕士学位和经济学博士学位,其间在英国埃塞克斯大学(University of Essex)获得了数据分析理学硕士学位。

托马斯·哈维(Thomas Harvey) 是SEI资产管理公司机构部的顾问团队主管,负责向机构客户提供持续的战略咨询服务,并且在宾夕法尼亚州立大学兼任客座教授。此前,他做过投资银行家,曾是美联银行资本市场部(Wachovia Capital Markets)主管。他在密歇根大学(University of Michigan)获得了金融学士学位和工商管理硕士学位。他持有美国金融业监管局(Financial Industry Regulatory Authority,FINRA)7系列、63系列和24系列的执业资格证书。

布莱恩·霍夫曼(Bryan Hoffman) 是SEI公司投资管理部的高级投资组合策略师。他与投资管理部的研发团队一起负责开发和维护SEI公司的资本市场假设和资产类别定量建模。他还研究资产配置支持SEI公司的多资产模型和基金，重点是以风险为基础的资产类别配置方法。布莱恩获得了圣母大学（University of Notre Dame）的金融与经济学学士学位，并且是特许金融分析师（CFA）。

莱奥拉·克拉佩尔（Leora Klapper）是世界银行发展研究部金融与私营部门研究团队的首席经济学家。她的研究兴趣包括创业、银行、金融渠道、公司治理、破产和风险管理。她在开发金融包容性［全球金融包容性指数（Global Findex）］衡量方法方面发挥了重要的作用。此前，她曾在美国联邦储备委员会、以色列银行和所罗门美邦（Salomon Smith Barney）任职。她在纽约大学斯特恩商学院（New York University Stern School of Business）获得了金融经济学博士学位。

雷蒙·毛雷尔（Raimond Maurer）是法兰克福歌德大学（Goethe University Frankfurt）金融系投资、投资组合管理与养老金理财学教授。他的研究重点是资产管理、终身投资组合选择、房地产和养老金理财。此前，他曾在沃顿商学院（Wharton School）做过访问学者，并且担任过包括联合房地产投资集团（Union Real Estate Investment Group）、精算师协会［亚洲保险监督官论坛（AFIR）］的学术主席、国际投资注册分析师协会（Association of Certified International Investment Analysts）学术主任和国际考试委员会（International Examination Committee）委员。他在曼海姆大学（Mannheim University）获得了博士学位和工商管理文凭，并且获得了圣彼得斯堡州立财经大学（State University of Finance and Economics of St Petersburg）授予的荣誉博士学位。雷蒙·毛雷尔也是歌德大学董事会的成员。

奥利维亚·S. 米切尔（Olivia S. Mitchell）是国际雇员福利计划基金会（International Foundation of Employee Benefit Plans）的教授以及保险/风险管理与商业经济/政策学教授。米切尔是美国宾夕法尼亚大学沃顿商学院养老金研究理事会的执行理事，也是沃顿商学院伯特纳养老金与退休研究中心的主任。同时,她还是美国国家经济研究协会的研究助理、富国优势基金信托公司(Wells Fargo Advantage Fund Trusts)董事会的独立董事、密歇根大学健康与退休研究中心(Health and Retirement Study)的合作研究员、密歇根退休研究中心执行委员会成员以及新加坡管理大学(Singapore Management University)西姆·基·伯恩研究所(Sim Ki Boon Institute)银发安全中心高级学者。她在哈佛大学获得了经济学学士学位,在威斯康星大学麦迪逊分校(University of Wisconsin-Madison)获得了经济学硕士和博士学位。

延斯·佩克·尼尔森(Jens Perch Nielsen)是伦敦城市大学卡斯商学院(Cass Business School of the City University of London)的精算学教授。他在专门从事研发之前曾担任过委任精算师,领导过多个不同的产品开发部门。此前,他曾是一名企业家,目前仍是总部位于哥本哈根的弗雷登堡科学第一顾问公司(ScienceFirst and Fredensborg Advisor)的共同所有人和董事会成员。他在哥本哈根大学(Københavns Universitet)获得了精算学硕士学位,在加州大学伯克利分校获得了统计学博士学位,在哥本哈根大学获得了丹麦精算学、金融和统计学博士学位。

J.迈克尔·奥斯扎格(J. Michael Orszag)是韬睿惠悦(Towers Watson)这家全球精算咨询公司的全球研究主管。他的研究兴趣包括养老金、人事经济学、风险管理和保险。他是《养老金经济与理财杂志》(*Journal of Pension Economics and Finance*)的创始主编以及《牛津养老金与退休收入手册》(*Oxford Handbook of Pensions and Retirement Income*)的联合主编。他在普林斯顿大学获得了经济学学士学位,在密歇根大学获得了经济学博士学位。

乔治斯·A.帕诺斯(Georgios A. Panos)是格拉斯哥大学亚当·斯密商学院(Adam Smith Business School at the University of Glasgow)的金融学准教授(英国大学教师职称,级别仅次于教授。——译者注),主要研究金融学和劳动经济学的交叉问题。此前，他曾在斯特灵大学(University of Stirling)和埃塞克斯大学商学院教授经济学，并为世界银行提供咨询服务。他在阿伯丁大学(University of Aberdeen)获得了经济学博士学位。

布莱恩·里德(Brian Reid) 是美国投资公司协会(Investment Company Institute)的首席经济学家，负责该协会的研究部门，并监督该协会的共同基金行业统计数据收集和分析工作。在这之前，他是美国联邦储备委员会货币事务部的经济学家。他在威斯康星大学麦迪逊分校以优异的成绩获得了经济学学士学位，在密歇根大学获得了经济学博士学位。

拉尔夫·罗加拉(Ralph Rogalla) 是圣约翰大学(St John's University)风险管理、保险与精算学院的助理教授。之前，他曾在法兰克福歌德大学和法兰克福应用科学大学(Frankfurt University of Applied Sciences)担任教职，并在宾夕法尼亚大学沃顿商学院做过梅茨勒(Metzler)讲席客座教授。罗加拉的研究重点是养老金理财和家庭投资组合选择。罗加拉在歌德大学获得了金融学博士学位和执业资格认证，并在柏林工业大学(Technical University Berlin)获得了经济学文凭。

伊沃内·西格林(Ivonne Siegelin) 是德国法兰克福忠利人寿保险公司(Generali Life Insurance)的产品开发精算师。她的研究重点是参与型终身年金险投保人的效用和保险公司的风险。她在歌德大学获得了金融学博士学位。

戴维·图艾斯塔(David Tuesta) 是西班牙对外银行马德里研究部的首席经济学家，他也是利马圣马丁大学(University San Martin de Lima)竞争力与发展研究中心的助理研究员。他与世界银行、泛美开发银行(Inter-American Development Bank)和经合组织合作开展联合研究项目。此前，他曾就职于秘鲁财政部和秘鲁国家能源监管机构(Peruvian National Regulator of Energy)。他在美国明尼苏达大学(University of Minnesota)获得了公共事务硕士学位，在秘鲁天主教大学(Catholic University of Peru)获得了经济学博士学位。

卡雷尔·范胡勒(Karel van Hulle) 是比利时鲁汶天主教大学(Katholieke Universiteit Leuven)商业与经济系讲师、法兰克福歌德大学经济学院讲师以及该校国际保险监管中心执行委员会成员。他参加了在贝宁阿波美—卡拉威大学(Abomey-Calavi University)举办的精算学与金融数学硕士研究项目。他也是欧洲保险与职业养老金管理局(EIOPA)保险与再保险利益相关者部(Insurance and Reinsurance Stakeholder Group)的学术会员，被提名为负责监督国际会计师联合会(International Federation of Accountants)会计准则制定工作的公共利益监督委员会(Public Interest Oversight Board)的成员。范胡勒是一名受过专业训练的律师，他先在鲁汶大学攻读法学，然后在位于威斯康星州密尔沃基市的马凯特大学(Marquette University)法学院攻读美国商法硕士学位。

丹·沃特斯(Dan Waters) 是 ICI 全球公司(ICI Global)的总经理。此前，他曾是英国金融服务管理局(Financial Services Authority, FSA)资产管理部的负责人，负责英国金融服务管理局的资产管理业规范与监督政策工作。沃特斯也曾代表英国在国际证券投资管理委员会常务委员会(International Organization of Securities Commissions Standing Committee on Investment Management)任职，并领导 CESR［现在的欧洲证券与市场管理局(ESMA)］投资管理常设委员会开展工作。他对欧盟可转让证券集合投资计划(Undertakings For Collective Investment In Transferable Securities, UCITS)指令(UCITS IV)进行了重大修订。沃特斯也是英国投资管理监管机构组织(Investment Management Regulatory Organization)执行部的主管和美国商品期货交易委员会(US Commodity Futures Trading Commission)国际执行部的主任。他在波士顿学院获得了学士学位，并在哈佛大学法学院获得了法学学位。

目 录

第一章 引言:新监管秩序对退休制度风险管理的影响/001

全球养老金和年金风险评估/002

退休储蓄和退休理财产品开发/006

结束语/008

参考文献/009

第一编 全球养老金和年金风险评估

第二章 新的保险监管格局:对保险和养老金行业的影响/013

当前的监管格局/013

最近取得的进展/019

对市场结构、行为和绩效的影响/025

社会福利的不同维度及其权衡取舍/027

可能产生市场级效应的例子/029

未来挑战/034

结束语/036

术语表/036

参考文献/037

第三章　基于会计方法的参与型终身年金资产收益平滑：对年金险受益人、保险公司和政策制定机构的影响/039

寿险会计平滑概述/040

参与型终身年金的简单模型/041

标准化调整/043

关键结果/044

结束语/047

参考文献/048

第四章　美国企业养老金市值会计的采用情况及其影响/050

养老金市值会计概览/051

公认会计准则的吸引力/051

公认会计准则存在的缺陷/052

美国的市值会计替代法/053

为什么市值会计对养老金计划发起人具有吸引力？/053

为什么养老金计划发起人不愿意采纳市值会计？/054

养老金资产配置通常不会因会计方法变更而发生变化/059

结束语/067

参考文献/068

第五章　欧洲保险业的风险披露规定：对职业养老基金的影响/069

欧盟的保险业偿付能力监管标准Ⅱ：欧洲保险业新的风险偿付能力资本制度/069

何谓"偿付能力监管标准Ⅱ"？/070

偿付能力监管标准Ⅱ的发展/071

职业养老基金/076

欧盟2003年的职业退休准备金机构指令/076

欧盟对2003年职业退休准备金机构指令的修订/077

保险公司与职业养老基金比较/084

风险披露/087

偿付能力与财务状况报告（SFCR）/088

结束语/091

术语表/092

参考文献/093

第六章　养老金、风险和具有全球系统重要性的金融机构/096

如何定义系统风险？/096

系统风险：把监测范围从银行扩大到非银行金融机构/099

对资产管理公司和基金引发系统风险的担心/104

基金在市场紧张时期的现金流：历史经验/114

结束语/117

参考文献/118

第二编　退休储蓄和退休理财产品开发

第七章　世界各地养老储蓄的决定因素/123

现有文献回顾/125

谁在为养老储蓄的数据/128

实证分析/136

结束语/147

附录/151

参考文献/156

第八章　何谓养老金替代率？如何计算养老金替代率？/159

程式化工资收入者与微模拟的使用/160

应该如何计算退休前收入？/163

根据家庭规模和构成调整的社保替代率/166

如何说明社保替代率？/168

结束语/172

参考文献/173

第九章　事关养老储蓄者和终身年金受益人成本和风险的基本原理/176

背景与动机/177

我们构建的模型和提出的策略的基本原理/179

数字示例/181

结束语/185

致谢/185

附录/185

参考文献/189

第十章　养老基金的基础设施投资与全球金融监管/191

导致养老基金投资基础设施趋势形成速度加快的因素/192

养老基金为何要投资基础设施？/197

全球金融监管与养老基金的基础设施投资/200

影响养老基金基础设施投资的不同变量：经验证据/205

结束语/213

致谢/214

附录：用综合指数来衡量养老基金基础设施投资监管的灵活性/214

参考文献/215

尾页/218

第一章 引言：新监管秩序对退休制度风险管理的影响

奥利维亚·S. 米切尔（Olivia S. Mitchell）
雷蒙·毛雷尔（Raimond Maurer）
J. 迈克尔·奥斯扎格（J. Michael Orszag）

为了应对大萧条以来最严重的金融危机，美国国会在 2010 年通过了《多德—弗兰克华尔街改革和消费者保护法案》（Dodd-Frank Wall Street Reform and Consumer Protection Act），从而改变了银行和其他金融机构管理其风险和报告其活动的规则。欧洲金融监管体系（European System of Financial Supervision，ESFS）也在努力建立一个旨在监督包括银行、保险公司、养老基金和资产管理公司在内的被监管金融机构的清晰明了的监管框架。金融业的"内部爆炸"也促使许多人呼吁进行会计制度改革，他们希望更好地认识资产和负债的报告方式。

虽然 2008～2010 年的金融危机之后，银行最初被许多人看作是监管改革的最重要焦点，但如今其他金融机构正吸引着政策制定机构的关注，并正在成为金融监管改革努力瞄准的目标。一方面，从管理系统风险和营造防止制度结构间套利的公平竞争环境的角度看，政策制定机构把其他金融机构纳入金融监管的做法是有道理的；另一方面，养老金和保险公司负债的性质与银行负债的性质截然不同，因此必须慎重起草适当的监管规则。新的监管规则正对世界各国包括保险公司、雇员和雇主职业养老金计划在内的退休制度产生直接的影响和溢出效应。本书的第一编评估全球为应对金融危机而采取的措施如何潜移默化地改变保险公司、养老金计划发起人和政策制定机构未来几十年的风险管理方式；而第二编则评估退休储蓄和退休理财产品的发展状况，以便确定哪些方面的发展能够怎样帮助解决养老金不足的问题。

全球养老金和年金风险评估

要想了解国家、地区和地方监管法规在金融危机后正在发生怎样的变化，就必须对退休制度和保险公司的监管环境进行评估。彼得·费雪（Peter Fisher，2016）在他写的那一章里承担了考察监管变化对市场结构、行为和绩效的影响的任务。在大多数情况下，保险和养老金行业监管采用复杂的结构，相对而言并没有经受过考验。例如，在美国和加拿大，这个行业的监管机构主要以州（或省）为基础，再辅之以全国保险专员协会（National Association of Insurance Commissioners, NAIC）。不过，一些联邦监管机构最近也进入了这个领域，包括目前监管着资产占美国保险业总资产1/3左右的保险公司的美联储、国际保险监督官协会（International Association of Insurance Supervisors, IAIS）和金融稳定委员会（Financial Stability Board, FSB）。这些监管机构主要是通过规定旨在实现包括金融稳定和增加消费者福利在内的政策目标的要求来影响私营部门的活动。

然而，这些政策目标往往需要权衡取舍，并且会对其他经济部门和市场产生意想不到的影响。例如，为了确保金融稳定，有些国家要求全球性保险公司维持很高的资本金水平，通常是要求这些公司设在采取这种措施的国家的子公司保持很高的资本金，从而减少了资本的跨境流动。跨地域市场协调的缺失可能会导致资本使用效率低下，而运营成本的上涨则有可能推高产品价格，而且在有企业退出某些市场的情况下还可能会削弱竞争。此外，虽然监管机构可以降低投资者的市场风险，但跨地域市场协调的缺失造成的后果有可能会加剧长寿风险等其他因素的影响。

在2008～2010年的金融危机结束之后，寿险公司也受到了更加严厉的监管，部分原因是它们习惯使用能平滑公司资产和负债价值变化的会计方法。通过使用这样的会计方法，寿险公司就可以用景气年份的盈余来支付不景气年份的保险金支出。一方面，有人批评这些方法使得评估保险公司的真实财务状况变得困难，因为这些方法通常遵循酌情处置的规则，而不是固定不变的规则，有可能被寿险公司用来进行财务操纵。平滑法允许递延亏损，但在必须变卖资产支付保险金——以及必须反映亏损——的情况下，就有可能导致保险金赔付额大幅度减少，而保险公司的偿付能力有可能受到挑战。另一方面，公允市价（FMV）报告法的反对者认为，市值计价（MTM）报告法对持有至到期日的资产具有误导性，因此，如果采用模型价格，就可能不是一种可靠的计价报告方法，并且有可能引发不受欢迎的企业行为。但是，进行会计平滑也会递延收益，而且在收益实现时，保险金可能会由于应急准备金价值增加而增加。

雷蒙·毛雷尔、奥利维亚·S. 米切尔、拉尔夫·罗加拉和伊沃内·西格林（Raimond Maurer, Olivia S. Mitchell, Ralph Rogalla, and Ivonne Siegelin, 2016）在他们写的关于这一主题的那一章里指出，平滑法能够给年金受益人和保险公司实际增加价值。这就意味着，限制进行会计平滑，有可能破坏长期养老金支付产品的市场。这一章的作者具体考察了参与型分红式终身年金（participating payout life annuity, PLA）。为了说明年金给付平滑法如何产生作用，这几名作者构建了一个寿险公司出售单一保费参与型终身年金合约的程式化模型。这些终身年金合约模仿了由教师保险与年金协会—大学退休股票基金（Teachers Insurance and Annuity Association-College Retirement Equities Fund, TIM-CREF）提供的教师保险与年金协会（TIM）的传统年金合约。这种产品除向退休人员支付有保证终身年金外，还派发无保证盈余。这几位作者的结论是，在参与型分红终身年金背景下的会计平滑以历史成本而不是公允市价来评估资产，这种做法有助于保护保险公司的资产负债和损益免受资本市场波动的影响。与投保人分享的盈余通常是根据已实现收益和已发生亏损来计算的。

约瑟夫·布西洛、托马斯·哈维和布莱恩·霍夫曼（Joseph Busillo, Thomas Harvey and Bryan Hoffman, 2016）在他们写的那一章里把话题转向了企业待遇确定型养老金的市值会计，并且指出，大多数养老金计划发起人按照公认会计准则（Generally Accepted Accounting Principles, GAAP）为自己的养老金计划做账。这种做法能使养老金计划免受在市场稳定时期可能比较"合理"的市场波动的影响。但是，在2008~2010年这样的危机中，许多养老金计划都出现了亏损，最终导致了大量的未摊销亏损，于是，这些养老金计划不得不慢慢确认和摊销自己的亏损。相比之下，市值记账法把保险公司的资产负债和损益暴露在现实世界的波动中。在实践中，许多股票分析师和信用评级机构在比较计算时"放松"了对养老基金的要求。事实上，一项考察股价在改用市值记账法的会计方法变更公告发布前后5天里变动情况的研究表明，公司股价并没有因此而发生具有显著统计学意义的变化。此外,采用市值记账法为养老金计划做账的公司往往不会相应改变其养老金资产组合构成,在多数情况下仍然坚持采用 60% 股票/40% 固定收益资产的传统投资策略——类似于采用传统公认会计准则为养老金计划做账的公司。

卡雷尔·范胡勒(Karel van Hulle,2016)写的那一章以保险背景下的风险披露为主题。他在这一章里讨论了欧洲从 20 世纪 70 年代发展起来的"欧盟偿付能力监管标准Ⅰ"(SolvencyⅠ)的相关政策沿革。他认为,在 20 世纪 70 年代,保险公司几乎没有保持风险敏感性的动机,而正在制定的"欧盟偿付能力监管标准Ⅱ"(SolvencyⅡ)将要求保险公司在欧盟范围内披露统一的信息,但仍不会要求职业养老基金向广大公众披露有关它们承担的风险的信息。因此,范胡勒得出的结论是,虽然保险业的透明度将得到提高,但在受到严格监管的保险公司与受信息披露约束较少的养老基金之间竞争环境仍不公平。现在仍需要更好地把系统风险管理与完善报告和监管方式结合起来,并且更加认真地评估养老基金是否应该并能够与保险公司执行相同的标准。

今天养老金研究领域的许多学者都表达了他们的担心:监管机构可能会把谚语中所说的婴儿——养老金和保险公司,与洗澡水,也就是那些把金融体系拖入濒临崩溃的表现不佳的银行,一起倒掉。布莱恩·里德和丹·沃特斯(Brian Reid and Dan Waters,2016)在他俩写的那一章里描述了什么是系统风险、银行取向型模型和规则如何影响有关系统风险的思考以及这方面的思考随后又如何影响养老金及其投资的基金和产品的监管重点。他们还对目前有关资产管理产品可能对金融体系构成风险的理论提出了质疑。

正如布莱恩·里德和丹·沃特斯指出的那样,美国成立金融稳定监督委员会(Financial Stability Oversight Council,FSOC)的目的就是要识别金融稳定面临的威胁,并增强市场的约束作用;在欧洲,欧洲议会成立了欧洲系统风险委员会(European Systemic Risk Board,ESRB),并通过这个委员会来协调和监控欧盟内部的风险;在国际上,金融稳定委员会(FSB)已经在发挥识别全球系统风险来源的作用。有些探索银行和非银行金融机构之间关联性的研究对银行中介信用与非银行中介信用进行了比较,因此,这方面的一些文献开始把非银行金融机构称为"影子银行",并把它们经营的这类业务称为"影子银行业务"。

但是,布莱恩·里德和丹·沃特斯这两位作者并不同意这种观点,因为他俩认为,资本市场的金融中介现象与银行融资之间存在根本的区别。银行在正常情况下是通过发行短期和中期债券或者吸收短期和中期存款来为它们的投资进行融资,银行的这种融资方式造就了银行债券持有人和存款人对银行持有的债权;与此同时,银行持有贷款和价值因时而变的有价证券投资组合。因此,银行的融资和投资方式有可能导致一种需要银行持有资本来保护银行存款人和债权人免受损失的错配。银行严重依赖债务为平衡其资产负债进行融资,从而放大了资产价格变化对其资本的影响。美国最大几家银行的平均资产负债杠杆比率是 1:9。如果资产价格下跌,存款人取走银行存款,那么,银行就可能不得不迅速处置其资产,从而引发一个下行周期。相比之下,资产管理公司通过公募或私募基金提供服务,既不拥有基础资产,也不保证固定的回报率。可见,资产管理公司及其提供的产品和服务在结构上与银行及其提供的产品和服务不同,因此应该受到不同的监管。

监管机构已经表达了它们的担心:有些基金的结构,即那些每天回购投资者份额的基金的结构,可能会给快速行动的投资者带来"先动优势",从而可能造成系统风险。例如,如果投资者在金融市场资金紧张时赎回他们购买的债券基金,这些基金可能无法出售自己资产来执行投资者发出的赎回指令,或者它们的行为可能会导致债券市场价格大幅下跌。但是,美国的基金管理公司被要求每天按市值对基金的投资组合进行计价,使用远期定价法和公允估值法来规避可预测的价格波动。采用买方出价或者中间价可以把部分交易成本转嫁给赎回基金的投资者,因为这种定价方法对基金份额的估值接近基金在需要出售资产应对赎回时所能获得的价格。基金管理成本的另一种方式是,对在投资基金后的一定时间窗口里赎回基金份额的投资者收取赎回费。此外,如果交易特别大的投资者希望迅速赎回他们持有的基金份额,大多数基金也保留以实物支付基金份额的权利,这样投资者得到的不是现金,而是部分证券。如果退休计划发起人没有提前足够的时间预先告知他们将从基金撤走自己的计划,那么,共同基金或者集体投资基金等集合产品通常可以选择采用实物赎回基金的方式。然而,全球监管机构似乎都倾向于把资产管理公司和它们管理的基金(可能包括大型养老基金)指定为具有全球系统重要性的金融机构(global systemically important financial institutions, GSIFIs)。如果美国金融稳定监督委员会把美国的一些基金或资产管理公司指定为具有全球系统重要性的金融机构,那么就有可能导致一小部分基金及其投资者(包括养老金计划参与者)承担巨大的成本。

退休储蓄和退休理财产品开发

本书的第二编转而考察我们在哪里和如何进行养老储蓄、我们是否能够积攒足够的储蓄以及新的风险管理方法和投资工具是否能够提高我们的退休储蓄努力。这些主题的广度和范围显示了养老金领域的监管机构和政策制定机构要面对的各种挑战。为了取得成功，退休收入计划必须动员尽可能多的社会成员参加。但与此同时，投资必须在期限上与储蓄相适应，并且可能要包括比传统的流动性投资（如债券和股票）更多的资产类别。最后，在一个即使被广泛接受的概念（如退休收入替代率）都有一定模糊性的环境中设定适当的目标也很重要。本书这一部分就是要努力解决这些棘手的问题。

阿斯利·德米尔古克—肯特、莱奥拉·克拉佩尔和乔治斯·A. 帕诺斯（Asli Demirgüc-Kunt, Leora Klapper, and Georgios A. Panos, 2016）在他们撰写的那一章里利用一个非常有用的新的数据集——世界银行的全球金融包容性指数（Global Findex）——考察了全球不同的养老储蓄和金融包容模式。这个新的数据集收入了世界各地成千上万受访者的信息，为洞察与养老资产积累相关的个人和国家层面的因素提供了新的素材。这项调查的一个有用方面是，它对"无银行账户者"或那些在正规银行系统外储蓄的人进行了调查。这一章显示，受访者报告的主要是用于养老、接受教育或创业的储蓄，全球约有25%的受访者表示他们在为养老储蓄。这个比例在经合组织高收入国家和亚太地区提高到了40%左右，但在较贫穷经济体就比较低。不同性别的储蓄倾向也有所不同，男性和受教育程度较高的人往往有较多的养老储蓄。金融包容性也与养老储蓄紧密且通常是正相关。最后，这三位作者发现，几乎没有证据表明存在公共养老金与私人储蓄之间的"挤出效应"，因为表示自己也在为养老储蓄的受访者的养老储蓄概率与公共养老金的存在或慷慨程度没有显著的相关性。

接下来，安德鲁·比格斯（Andrew Biggs, 2016）撰写的一章探讨了一些考虑养老退休制度给付的新方法。理财顾问和政策制定机构经常使用"收入替代率"这个术语来判断我们的退休储蓄是否充足。在这里，收入替代率是指预期退休收入福利与退休前收入两者的比率。收入替代率作为统计量，有很多计算和解释属性，从而意味着它能够对有关政策以及个人结果和决策产生深远的影响。这一章讨论了三个关键问题：(1) 政策制定者应该使用基于程式化劳动者的收入替代率,还是应该使用行政部门的数据或微模拟数据;(2)计算收入替代率的分母——退休前的收入——是否应根据整个经济的物价上涨幅度或工资增长幅度进行调整;(3)收入替代率是否应该包括按家庭规模进行的调整,把养育子女对父母退休储蓄需要的影响考虑进去。

比格斯通过构建一个社保福利金和雇主赞助的养老金的微模拟模型来说明这些收入替代率计算方法选择可能产生的影响。比格斯得出的结论是,关于美国人是否面临"退休后养老危机"的分歧,在很大程度上并非源于有关美国人退休后有多少退休收入的分歧,而是源于关于美国人需要多少收入才能过上体面的退休生活的分歧。比格斯认为,退休后不必拥有100%的收入替代率,因为退休人员的税负较轻,与工作相关的成本也已经减少。此外,许多退休人员已经还清了抵押贷款,并且完成了退休储蓄。这一章的作者指出,把这些因素考虑进去,就会大大减少那些退休后可能存在收入短缺问题的人的估计数。

凯瑟琳·唐纳利、蒙特塞拉特·吉兰和延斯·佩克·尼尔森(Catherine Donnelly, Montserrat Guillén, and Jens Perch Nielsen, 2016)在他们分析订有退休储蓄计划的投资者的策略的那一章里也讨论了如何管理退休风险的问题。之前的研究表明,为管理投资基金和降低长寿风险而承担的费用会严重侵蚀退休人员的财富,而且很难向消费者传递不确定性的概念。相比之下,凯瑟琳·唐纳利、蒙特塞拉特·吉兰和延斯·佩克·尼尔森在他们撰写的那一章里提出了一种退休人员财富既不会超过目标上限也不会跌破目标下限的退休投资方法。从控制风险的同时又能降低管理费用的意义上讲,设置退休财富目标的上限和下限有助于养老储蓄者确定自己的投资收益。

哈维尔·阿隆索、阿方索·阿雷利亚诺和戴维·图艾斯塔(Javier Alonso, Alfonso Arellano, and David Tuesta, 2016)在他们撰写的本书最后一章里探讨了促使养老基金决定投资基础设施的因素。虽然许多国家的金融监管机构确实允许养老基金进行基础设施投资,但这样做的养老基金仍相对较少。鉴于养老基金必须考虑各种可能的投资选择才能改善其会员的收入结果,而且基础设施投资往往具有长期性的特点,从而可以与养老基金的目标保持一致,因此,养老基金投资基础设施的问题值得关注。但同时,基础设施投资需要相当程度的治理和专业能力,而很少有养老基金具备这样的能力。这一章的作者认为,虽然不同国家对融资性投资的监管规定、不同国家资本市场允许此类投资的程度以及养老基金进行直接或间接基础设施投资的技术能力各不相同,但是,监管限制对养老基金投资基础设施的影响不如养老基金赖以运营的制度框架所产生的影响那么重要。

不管怎样,基础设施投资非常复杂,需要协调许多不同利益相关者的利益,其中包括股东、金融机构、监管机构、保险公司、承包商、项目运营商、原材料供应商,当然还有投资产出的最终用户。此外,此类大型项目具有风险多的特点,具体包括工期延误/成本超支/技术故障、运营风险、金融市场发生意外情况、市场波动和政治方面的挑战(如征用、政治动荡、付款规制)。由于基础设施投资经常不按市值计价,而且往往涉及具有政治重要性的大型项目,因此也是重大治理问题的一个来源。有鉴于此,养老基金必须在这些领域发展深厚的专业功底,并确保它们的治理安排足以应对所涉及的复杂性。澳大利亚和加拿大等一些国家允许本国的养老基金非常灵活地进行基础设施投资,而这些国家的养老基金显然成功地进行了大量的基础设施投资。

结束语

2008~2010年的全球金融危机对旨在为数以百万计的劳动者提供退休收入的养老金计划和保险公司的资产产生了直接、不利的影响。自那以来,监管机构和政策制定机构开始越来越关注努力改变养老金计划和保险公司管理和报告它们承担的风险的方式。在很多情况下,美国和欧洲监管机构一直受到它们自身对如何完善银行体系的观点的影响。但是,养老基金、资产管理公司和保险公司与银行有着根本的区别,本书举例说明了退休收入风险管理应该根据几个不同于银行实践的方面来构思的原因。最后,本书讨论了许多监管机构应该考虑的问题,明确指出了对养老金计划的监管必须既有深度又有广度,这样才能健全其本身必然是复杂的保护参保人利益的法律法规。

总之,我们对监管机构应对金融危机做出的反应的评价表明,保险公司和养老金计划发起人的竞争环境正在发生变化。我们还讨论了退休储蓄和退休理财产品开发的问题,以便确定哪些退休储蓄和产品可用来弥补养老金不足以及这些储蓄和产品如何有助于弥补养老金不足等问题。

参考文献

Alonso, J., A. Arellano, and D. Tuesta (2016). 'Pension Fund Investment in Infrastructure and Global Financial Regulation,' in O. S. Mitchell, R. Maurer, and J. M. Orszag, eds, *Retirement System Risk Management: Implications of the New Regulatory Order*. Oxford: Oxford University Press, pp. 186–213.

Biggs, A. G. (2016). 'Retirement Replacement Rates: What and How,' in O. S. Mitchell, R. Maurer, and J. M. Orszag, eds, *Retirement System Risk Management: Implications of the New Regulatory Order*. Oxford: Oxford University Press, pp. 154–70.

Busillo, J., T. Harvey, and B. Hoffman (2016). 'Mark-to-Market Accounting for United States Corporate Pensions: Implementation and Impact,' in O. S. Mitchell, R. Maurer, and J. M. Orszag, eds, *Retirement System Risk Management: Implications of the New Regulatory Order*. Oxford: Oxford University Press, pp. 51–67.

Demirgüç-Kunt, A., L. Klapper, and G. A. Panos (2016). 'Determinants of Saving for Old Age around the World,' in O. S. Mitchell, R. Maurer, and J. M. Orszag, eds, *Retirement System Risk Management: Implications of the New Regulatory Order*. Oxford: Oxford University Press, pp. 121–53.

Donnelly, C., M. Guillén, and J. P. Nielsen (2016). 'Fundamentals of Cost and Risk that Matter to Pension Savers and Life Annuitants,' in O. S. Mitchell, R. Maurer, and J. M. Orszag, eds, *Retirement System Risk Management: Implications of the New Regulatory Order*. Oxford: Oxford University Press, pp. 171–85.

Fisher, P. A. (2016). 'The New Insurance Supervisory Landscape: Implications for Insurance and Pensions,' in O. S. Mitchell, R. Maurer, and J. M. Orszag, eds, *Retirement System Risk Management: Implications of the New Regulatory Order*. Oxford: Oxford University Press, pp. 13–39.

Maurer, R., O. S. Mitchell, R. Rogalla, and I. Siegelin (2016). 'Accounting-Based Asset Return Smoothing in Participating Life Annuities: Implications for Annuitants, Insurers, and Policymakers,' in O. S. Mitchell, R. Maurer, and J. M. Orszag, eds, *Retirement System Risk Management: Implications of the New Regulatory Order*. Oxford: Oxford University Press, pp. 40–50.

Reid, B., and D. Waters (2016). 'Pensions, Risk, and Global Systemically Important Financial Institutions,' in O. S. Mitchell, R. Maurer, and J. M. Orszag, eds, *Retirement System Risk Management: Implications of the New Regulatory Order*. Oxford: Oxford University Press, pp. 95–118.

Van Hulle, K. (2016). 'Risk Disclosure in the European Insurance Industry: Implications for Occupational Pension Funds,' in O. S. Mitchell, R. Maurer, and J. M. Orszag, eds, *Retirement System Risk Management: Implications of the New Regulatory Order*. Oxford: Oxford University Press, pp. 68–94.

第一编

全球养老金和年金风险评估

第二章　新的保险监管格局:对保险和养老金行业的影响

彼得·A. 费雪(Peter A. Fisher)

2008~2010年的全球金融危机结束以后,保险业的监管格局正变得更加复杂,而且也产生了大得多的影响。新的监管机构业已问世,并被赋予了新的权力,而且还扩大了监管范围。设立新机构的目的就是要确保更大程度的金融稳定、更加规范的市场行为以及更高水平的司法管辖区间的标准化,其中的部分目标已经基本实现。与此同时,监管机构之间的联系和接触规则常常含糊不清,监管授权有时出现了重叠,预定的政策目标仍可追求,但对其他方面的社会福利会产生严重的意外负面影响。

本章首先对北美、欧洲和全球的新的监督格局进行概览,尤其是关注新的监管格局对保险业监管和养老金政策产生的影响;然后探讨一些自2008~2010年金融危机以来受到特别关注的具体监管问题,并明确最近取得的监管进展;接着考察监管活动对市场结构、行为和绩效产生的影响,对某些方面的社会福利可能受到的影响进行了后续认定,并用一些具体例子来说明直接的政策目标与有时是模糊的对净社会福利的影响之间的关联性;最后提出一种前瞻性的观点来确定未来的挑战和即将出现的问题。

当前的监管格局

保险和养老金监管机构存在于省、国家、地区和全球多个层次(见图2.1)。

这个监管体系负责执行有关规定并监督有关规定的执行情况，以确保适当的偿付能力、良好的市场行为、金融稳定以及有效的治理和风险管理。

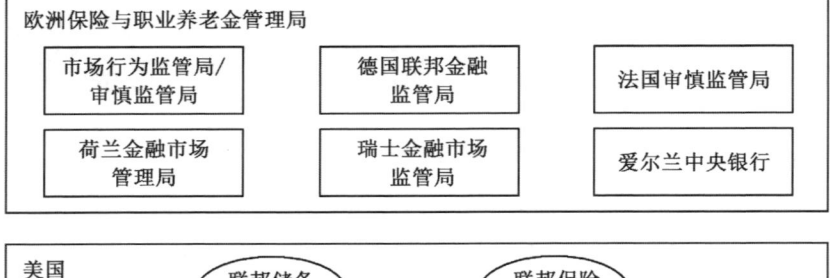

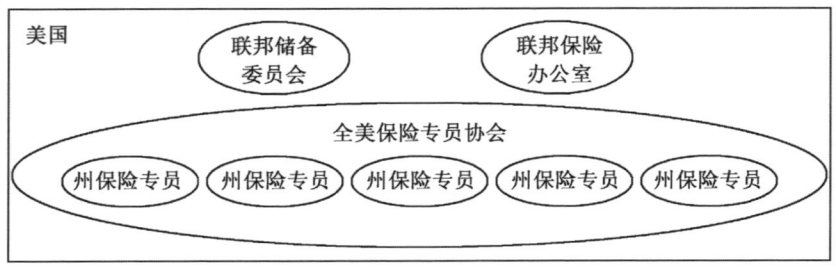

```
欧洲保险与职业养老金管理局
  市场行为监管局/    德国联邦金融      法国审慎监管局
  审慎监管局          监管局
  荷兰金融市场        瑞士金融市场      爱尔兰中央银行
  管理局              监管局

美国
      联邦储备              联邦保险
      委员会                办公室
           全美保险专员协会
   州保险专员 州保险专员 州保险专员 州保险专员 州保险专员
```

注：想要了解更多的细节和解释，请参阅附在本章文末的"术语表"。
资料来源：作者编制。

图 2.1　保险业监管/监督架构

国际概览

北美

美国的保险业监管体系基本上以州为基础，每个州都有一名专职保险专员负责监督其所在州境内的保险市场活动，每个州的保险委员会主要负责监督位于其所在州境内的保险公司。州保险专员负有确保保险公司有偿付能力以及保护投保人和受益人的双重监管职责。与许多其他国家层面的保险业监管体系不同，美国以州为基础的保险监管体系并不直接处理公司集团层面的问题，而是主要关注州和子公司层面的监管和政策问题。全美保险专员协会（National Association of Insurance Commissioners，NAIC）是对州级保险监管体系的补充，它的作用就是协调和在一定程度上规范各州保险专员在州一级开展的保险监管活动。全美保险专员协会是全美保险业标准制定和监管支持机构，由美国 50 个州、哥伦比亚特区和 5 个海外领地的主要保险监管机构创建和管理。美国各州保险监管机构通过全美保险专员协会来确定标准和最佳实践，进行同行评审，协调监管监督工作，并在国内和国际上代表各州保险监管机构发表集体意见。全美保险专员协会的使命包括捍卫公众利益，确保市场竞争，保护保险消费者，促进金融稳定和保险机构有偿付能力。全美保险专员协会是一个自愿协调组织，对各州的保险监管机构没有法定的权力。虽然它的成员是每个州和海外领地的保险专员，但全美保险专员协会是一个关注保险监管事宜，但不负责实际监管工作的非政府组织。具体而言，各州并没有把自己的保险监管权交给全美保险专员协会。全美保险专员协会也是包括美联储、国际保险监督官协会（International Association of Insurance Supervisors，IAIS）和金融稳定委员会（Financial Stability Board，FSB）在内的美国和全球保险监管体系其他重要机构的主要联络机构之一。

在联邦层面，美国有美联储、联邦保险办公室（Federal Insurance Office，FIO）和金融稳定监督委员会（Financial Stability Oversight Council，FSOC）这三个主要机构负责对保险业的监管。在全美范围里，美联储负责监管所有拥有银行控股公司（BHC）、被金融稳定监督委员会认定为具有系统重要性或被认定为"国际活跃保险集团"（Internationally Active Insurance Group，IAIG）的美国保险公司。① 新成立的联邦保险办公室是隶属于美国财政部的一个机构，目前对美国保险市场的任何组成部分都没有法定管辖权，但却是当前美国保险业复合监管框架有影响力的分析和评估机构。联邦保险办公室目前代表美国参加国际保险监督官协会的活动，但在国内没有相应的监管权力。联邦保险办公室在它最近发布的美国保险业现代化报告中提出了理想情况下应该在一个或多个层面（州、联邦和国际）管理保险监督活动的详细建议（FIO，2013）。最后，金融稳定监督委员会有权根据保险公司的规模、复杂性和经营范围，把保险公司指定为具有系统重要性的金融机构。保险公司若被指定为具有系统重要性的金融机构，那么就要受到很多新的监管法规的约束，并且转由美联储负责监督检查执行新法规的情况。②

---

① 保险公司注册地的地区联邦储备银行是保险公司的主要监督机构。
② 美国金融稳定监督委员会有投票权的成员包括美国财政部部长、美联储主席、货币监理署（OCC）署长、消费者金融保护局（CFPB）局长、证券交易委员会（SEC）主席、联邦存款保险公司（FDIC）董事长、商品期货交易委员会（CFTC）主席、联邦住房金融局（FHFA）局长、国家信用社管理局（NCUA）局长以及一名由总统任命并经参议院批准的具有保险专业知识、任期六年的独立成员，而无投票权的成员则包括金融研究办公室（OFR）主任、联邦保险办公室（FIO）主任、一名由各州保险专员推选的州保险专员代表、一名由各州银行事务专员推选的银行事务专员代表以及一名由各州证券专员推选的证券专员代表。

加拿大的金融业监管权主要归属金融机构监督办公室（Office of Superintendent of Financial Institutions，OSFI）这个向财政部部长汇报工作的独立机构。除了监管银行业外，金融机构监督办公室还是加拿大保险公司、信托公司、贷款公司和养老金计划的主要监管机构。金融机构监督办公室在国家层面负责监督金融机构的偿付能力和行为以及加拿大的金融稳定问题，并且代表加拿大参与相关的国际行动。

欧洲

欧洲的保险业监督架构有国家和欧洲两个维度。在国家维度通常存在以下两种结构中的一种：（1）负责行为、审慎和系统监督的单一综合监管机构；（2）由两个机构分别负责行为监督和审慎监督的"双峰"结构，这是吸取金融危机教训在监管问题上做出结构性反应的结果。英国就是采取"双峰"结构的一个例子，英国有审慎监管局（Prudential Regulatory Authority，PRA）和金融（市场）行为监管局（Financial Conduct Authority，FCA）两个机构负责监管保险业。欧洲其他国家的国家级保险业监管机构还有德国的联邦金融监管局（Federal Financial Supervisory Authority，BAFIN）、法国的审慎监管局（Autorité de Contrôl Prudentiel，ACPR）、荷兰的金融市场监管局（Autoriteit Financiele Markten，AFM）和瑞士的金融市场监管局（Swiss Financial Market Supervisory Authority，FINMA）。

欧洲保险业的主要地区监管机构是欧洲保险与职业养老金管理局（European Insurance and Occupational Pension Authority，EIOPA）。欧洲保险与职业养老金管理局是一个由欧盟成员国保险与职业养老金监管机构代表组成的欧盟金融监管机构，它是在2008～2010年金融危机结束后创建的，目的是要帮助在欧盟内部营造更加公平的竞争环境，并且适应欧洲日趋一体化的金融市场。欧洲保险与职业养老金管理局负责履行许多重要职能，包括通过起草和监督执行《欧盟偿付能力监管标准Ⅱ指令》（Solvency Ⅱ Directive）来强化欧盟内部的监管联席会议和审慎制度。欧洲保险业的泛欧监管和监督正是在这个层面上进行的。[①]

全球

在全球层面，对监督职能具有重大影响力的主要组织是金融稳定委员会和

---

① 关于《欧盟偿付能力监管标准Ⅱ指令》的更详细介绍，如可参阅范胡勒所写的本书第五章。

国际保险监督官协会。金融稳定委员会是在2008～2010年金融危机后成立的，旨在监测和监督金融机构和金融活动，以确保全球金融稳定；金融稳定委员会的核心是二十国集团成员国的中央银行和财政部，而这个核心又被各种附加的执行、监管和监督机构所补强。国际保险监督官协会成立于1994年，代表140个国家200多个司法管辖区的保险监管和监督机构；国际保险监督官协会成员机构监管或监督的保费占全球保费的97%。国际保险监督官协会有三大支柱活动，包括为全球保险业制定标准、监督标准的执行和确保全球保险业的财务稳定。

最近，国际保险监督官协会与金融稳定委员会密切合作，围绕集团层面的全球资本金标准和要求、集团监督、公司治理与风险治理、具有全球系统重要性的保险公司的认定标准和监督模式、恢复与处置计划以及宏观审慎标准等问题制定新的标准。

监督问题

许多监督机构的政策目标涉及面很广，包括金融稳定、市场行为、偿付能力、组织治理和监督协调。

金融稳定与系统风险

2008～2010年的金融危机结束以后，确保全球金融稳定是金融监督任务的重中之重，而目前正在全球和国家层面通过考虑组织规模、复杂性、相互关联性和业务类型来解决这个问题。[①] 许多监督系统风险的机制还处在非常早期的发展阶段。这些机制包括设计标准和评价程序，监督资本金、杠杆率和流动性要求的执行情况，制定更加细致的监督标准以及制定恢复与处置计划。认定并监督具有系统重要性的机构的工作正在全球和国家两个层面同时进行，而国家和全球监督机构在如何规范和协调解决它们的很多认定决策、监督活动和授权重叠等问题上还存在相当大的不确定性。

金融机构的市场行为与消费者保护

金融监督的第二大任务源于2008～2010年的金融危机，具体就是加强对

---

① 关于金融稳定和系统风险的更详细介绍，如可参阅里德和沃特斯所写的本书第六章。

金融机构市场行为的监督,以确保消费者得到充分的保护。一些国家为此建立了关注金融机构市场行为、与审慎和稳定监督分开的监管机构,目的就是要避免同时负责监督市场行为以及审慎和稳定的一体化机构顾此失彼的问题。例如,英国成立了市场行为监管局,美国设立了消费者金融保护局(CFPB)。行为监督的授权通常被定义得非常宽泛,包括散户市场和机构市场,在某些情况下,还被定义为包括金融机构内部运营的全部行为方式和文化元素。

偿付能力与资金来源

监督保险和养老金的最基本政策目标之一,就是确保受监督机构有充分的偿付能力和资金来源,从而能够应对它们的未来预期负债。[①] 这个领域最近的重大活动包括在欧洲保险与职业养老金管理局的指导下完成、早期实施并推进的相当于《欧盟偿付能力监管标准Ⅱ指令》的规定,以及美国全美保险专员协会在美国推进的偿付能力现代化计划。这两个机构都颁布了执行会计准则、偿付能力衡量涉及的资产和负债处理以及信息共享与组织治理标准的新方法。

治理

董事会和董事监督不力和能力不足,被金融监管机构认定为是造成2008~2010年金融危机的诸多原因之一。因此,金融监管机构重新开始关注金融机构董事会成员的个人能力,整个董事会的集体能力,董事会下设委员会的结构、责任和人员构成,通过设立新的风险委员会和首席风险官(CRO)等机构或职位对风险进行具体的治理,董事会成员和公司高管保持充分的独立性以及加强董事会对风险、资本、行为和偿付能力等的监督。

协调

随着国家、地区和全球各层次设立了大量新的监督机构,有人重新把重点放在协调许多重叠的授权上。在全美保险专员协会、国际保险监督官协会、欧洲保险与职业养老金管理局和其他机构的支持下,监督机构联席会议的活动取得了一些成功,但这方面仍有许多重要的工作要做。监督机构联席会议加强了许多监督机构之间旨在强化协调和规范的沟通,并且提高了这方面的意识,但

---

① 范胡勒所写的本书第五章对偿付能力问题进行了更加深入的论述。

在实质性协调、授权说明和关键政策领域达成一致的程度仍然非常有限。

最近取得的进展

自 2008~2010 年金融危机以来，保险业的监管结构已经变得复杂得多，因为监管当局正努力确保金融更加稳定，并提高消费者福利。有评论人士指出，这个时期各种有可能造成监管失灵的因素包括授权不明确、监管套利、跨司法管辖区执行非标准化的监管规定和方法、对金融机构监督问题的态度不坚决、金融产品买卖双方互动的监管缺乏活力。最近监管方面取得的许多进展都是为了弥补这些已经发现的不足。

美国

自 2008~2010 年金融危机以来，美国国内的监督格局一直在迅速变化。传统的以州为基础的监督体系已经被掌握直接监督权或具有重要影响力的新的联邦机构所完善。新的联邦监督机构包括美联储、金融稳定监督委员会和联邦保险办公室。具体而言，金融稳定监督委员会把三家保险公司[美国国际集团（American International Group Inc, AIG）、保德信金融集团（Prudential Financial）和大都会人寿保险公司（MetLife）]指定为具有系统重要性的保险公司，从而把这三家保险公司的主要监督权移交给了美联储，并且提出了更加严厉的资本金、流动性、处置和治理要求。被指定为具有系统重要性的保险公司的潜在可能性也已经影响到了美国其他大保险公司在规模、参与"非传统非保险活动"（NTNIA）和相互关联方面的业务行为。例如，授权美联储监督任何拥有银行控股公司的保险公司的规定，促使大都会人寿保险公司最近剥离了银行控股公司的业务。此外，许多保险公司基本上退出了被视为"非传统非保险活动"的信用违约互换市场。

新的联邦监督机构的设立和新的监管规定的推出，在一定程度上加剧了州和联邦监督机构之间的紧张关系，并且导致这两个层次监督权的界限变得有点模糊。例如，2013 年 12 月，联邦保险办公室发布了外界期待已久的关于州监管体系内部现代化和改进机会的报告（FIO, 2013），并在 2014 年 9 月又发布了保险业总体状况及其监督报告（FIO, 2014）。联邦保险办公室在它发布的关于州监管体系内部现代化和改进机会的报告中承认了一些以州为基础的保险监管体制固有的局限性,并且得出结论认为"对当前争论的恰当表述并不是保险监管应该设在州还是联邦一级,而是是否存在某些联邦机构有必要插手以州为基础的保险监管体系的领域"(FIO,2013:11)。具体而言,"不管怎样,联邦机构应该插手干预那些能够解决由各州监管法律和实践局限性造成的问题的领域,例如,美国与国际机构的互动需要统一或联邦政府的声音"(2013:12)。

关于州监管体系内部现代化和改进机会的报告还确定了联邦保险办公室建议各州近期进行改革、关系到资本充足率和安全/稳健、保险公司处置实践以及市场监管的18个领域。这份报告还明确了九个建议联邦政府直接干预保险监管的领域。全美保险专员协会强烈反对联邦政府更多地参与保险监管,并且举例说明了以州为基础的保险监管体制在满足地方需要和实施地方监督方面的有效性以及全美保险专员协会有益的协调职能。全美保险专员协会通过加强它的治理结构、提高偿付能力标准以及与联邦、地区和全球监管机构的合作,对联邦机构更大程度地参与保险业监督的做法做出了回应。

随着美联储权力和覆盖范围的扩大、联邦保险办公室影响力的扩大以及美国联邦(而不是州级)机构参加全球监管机构,美国国内的保险业监管趋势似乎朝着更大程度的联邦化方向发展。在现有的保险市场上,联邦监管力度的加大至少有两个相同的地方。首先,联邦化监管(相对于以州为基础的监管)趋势与美国多险种保险公司为了在地方需要资源时在集团层面聚集并配置资源而采用的集团管理方式和资本结构有相似之处。其次,美国国内的保险监管联邦化趋势,在某种程度上与欧洲内部通过欧洲保险与职业养老金管理局和第二代偿付能力标准由国家级监管机构向更加标准化的泛欧监管方式的演变有相似的地方。金融稳定委员会最近进行的美国保险监管同行审查为形成新的保险监管格局增添了更大的能量,因为金融稳定委员会发现美国市场更加需要:(1)监管的一致性;(2)加强对保险集团的监管;(3)更新偿付能力要求;(4)推进治理和融资改革(FSB,2013)。

未来几年可能会出现一些由于以下可能性而直接挑战正在演化的保险监管架构的具体问题:为某个监管机构就某个具体问题规定明确的授权,或者为某个监管机构达成能使未定型接触规则完好无损的妥协。例如,美国联邦和州监管机构愿意强制推行国际保险监督官协会/金融稳定委员会等全球机构制定的资本、流动性和治理标准。具体来说,如何在美国(世界最大的保险市场)国内强制推行国际保险监督官协会的指令?在不强制推行的情况下,如果没有美国的实质性参与,全球标准能否取得成功?同样重要的是,金融稳定监督委员会与国际保险监督官协会/金融稳定委员会在把美国保险公司指定为具有系统重要性的保险公司方面存在分歧。具体来说,即使撤销最近(国际)金融稳定监督委员会给美国大都会人寿保险公司贴上的具有系统重要性保险公司的标签,美国大都会人寿保险公司仍然是美国金融稳定委员会认定的具有系统重要性的保险公司。那么,在国内程序就具有系统重要性的保险公司得出不同结论的情况下,美国有关当局如何执行全球有关机构的要求呢?此外,有人担心美联储为其监管的公司制定的资本标准与国际保险监督官协会/金融稳定委员会为国际活跃保险公司(其中包括美联储也参与监管的几家保险公司)制定的保险公司资本标准(ICS)的发展步伐并不一致。另一个讨论的话题是,地方"追加"后的保险公司资本标准高于国际保险监督官协会制定的保险公司资本标准,导致保险公司的地方资本标准各不相同,削弱了全球单一标准的优势,并造成了不公平的竞争。这些可能都是可控的监管冲突,但每个冲突都可能直接考验重叠的监管机构是否有能力就金融部门绩效的重要元素达成一致、确定明确的授权或达成妥协。

目前还不是很清楚这种监管"马赛克"如何稳定下来,但现在清楚的是,在北美和欧洲的多个监管辖区,围绕联邦化、集中化和标准化投入了更多的精力。一种可能性是,美国各州也许可以保留对市场行为、保单持有人保护、产品审批、保险费率设定以及偿付能力等的监督权,以保护本州保单持有人,并通过美联储、正在继续演化的联邦保险办公室和其他联邦机构把其他保险监管职责集中在全美层面。

在更高层次上概括地看,在制定重要的新政策和法规(如"偿付能力监管标准Ⅱ"、集团资本金标准、全球资本金标准、具有系统重要性的金融机构的认定)的同时,通过自身也正在重组的监管结构(例如,在美国国内实现更大程度的保险监管联邦化)来推行这些政策,有可能会造成复杂的意外后果。因此,在新政策的内容以及由哪个层次的机构来执行和解释新政策等方面上都存在含糊不清的问题。

欧洲

欧洲内部正在进行大量的监管和监督变革,最后达成的"偿付能力监管标准Ⅱ"最终协议(从2016年初开始执行),在过去几年的大部分时间里一直是受到关注的焦点。在已确定的"偿付能力监管标准Ⅱ"与其他政策之间存在许多交集和潜在的冲突,包括为具有系统重要性和国际活跃的保险公司制定全球资本金标准［即基本资本要求(BCR)、损失吸收能力(HLA)要求、保险业资本金标准(ICS)］、会计准则、估值方法、资产风险加权方法和负债估计方法。已经确定的"偿付能力监管标准Ⅱ"与正在制定的全球标准之间存在任何程度的不兼容,都可能造成混乱、额外的合规和报告负担,并且有可能导致资本要求过高。另一种可能的情况是,如果以兼容的方式设计全球资本金标准,那么,推行全球资本金标准可能是可以有效地围绕"偿付能力监管标准Ⅱ"规范进行标准化,从而推进多种政策目标实现的机会。最后,尤其是在欧洲国家,有人担心,新制定的全球资本金标准有可能实际成为资本金下限,地方监管机构会规定"附加"要求,从而实际提高地方准备金标准(如英国的预警指标),进而导致一个不公平的竞争领域,但也可能提高或扩大采用基本资本金标准的可能性和范围。

第二个重大监管变革领域是行为规范和政策。英国和荷兰等部分国家的欧洲市场,在2008～2010年金融危机后设立了行为监管机构,它们在重新规定金融产品买卖双方权利和责任方面采取了自称是积极的姿态。虽然最受关注的焦点是散户市场,但许多行为监管机构的权限不但扩大到了机构市场,而且还延伸到了金融机构内部的组织行为。英国行为监管机构采取了以下行动:(1)检查保险行业的"老账";(2)提出"合适和适当"要求,使有关部门能够否决公司确定的董事会和高管人选;(3)要求保险公司新董事和高管个人宣誓保护消费者的利益高于其他商业目标;(4)参与最近推行的政策变革,取消养老金公积金指定部分所要求的年金化。相对于对系统稳定性和审慎性监管的关注,对行为监督和监管国际协调的关注微不足道。具体而言,行为监督似乎在很大程度上仍被作为地方监管机构保护其辖区内居民利益的职责。然而,早期已有一定程度的行为问题国际标准化和协调行动,而行为问题最初是国际保险监督官协会市场行为小组委员会通过"通用框架"(ComFrame)提出的。这个小组委员会正在起草行为问题的文件,构建投保人保护政策框架,并设计行为监督的示范方法(IAIS,2015)。美联储也开始在其受权范围内研究保险公司的行为政策问题。

全球

保险公司行为监督方面的全球最重要进展,就是金融稳定委员会和国际保险监督官协会在监督全球金融稳定问题上的直接协调参与以及在集团层面对全球性保险公司的实际监督。

金融稳定

2008~2010年金融危机后成立的金融稳定委员会对于认定具有全球系统重要性的保险公司以及制定这些公司的资本金标准、流动性标准和处置法规有直接的决策权。但是，金融稳定委员会已经把大部分收集数据、确定方法和分析这些问题的工作委托给国际保险监督官协会，然后由后者向金融稳定委员会提出建议，供其最后决定和执行。[①] 其实已经开始通过金融稳定委员会委托国际保险监督官协会、后者向前者提出建议以及金融稳定委员会做出决定和执行的过程来确定方法、进行认定和制定监管规则，如认定具有全球系统重要性的保险公司和确定基本资本要求（BCR）。不过，这个过程在设计的早期阶段还包括向具有全球系统重要性的保险公司提出更高的损失吸收能力（HLA）要求，规定更加广泛地应用于所有国际活跃保险集团（IAIG）的保险业资本金标准（ICS）以及具有全球系统重要性的保险公司的恢复和处置方法。因此，具有全球系统重要性的保险公司处于一种"暂停生命"的状态，知道自己所处的监管和竞争格局将会发生重大变化，但不知道如何或者何时发生变化，从而给公司董事会、管理团队、保单持有人、潜在客户和投资者造成了一定程度的能够立即影响重大短期决策的不确定性。

授权与执行

在全球层面，一个根本的未知因素是监管标准确定后的执行机制和执行力度。金融稳定委员会和国际保险监督官协会对任何国家管辖范围内的保险公司都没有法定的监管权。金融稳定委员会的国家级成员（如中央银行、监管机构）有责任强制推行金融稳定委员会/国际保险监督官协会制定的标准。在这种地方管辖体制下，地方偏离全球标准的可能性很大，从而给这个行业的企业造成很大的不确定性。此外，许多具体法规将在一个漫长的过程中制定和付诸实施，根据目前的计划，要延续到2019年。因此，全球性保险公司正在度过漫长的监管介入、组织准备、未来不确定性和商业模式重新设计的时期。这种不确定性极大地扩展到被指定为全球系统重要性的保险公司与投保人的体验、产品设计决策、长期战

---

① 国际保险监督官协会也是金融稳定委员会的成员，从而形成了这两个机构之间的正式关系。

略方向、组织结构和法律实体地位以及资本市场要求的回报率。

相对分散的美国监管体制存在围绕美国监管体制的哪些元素能最佳地与全球监管体制对接的更大的不确定性和组织定位问题。美国联邦保险办公室和(在一定程度上)联邦储备委员会都把自己定位为应该在国际监督机构中代表美国的声音,并认为全美保险专员协会是在美国国内代表各州观点的统一机构。但是,全美保险专员协会却认为,它应该成为在国际保险监督机构中代表美国的主要声音。

目前,美国联邦保险办公室是国际保险监督官协会执行委员会的成员,并在国际保险监督官协会负责制定保险业资本标准的技术委员会中有自己的代表。美联储也已经申请成为国际保险监督官协会及其颇具影响力的执行委员会的成员。有人已经在猜测,如果美联储不能直接获得国际保险监督官协会及其执行委员会的成员资格,那么最终可能会取代联邦保险办公室在国际保险监督官协会执行委员会的位置。[①] 全美保险专员协会是国际保险监督官协会的成员,并且在该协会各委员会具有观察员的地位(因此有机会就制定标准的具体问题发表评论意见),但并不是国际保险监督官协会执行委员会的成员。最近,国际保险监督官协会提议终止全美保险专员协会在国际保险监督官协会扮演的观察员角色,从而实际拉开了全美保险专员协会与国际保险监督官协会之间的活动距离。对此,全美保险专员协会表示了强烈的反对(Woodall,2014)。最后,美联储试图通过"在国际保险舞台上与我们的联邦保险办公室同仁、各州的保险专员以及全美保险专员协会的同仁开展深入的合作,来统一美国在国际场合的声音。我们的多方对话在尊重我们每个部门的同时,努力在全球保险监管政策的最关键问题上建立一种'美国团队'的核心立场"(Sullivan,2014:7)。

在美国和全球层面,指定具有全球系统重要性的保险公司的影响也存在很大的不确定性。目前有 9 家保险公司被认定为具有全球系统重要性的保险公司,有 3 家美国保险公司在国内也被认定为具有系统重要性的保险公司,但还没有完全明确这类保险公司的具体资本、流动性、风险治理和监督要求,因此,保险公司发现自己处于一种按照特定标准有可能成为特殊集团的成员,但却不知道成为这个集团成员会有什么长期要求或影响的不安状态。

[①] 国际保险监督官协会执行委员会目前有三名美国成员,其中两名成员由全美保险专员协会选派,而另一名成员则由财政部联邦保险办公室指派。北美地区在国际保险监督官协会执行委员会的席位被限制在五个。加拿大和墨西哥各选派一名国际保险监督官协会执行委员会的成员(Festa 2013)。

全球资本标准

从全球范围看,制定新的全球资本标准是一个非常活跃的领域。国际保险监督官协会/金融稳定委员会最近发布了这个序列的第一元素,即"具有系统重要性的保险公司的基本(或支持性)资本要求"。"基本资本标准"是指标准化的资本下限;然后在这个基础上,给系统风险更高的活动分层规定为满足更高的亏损消化能力要求而需要追加的资本。目前正在制定更高的亏损消化能力标准,重点在于追加资本的方法及其适用的基本活动集合;同时还要制定适用范围更广(也就是适用于全部国际活跃保险集团,差不多就是 50 家全球最大的保险公司)的保险公司资本标准。

由于保险公司的资本标准适用范围更广,而且还适用于全体国际活跃保险公司,因此,这个资本标准会产生更加广泛的影响。与基本资本要求相比,保险公司的资本标准也是一个更为复杂的资本充足率衡量指标。基本资本要求虽然目前仍在变化,但意味着它是非常基本(最低水平)的资本要求,因此被认为是一种略显简单但必然是敏感的衡量指标。具体而言,基本资本要求没有包含资产负债匹配实践以及跨地域、产品线和客户细分市场多样化固有的有益的风险降低,但却假设折现率在 30 年以上的期限里保持不变,而且还设定了占资产管理业务总收入 12% 的运营风险管理费。保险业界现在较少关注基本资本要求的缺点,而是更加关注在保留保险公司资本标准一些比较原始的特点的同时根据基本资本要求来构建保险公司资本标准内容的可能性。保险公司资本标准倘若能够保留这些比较原始的特点,那么就有可能:(1)增加大量的新资本费用;(2)把保险业运营期限缩短到 30 年以下;(3)阻止保险公司涉足资产管理业;(4)激励保险公司改变自己的组织结构,以使自己不被列入国际活跃保险集团的认定对象名单,从而不受保险公司资本标准要求的约束。然而,设计得当的保险公司资本标准的一大好处是,资本要求的全球标准化和比较、推测的系统不稳定和资不抵债风险的降低以及监管套利的范围缩小。

对市场结构、行为和绩效的影响

新的监管法规和体制对养老金和保险市场的最终影响,取决于它们通过产品制造商、分销商、消费者以及地方、地区和全球各级监管机构组成的网络的传播。首先，政策制定机构通常向产品制造商和分销商提出要求来实现预期的政策目标(如金融稳定、增加消费者福利)。但是，执行政策的最终效果取决于系统中每个元素之间直至达到新的均衡的作用(监管)—反作用(反监管)循环。[①]到市场稳定下来时就有可能实现(也有可能无法实现)最初制定的政策目标，并且有可能出现许多无论是它们的存在还是规模方面预期到或者没有预期到的副作用。当前有关不断变化的保险和养老金市场的政策讨论主要集中在确定和量化这些一般均衡结果是否会有助于实现最初的政策目标以及由此产生的社会福利结果。

政策目标是通过监管和监督机构控制的许多杠杆手段来实现的，其中包括资本定义和要求、资产风险加权、产品设计监管、定价、治理实践和行为监督等手段。然而，政策制定机构并不直接控制所期望的结果。金融和其他机构通过它们控制的杠杆手段(包括产品集决策、产品设计、定价、目标客户群体、地理分布、注册地选择、法人治理结构、承保实践、风险筛选和投资组合决策)来应对政策措施。是政策措施、市场反应和持续不断的政策与对策之间的复杂互动决定政策目标是否能够实现以及社会福利如何受到影响。图2.2对这种复杂的互动关系进行了图示。

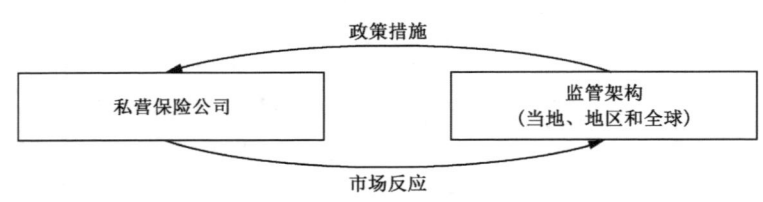

资料来源：本章作者编制。

图2.2 保险业政策反馈回路决定社会福利结果

---

① 这有时被称为"一般均衡结果"，而前后比较则称为"静态比较分析"。

新的政策措施可能会增强金融稳定,改善市场行为,规范资本衡量与要求,并使资本要求水平与所承担风险的衡量标准相一致,但也有可能出现一些潜在的意外后果,其中包括:(1)降低跨地域和企业的资本可替代性;(2)降低产品的可获得性,改变产品结构,并且提高产品价格以减少对新资本密集型产品的投入;(3)缩小可被认定为具有全球系统重要性的保险公司的规模,并且有可能退出某些产品、地域和目标客户市场;(4)减少供应有利于把寿命和市场风险从个人转移到风险效率比高的机构和投资者的创收型保险产品,并提高这种保险产品的价格。

社会福利的不同维度及其权衡取舍

金融服务业的许多监管和监督机构都试图改善某个或多个方面的社会福利,其中包括:(1)维护金融稳定;(2)保证金融服务企业具有偿付能力;(3)促进宏观经济增长;(4)让投资者获得适当的投资回报;(5)保护直接消费者的福利(可进一步分解为市场覆盖率、产品质量和价格)。图2.3简单描述了社会福利的不同要素以及它们之间的关系。

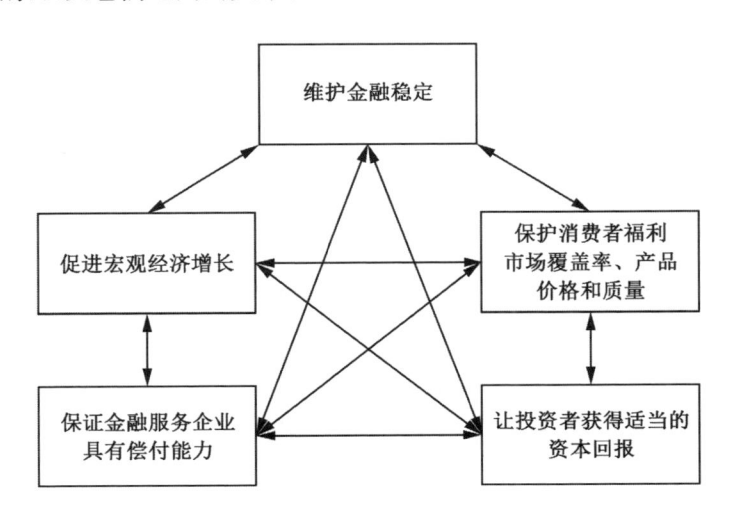

图 2.3 社会福利的不同维度

从理论上讲,监管政策面临的主要挑战是确定并取得"最优"社会福利结果。应对这一挑战的一种比较现实的方法是承认并不存在唯一的"最优"社会福利结果,因为社会系统的每个成员(如行为监管机构、审慎监管机构、消费者、金融部门)对社会福利的不同元素有不同的评价:对某人来说是最好的东西可能对其他人来说并非如此。但是,我们可以寻找一个具有以下特点的社会福利可能结果的集合:社会系统中没有一个成员能够在不使其他成员境况恶化的情况下改善自己的境况(帕累托效率)。① 全体社会成员都同意规避较差的社会福利结果,争取具有帕累托效率的结果,即"桌上不剩分文"符合全体成员的利益。

这个问题要比看上去难理解。在通常情况下,复杂系统的成员缺乏系统意识,不了解系统会对他们采取的行动做出怎样的反应,也不明白善意有时会由于意外的动态变化而导致系统陷入不利的结局。具体来说,在保险和养老金市场上,监管架构内部也有许多挑战,从而导致增加社会福利的努力复杂化。

地域范围

事实上,无论是省、州还是地区的监督机构,它们管辖的地域范围都是有限的。在管辖范围以外的福利问题很少受到重视。

受权监督的任务

所有监督机构监管的活动或结果范围都是有限的。最近的一个例子是,在几个司法管辖区把对审慎和行为的监督分开,由在国家层面分设的监督机构负责。虽然这样做可能会使监督机构更加关注自己受权监督的任务,但也有政策意识下降并减少考虑受权承担的不同政策任务之间重要相互作用的风险。

不确定的副作用

通常很难确定并量化政策措施有可能产生的非预期副作用。因此,有时对监督机构来说,承认产生意外后果的可能性并重视能把意外后果降到最低程度的机会应该是有利无弊,但最终相对于实现更加直接的政策目标而言,监督机构不应该过分重视政策措施可能产生的副作用。

对社会福利不同维度的权衡取舍

对于任何监督机构来说,要确定并实现可能要对多个福利维度进行权衡取

---

① 帕累托效率或者帕累托最优是这样一种资源配置的状态:在不使至少一人的境况变坏的情况下,就不可能使任何人的境况变好。

舍的社会偏好,都是困难的事情。例如,如果以减少有保证退休收入的来源为代价,争取更大的财务稳定,那么,这些有关社会福利最大化的多重目标在哪个点上才能达到适当的平衡？对监督机构来说,推进它们负责的社会福利维度是再容易不过的事情,但很可能把有可能对其他社会福利维度产生的负面影响低估为一种不可量化的附带影响。

邻近效应与一般均衡效应

在保险业网络的全体参与者都由于新的监管秩序而采取行动并做出反应,整个系统达到具有不同特点的新的均衡以后,新的监管或监督行动的邻近效应可能与最终的均衡效应截然不同。

可能产生市场级效应的例子

有许多例子表明,为推进邻近的政策目标而采取的行动有可能在其他市场维度上造成显著的社会福利后果。总的来看,在任何情况下,我们都不清楚,最初的政策并不值得推行,因为我们没有做过这类分析。相反,这些例子表明政策措施的一般均衡关系以及在系统其他方面产生严重后果的可能性。

金融稳定与资本配置

为了确保金融稳定,在国家和全球层面加强监管措施,要求保险公司提高资本金水平。此外,许多国家正在要求保险公司在这些国家的子公司提高实际持有的资本金水平。对于全球性保险公司来说,其结果是提高资本要求并减少跨国资本流动。这些措施当然有利于提高金融稳定水平和保险公司在当地的偿付能力,但就成本结构和降低跨地区和市场的资本可替代性而言,代价相当大。把资本配置在最需要它们的地方能产生的风险共担效益已经基本丧失殆尽。而运营成本结构性上涨会导致产品价格上涨,并可能会因企业退出市场或削减市场份额而降低竞争的激烈程度。最后,一些全球活跃的保险公司在由于规模经济和资本可替代性的原因而面临全球运营收益减少的情况下,有可能选择变更全球运营的法律形式,参与一些当地注册的实体,以规避对全球性保险公司提出的要求的约束。

最早对具有全球系统重要性的保险公司提出的资本要求,是为了尽量缩短系统脆弱性的持续时期而匆匆制定的。基本资本要求是最早制定的资本要求。当时,为了加快制定速度,允许采用一些有点原始的方法。[①] 虽然也许在高水平与速度之间做出取舍,对于确定新资本结构的第一个元素来说是值得的,但现在有人担心,有些原始特征有可能继续出现在适用期限更长、适用范围更广并适用于所有国际活跃保险集团的资本衡量标准(如保险业资本标准)中。如果真的发生这种情况,那么就有可能造成严重的不利影响,造成国际和国内保险公司之间的不公平竞争,从而可能导致一些保险公司拆分,变更公司的法律形式,以逃离国际活跃保险集团受到严厉监管的资本市场。社会福利风险主要表现为市场结构将发生巨大的变化,风险分散化收益将丧失殆尽,但系统风险却不会显著减小。

行为监管政策与市场覆盖率

一些国家的行为监管当局在明确金融市场上产品卖方的义务和产品买方的权利方面变得非常自信。有评论人士得出结论认为,支配买卖双方责任相对分担的界线已经大大偏离了"购者自慎"的传统原则。因此,一些产品供应商决定退出产品市场,离开服务利润较低的客户,或者改变产品功能和定价,以规避市场行为风险。最近,英国在咨询市场上的经历表明,保护消费者利益和确保充分的市场覆盖率与能使大多数客户受益的高质量产品和服务之间仍然存在直接的关联性。

审慎监督政策与行为监督政策

在少数情况下,审慎监督责任在组织上与行为和消费者保护监督责任分开。虽然确实存在确保这两个政策目标之间关系的组织结构(如监督委员会的共同成员),但每个监督机构将主要关注自己负责的政策领域。因此,审慎目标的推进往往较少考虑行为的影响,反之亦然。这方面的例子包括,巨额行为罚款对企业偿付能力的影响,以及非常保守的审慎监督政策导致成本结构性上涨、产品价格上涨和市场退出行为。

[①] 这种方法包括:(1)没有考虑资产负债匹配降低风险的好处;(2)没有考虑跨不相关地区、产品线和客户群体配置资本的风险分散优势;(3)没有考虑对资产管理业务创造的收入征收税率为12%的简单资本附加税的好处。

产品风险与产品供应

根据国际保险监督官协会/金融稳定委员会目前对具有担保功能的年金产品采用的政策，提供这些产品的公司有可能被指定为具有全球系统重要性的保险公司，并且要满足更加严格的资本监管要求。这两种政策都会导致参与担保性年金产品市场的公司成本出现结构性上涨，并且造成包括退出市场、重新设计产品、为应对成本上涨而重新定价、退出利润较低的客户细分市场以及行业集中度提高在内的附带影响。随着发达国家人口老龄化问题的加剧和待遇确定型养老金安排的逐渐减少，消费者对保证收入替代来源的需要正在增加。考虑到一些内在风险，通过提高对这些产品的资本要求来增强财务稳定性可能是完全必要的，但它也会对产品市场产生不利的影响，降低退休收入保障水平，从而减少其他方面的社会福利。

处置方法与资本效率

有序恢复和处置具有全球系统重要性的保险集团的监管和监督工作仍在进行之中。制定可靠的恢复与处置计划最复杂的两个方面是确定和行使具有全球系统重要性的保险集团的监督机构（通常是位于公司注册地的监督机构）作为处置过程"单一切入点"采取行动的权利。"主监督机构"的地位赋予监督受困公司并决定可用资本金的用途和使用地点的排他性权利，而这种权利对于有序实施恢复与处置计划至关重要。另一种方法是多点处置法，允许多个对公司拥有有限监督权的监督机构在任何可能发现资本的地方扣押资本。因此，负有保护本地保单持有人和投资者职责的地方监督机构就有动机尽可能快地要求保险公司拥有尽可能多的资本金，从而在困难时期引发监管机构为了锁定资源而开展"速射"式竞争。虽然单一切入点机制更加可取，而且通常在处置协议中得到正式采用，但很多监督机构仍怀疑处置协议在遇到困难时能否得到严格执行。因此，许多监管机构通过要求保险公司在当地持有资本的方式来保护当地消费者的利益，从而实际提高了总的资本要求，并且形成了多个阻止资本流动的地方性"截流钱包"。所有这些变化都增加了保险公司的成本，减少了风险全球分散化的收益，并以定价策略、产品可获得性和市场集中度提高的形式对消费者福利产生下游效应。

监管政策与投资的顺周期性

全球保险公司和养老基金管理着 50 万亿美元的资产(Bank of England, 2014)。这些机构的资产配置和投资决策对全球经济许多部门的资本成本产生决定性影响。引申而言,影响这些机构投资决策的监管、监督和会计政策对资本市场定价和资本成本具有显著的二阶效应。

目前,欧美会计政策在投资资产计价方法上存在实质性的差别。[①] 欧洲习惯上主要采用"市价一致"法(mark-consistent methods),要求在资产负债表上和在资本核算时必须反映最近的市场体验和定价。虽然最近有很多人经过研究以后建议调整美国的会计准则让它们更加接近欧洲的会计实践,但美国的习惯做法在许多重要方面仍不同于欧洲。有观察人士表达了一种中间立场,他们建议采用"盯资"(mark-to-funding)准则,也就是使用在资产所有者把(固定收益)投资资产一直持有到期满的情况下能够实现的资产价格和回报(Persaud, 2008)。

已经与当前的资本监管要求结合在一起的传统市值记账法,在资产负债表和监管资本衡量方面有益地反映当前市值的同时还能推行自增强型的顺周期政策。[②] 在资本市场崩溃和陷入困境时期,这些变化的影响有可能被放大。随着资产价格的下跌,保险公司的高风险投资资产也会有所减少,从而有可能触发通过出售高风险资产(和买入低风险资产)来向已经承受一定压力的市场注入资金的需要。增售高风险资产,会进一步打压这类资产的价格,并推高无风险资产的价格。无风险资产收益率的下降会在更大的估计负债流中得到反馈。最终的结果是,受监管机构在已经陷入困境的市场上大量抛售有风险的资产。这些反馈回路的镜像可能出现在市场向好时期,在市场泡沫变大时提高资本金额,但在市场触顶时鼓励承担更大的风险。

[①] 例如,可参阅毛雷尔等撰写的本书第三章。

[②] 顺周期性工作组(Pro-cyclicality Working Group)从以下两个维度对顺周期性进行了定义:首先是短期内会加剧市场波动并导致资产价格波动,从而反过来又导致资产价格反馈循环的投资倾向。资产价格波动有可能影响跨越不同金融市场的参与者,并且还可能对宏观经济产生长期影响。其次是中期内按照资产价格并顺应经济周期进行投资,因此承担风险的意愿在经济收缩时期减弱,而在经济好转时则增强的投资倾向。保险公司和养老基金的中期顺周期投资倾向,有可能导致资产价格或经济陷入更深的谷底,也有可能导致资产价格或经济达到更高的峰值,因此不利于金融稳定和长期经济增长(Bank of England,2014:2)。

有人建议用逆周期政策来取代顺周期政策，也就是在市场向好时提高资本金要求，而在市场低迷时则表现出一定程度的监管克制。这样的政策虽然有潜在的好处，但也可能造成麻烦。具体而言，在某些情况下，譬如说，管理不力或不善的公司会得到特别的宽大处理，或者某些公司的冒险行为因在市场低迷时被赋予特别的灵活性而得到宽恕，而监管频度、影响归宿和监管姑息有可能会导致道德风险。

以银行为取向的审慎标准在保险业的应用

许多新指定或成立的保险监督机构都是仍然保留着银行业监督权的机构，如美联储、欧洲各国的中央银行以及英国的金融稳定委员会（有许多央行的代表）。虽然保险业与银行业在有些方面有相似之处，但在资产负债结构和与之有关的风险方面存在很大的差异。明显的差异包括：(1)银行业的资产（如未偿贷款）和保险业的资产（如不同资产类别的投资）性质非常不同；(2)银行业的负债（如存款）和保险业的负债（如未来不确定的或有支出）类型不同；(3)危机时期资产和负债重大变动（如银行业的存款人挤提存款，保险业的保单失效/作废）的摩擦程度和期限长度不同。在新指定或设立的监督机构行使监督权的早期阶段，以银行为取向的政策制定机构和监督机构可能倾向于在银行业和保险业采用相同或大致相似的监督方法，从而有可能导致这些机构大量行使认定具有全球系统重要性的保险公司的权力，并且因此而提高资本金要求，以确保很高的系统安全性，但代价是提高资本密集度和成本结构，结果导致有些保险公司退出产品和地域市场。

系统风险识别方法、国际资本标准和公司结构

在全球层面识别和监督具有系统重要性的保险公司的方法，部分是由保险公司的规模、国际活跃程度、业务的相互关联性以及是否从事非传统非保险活动决定的。凡是具有国际活跃性的保险公司，无论是否具有全球系统重要性，都适用像保险业资本标准这样的适用范围更广的监督工具。如果监管这些公司的工具和条款会造成足够的麻烦，那么，有些保险公司就可能倾向于把自己目前整合运营的业务按国别拆分成独立的法律实体，从而避开比较密集的监督。这种公司结构拆分可能会导致保险公司要满足地方监管当局规定的更高的资本要求，损失更多的规模和范围经济，并且降低风险分散化程度。目前，我

们还不完全清楚这种分拆的净社会福利结果,但必须考虑显著的负面溢出效应。

适用于主权债务和系统风险的风险加权法

目前的监督模式使用的许多风险加权资本计算方法,对发达国家发行的主权债券采用零风险权重。因此,对不同主权国家的风险,可能会采用在宏观经济健康状况、债务负担、偿债要求、经常预算赤字或盈余以及货币坚挺程度等方面权重不变的加权法。走这条监管捷径的论据是,相对于可能面临存亡威胁并适用不同国别风险权重的私人组织而言,主权国家是独特的借贷实体,有可能充满未必会导致金融监督复杂化的政治风险。但是,资本市场能够识别嵌入主权债务市场定价的明显的跨行业横向和纵向风险溢价差别。

保险公司和其他被监管机构必须实际进行大量的低风险固定收益投资才能使自己的资产与自己不同期限的负债流相匹配,并且满足监管要求,因此必须实际持有大量的主权债券。如果所有主权债务按照现行监管制度都被认定为零风险,但从资本市场定价看,主权债务实际存在回报率变动的问题,那么就会吸引金融机构不成比例地投资风险极高的主权债务赚取较多的收益,并得益于监管机构对主权债务"零风险"的认定。这个结果引入了三种类型的系统性风险:(1)保险公司和其他机构对一些风险极高的主权债务进行大量的投资,而且是在监管标准的有效激励下这么做;(2)由于许多保险公司和其他机构采取相同的行动,它们的策略就会变得更加紧密相关,从而使金融系统在应对某些类型的冲击时受到被放大的负面影响;(3)各国政府和国内金融机构更有可能同时经历重大的负面冲击,并且变得更加依赖共同的成功,或者更容易遭受可能的失败的影响,从而提高危机时期公共和私人机构的"相互关联性"。这是以下这种场景的一个罕见例子:旨在通过采取特定政策来降低系统风险的尝试,能够实际导致系统风险事件的发生概率和严重程度上升。

未来挑战

对保险公司进行跨产品、地域、客户群体和政策目标监管的方式,最终会对广义的社会福利措施产生重要的影响。传导机制最初从执行旨在实现直接政策目标的措施开始,然后不是直接就是通过被监督机构做出(通常是政策制定机构没有预期到或不愿承认)的二阶反应来对实现这些目标产生直接(通常得到公认的)影响并对其他社会福利措施产生间接的影响。另一些挑战源自监管机构受权不足,从而导致认识不足,或者不关心并非由正式政策授权产生的影响。最后一个挑战出现在多个具有交叉授权的监管机构采取会对监管机构和被监管金融机构产生消极的作用(监管)—反作用(反监管)循环的行动时。

以下是几个值得研究的可以制定并推行新的政策执行方法的领域:

跨地域的监管协调

跨越多个地域的监管联席会议是一种有利于更好地沟通、协调并考虑监督行动可能产生不同效应的手段。金融稳定委员会和国际保险监督官协会等全球性机构可以成为协调政策执行的非常有效的机制。改善社会福利结果的一种模式性方法可以从国际保险监督官协会为建立监督和监管标准而采用的共同框架开始,然后可以在更具当地性的层面进行解释并调整。

监督/监管意图明确、执行透明

进一步明确监督/监管意图和提高监督/监管的执行透明度,非常有利于被监督机构和增加社会福利。我们可以更加明确地阐明我们期望的未来最终状态、达到未来最终状况的路径以及需要规避的负面场景。在更具战术性的层面上,我们可在以下方面进行重大改进:采用更加标准化的监督方法;在多个监管机构之间进行协调;减少重复工作;提高监督架构的稳定性;朝着更加公平的跨地域竞争的方向发展。

提高理解结果的能力

网络化金融系统的全体参与者都会由于更好地理解它们——政策指定机构、监管机构、监督机构和金融机构——行动的相互关联性而受益。具体而言,我们可以在以下方面提高对网络动力的认识:(1)对某项行动(监管)做出的一阶反应;(2)网络成员之间的行动(监管)作用—(反监管行动产生的)反作用循环产生的二阶效应;(3)与监管授权无关的影响。

更加广泛地考虑社会福利的一些不同维度

对于政策制定机构、监管机构和监督机构来说,虽然承认并考虑自身的行为对社会福利不同维度的影响固然颇具挑战性,因为这些社会福利维度可能彼此存在复杂的因果关系,并超出了这些机构的正式受权范围,但是,这样做非常有帮助,并且对于与——依赖适当的资本回报率,金融稳定,宏观经济增长,有效地集中和分散风险的能力以及可靠、低成本、有保证的收入来源的——长期财务安全和退休保障的关系尤为重要(见表 2.1)。

表 2.1　　　　　　　　对保险/养老金/退休保障的影响

- 年金供应、定价特点、保障程度、创新程度、可获得程度
- 资本市场价格波动与稳定
- 产品、客户群体、地域市场覆盖率
- 理财咨询服务的供应和覆盖范围
- 长寿风险转移
- 养老金结算

资料来源:本章作者编制。

结束语

未来几十年将是决定发达国家庞大的老龄化人群是否能够适应以下这种新的退休制度的关键时期:这种新的退休制度既依赖充足的财务资源,又依赖不同的相关机构并通过社会有效地集中和分散具体风险的能力。保险、资产管理和养老金业的监管架构和政策,将对发达国家庞大的老龄化人群能否成功并在多大程度上成功适应新的退休制度产生重要的促进作用。

术语表

ACP(Autorité de Contrôl Prudentiel Française):法国审慎监管局

AFM(Netherlands Authority for Financial Markets):荷兰金融市场管理局

BHC(Bank Holding Company)：银行控股公司

CBI(Central Bank of Ireland)：爱尔兰中央银行

DNB(Dutch National Bank)：荷兰国家银行

EIOPA (European Insurance and Occupational Pension Authority)：欧洲保险与职业养老金管理局

FCA(Financial Conduct Authority，UK)：市场行为监管局(英国)

FINMA(Swiss Financial Markets Supervisory Authority)：瑞士金融市场监管局

FIO(Federal Insurance Office，US)：联邦保险办公室(美国)

FSB(Financial Stability Board)：金融稳定委员会

FSOC(Financial Stability Oversight Council)：金融稳定监督委员会

GSII(Global Systemically Important Insurer)：具有全球系统重要性的保险公司

HLA(Higher Loss Absorbency)：高亏损消化能力

IAIG(Internationally Active Insurance Groups)：国际活跃保险集团

IAIS(International Association of Insurance Supervisors)：国际保险监督官协会

ICS(Insurance Capital Standard)：保险业资本标准

NAIC(National Association of Insurance Commissioners，US)：全美保险专员协会

OSFI(Office of the Superintendent of Financial Institutions)：金融机构监督办公室

PRA(Prudential Regulatory Authority，UK)：审慎监管局(英国)

RRP(Recovery and Resolution Plans)：恢复与处置计划

SIFI(Systemically Important Financial Institutions)：具有系统重要性的金融机构

参考文献

Bank of England (2014). *Procyclicality and Structural Trends in Investment Allocation by Insurance Companies and Pension Funds: A Discussion Paper by the Bank of England and the Procyclicality Working Group.* London: Bank of England. <http://www.bankofengland.co.uk/publications/Documents/news/2014/dp310714.pdf>.

Federal Insurance Office (FIO) (2013). *How to Modernize and Improve the System of Insurance Regulation in the United States*. Washington, DC: US Department of the Treasury. <http://www.treasury.gov/initiatives/fio/reports-and-notices/Documents/How%20to%20Modernize%20and%20Improve%20the%20System%20of%20Insurance%20Regulation%20in%20the%20United%20States.pdf>.

Federal Insurance Office (FIO) (2014). *Annual Report on the Insurance Industry*. Washington, DC: US Department of the Treasury. <http://www.treasury.gov/initiatives/fio/reports-and-notices/Documents/2014_Annual_Report.pdf>.

Festa, E. D. (2013). 'Fed to Join IAIS to Help Guide Global Insurance Supervision,' Lifehealthpro.com (updated 26 Sept. 2013). <http://www.lifehealthpro.com/2013/09/26/fed-to-join-iais-to-help-guide-global-insurance-su>.

Financial Stability Board (FSB) (2013). *Peer Review of the United States: Review Report*. Basel: Financial Stability Board. <http://www.financialstabilityboard.org/wp-content/uploads/r_130827.pdf>.

International Association of Insurance Supervisors (IAIS) (2015). *IAIS Newsletter*, Jan.

Maurer, R., O. S. Mitchell, R. Rogalla, and I. Siegelin (2016). 'Accounting-based Asset Return Smoothing in Participating Life Annuities: Implications for Annuitants, Insurers, and Policymakers,' in O. S. Mitchell, R. Maurer, and J. M. Orszag, eds, *Retirement System Risk Management: Implications of the New Regulatory Order*. Oxford: Oxford University Press, pp. 40–50.

Persaud, A. D. (2008). *Regulation, Valuation and Systemic Liquidity*. Paris: Banque de France. Financial Stability Review, No. 12.

Reid, B. and D. Waters (2016). 'Pensions, Risk, and Global Systemically Important Financial Institutions,' in O. S. Mitchell, R. Maurer, and J. M. Orszag, eds, *Retirement System Risk Management: Implications of the New Regulatory Order*. Oxford: Oxford University Press, pp. 95–118.

Sullivan, T. (2014). Statement to the US House of Representatives, Subcommittee on Housing and Insurance, Committee on Financial Services. Washington, DC, Nov. 18, 2.

Van Hulle, K. (2016). 'Risk Disclosure in the European Insurance Industry: Implications for Occupational Pension Funds,' in O. S. Mitchell, R. Maurer, and J. M. Orszag, eds, *Retirement System Risk Management: Implications of the New Regulatory Order*. Oxford: Oxford University Press, pp. 68–94.

Woodall, L. (2014). 'IAIS Warned over Plans to Shut Members Out of Committees,' Risk.net (updated Aug. 22, 2014). <http://www.risk.net/insurance-risk/news/2361596/iais-warned-over-plans-to-shut-members-out-of-committees>.

第三章 基于会计方法的参与型终身年金资产收益平滑:对年金险受益人、保险公司和政策制定机构的影响

雷蒙·毛雷尔(Raimond Maurer)

奥利维亚·S. 米切尔(Olivia S. Mitchell)

拉尔夫·罗加拉(Ralph Rogalla)

伊沃内·西格林(Ivonne Siegelin)

根据现行会计准则,提供可变终身年金产品的保险公司被允许在损益表中按历史成本而不是公允市值报告资产价值,[①]而且还被允许采用精算平滑法来报告它们的负债,而不是按市值来计算负债。虽然会计准则对于我们了解寿险业的经营状况发挥了关键的作用,但这些会计实践的经济影响却鲜为人知。这些会计实践对于保险公司来说非常重要,因为对损益进行平滑可以使保险公司能够递延它们的亏损。当然,保险公司在变卖资产支付保险金赔付额时,亏损必然已经发生,有可能导致保险金赔付额大幅度减少。对损益进行平滑也能使保险公司递延收益,例如,在收益已实现的情况下,保险金赔付额可由于公司有应急准备金而增加。

由于利率持续低迷和这些会计实践影响到了财务报告透明度,因此,这些实践近来受到了批评(如Jorgensen,2004;Bleck and Liu,2007;Ng and Schism,2010)。但是,采用公允市价对保险公司的资产和负债进行估值,有可能给保险

[①] 本章借鉴了我们的相关研究(Maurer et al.,2014),并对它进行了简化。

公司的资产负债带来新的波动,因而有可能削弱保险公司的盈利能力,并且减弱退休年金的吸引力。这一章将粗略介绍平滑法为有益于分红型或参与型终身年金(with profit of participating payout life annuities,PLAs)投保人需要具备的条件。退休人员购买这种终身年金,希望获得有保证的终身年金以及取决于保险公司投资回报率和经验死亡率的可变无保障收益(Maurer et al.,2013b)。我们的目的是要说明会计平滑法如何影响保险公司支付参与型终身年金的风险与收益属性以及保险公司的盈利能力。我们采用一个借鉴美国教师保险与年金协会传统年金的参与型终身年金模型来考察这些问题。[①] 我们证明了这种会计方法能够实际增加保险金,因为厌恶风险的消费者在保险公司对资产和寿命意外事件进行平滑时能够获得实质性的利益。

寿险会计平滑概述

根据美国公认会计准则(US GAAP),公司持有的资产可分为持有至到期日的资产、为交易而持有的资产和可售资产(Herget et al.,2008)。持有至到期日的资产应该以资产取得时的摊销成本计价[历史成本记账法(HCV)]。在这种情况下,只有在出售资产时才把资产价格变动确认为收益或损失。为交易而持有的资产要按公允市值(FMV)报告,因此,这类资产的价格变动会立刻影响保险公司的利润(无论是否实现)。根据美国公认会计准则,以上做法是对所持股票估值的默认做法。可售资产也按公允市值报告,但由市场价格波动造成的未实现收益和未发生损失并不记入保险公司的损益表,而是记入保险公司资产负债表负债侧一个名叫"其他综合收益账户"(Other Comprehensive Income account,OCI)的分立科目中。这类资产出售后就贷记这个科目,而出售这类资产实现的收益或发生的损失则记入损益表。这种方法是美国公认会计准则对公司所持债券的默认记账方法。

在形式上,根据资产只能在每期期末出售这一简化假设,一项资产在$[t,t+$

[①] 2012 年,美国教师保险与年金协会—大学退休权益基金(Teachers Insurance Annuity Association—College Retirement Equities Fund, TIAA—CREF)持有 360 万份年金合约,并管理着 4 870 亿美元的资产。美国教师保险与年金协会利用传统年金在资产积累阶段积累资金。在这个阶段,投保人支付保费可获得相当于年利率的最低有保证年金(金额取决于支付保费的年限)和无保障收益。在这里,我们只关注这种保险产品的清算阶段。在欧洲市场,也有类似于本章提到的 TIAA 年金产品的参与型终身年金产品供应(参见 Maurer et al.,2013b)。

1]期的投资收益 $g_{t,t+1}$ 可按如下公式计算：

$$g_{t,t+1}^{FMV} = n_t \cdot (S_{t+1} - S_t) + n_t \cdot D_{t,t+1} \tag{1}$$

在按公允市值报告时，在式(1)中，n_t 表示在 t 期持有的资产数量，S_t 表示 t 期的资产市场价格，而 $D_{t,t+1}$ 则表示在 $[t, t+1]$ 期里每项资产获得的现金分配（如债息或股息）。按照历史成本记账法，资产在 $t+1$（即 $n_{t+1} \leqslant n_t$）期的投资收益可由下式给出：

$$g_{t,t+1}^{HCV} = (n_t - n_{t+1}) \cdot (S_{t+1} - S_0) + n_t \cdot D_{t,t+1} \tag{2}$$

式(2)中，S_0 表示资产的初始购买价格。

但是，美国寿险公司大多并不遵守美国公认会计准则，而执行全美保险专员协会(NAIC)发布的具有法规效力的会计准则。这些保险公司专有的会计准则，允许人寿保险公司在年报中使用历史成本法对其债券资产进行计价。[1] 这一直是美国人寿保险公司首选的做法，因为这种做法有助于保护人寿保险公司的资产负债表和损益表免受短期资本市场波动的影响。在参与型人寿保险产品的情况下，这种会计平滑手段会对投保人收到的保险金流产生直接的影响，因为与投保人分享的收益通常只按已实现的收益和已发生的损失计算。

我们以一个提供单种保费参与型终身年金合同的程式化保险产品供应商为例，来说明基于会计准则的支出平滑法的影响。在这家保险公司开展经营活动的世界上，存在资本市场风险、系统长寿风险和异常死亡风险。在这种经营环境中，这家保险公司按照一张特定的死亡率表和一种预定的保险金折现利率（也称"保证利率"）来为年金产品定价。此外，这家保险公司依靠自己的投资收益和年金险投保人的聚合实际死亡率这个途径来产生盈余。如果这家保险公司支持这项负债的资产的回报率大于保证利率，并且/或者，如果年金险投保人的实际死亡率高于预期死亡率，那么就有盈余。这家公司可以通过选择其投资组合中的资产来影响不确定盈余支付额的预期风险和收益状况，但每年的无保证盈余额或盈余分享额由保险公司的董事会决定。

参与型终身年金的简单模型

我们为现实中的标准寿险公司的全体参与型终身年金险投保人构建了一

---

[1] 隆巴尔迪(Lombardi, 2009)提供了关于记账方法要求的额外信息。此外，根据全美保险专员协会的规定，保险公司可以按合同规定的固定利率（即"保证利率"）对由有保证的保险金所产生的负债进行折现。如可参阅 TIAA—CREF(2011)。

个资本市场和死亡率动态不确定的参与型终身年金模型。这个模型包含各种我们概述的关键制度特征（想了解更加详细的介绍，可参阅 Maurer et al., 2014）。我们试图通过这个模型来考察会计平滑技术如何影响年金收入流以及保险公司的盈利能力和偿付能力。我们假设这家保险公司出售参与型终身年金合约，每年支付恒定不变、有保证的终身年金给一个年龄相同的年金受益人封闭群体。由年金支付承诺产生的负债作为精算准备金计入保险公司的资产负债表，而这家保险公司则以承诺未来支付年金作为条件收取按公司保证利率(CIR)和保险精算生命表计算的年金险保费。保险公司收到的保费收入通过总分类账户记入资产负债表后，以由股票和债券基金组成的固定混合组合方式进行投资。此外，我们还假定，这家保险公司持有一定数量的股东权益以弥补年金险业务可能出现的潜在亏损；相应的资产记入现金账户。表 3.1 对这家保险公司的资产负债表进行了概述。

表 3.1　　　　　　　　　保险公司资产负债表

资　产	负　债
总分类账户	保险精算准备金
股票	
债券	
	股东权益
	（其他综合收益）
	准备金

注：总分类账户表示收进的参与型年金险保费；保险精算准备金表示与保证终身年金支付承诺相对应的负债。"其他综合收益"表示仅适用于记入"其他综合收益账户"的未实现收益或未发生亏损。

资料来源：本章作者编制。

这家保险公司每年用它的资产收益和它（按市价）出售资产的收入向受益人支付年金。年金受益人除领到有保证的年金外，如果保险公司的随机投资总回报超过其保证利率，并且如果受益人的实际死亡率（在死亡率表和个人经验死亡率中都是随机的）超过预期死亡率，那么就能分到正的参与型盈余支付。

我们运用一个预期效用框架来估算投保人如何根据自己的风险厌恶和时间偏好来估算参与型终身年金的随机有保证年金收入流。具体而言，我们假设消费者有以下时间加性常数相对风险厌恶(CRRA)效用函数：

$$U = E_0 \left[\sum_t \beta_t^t {}_t p_x^p \frac{L_t^{1-\gamma}}{1-\gamma} \right] \qquad (3)$$

式(3)中,β 表示时间偏好因子,γ 表示相对风险厌恶程度,${}_t p_x^p$ 表示个人(主观)生存概率,而 L_t 则表示在 t 期领到的参与型终身年金的年金收入。然后,我们把参与型终身年金收入流转换成效用等价的固定终身年金(fixed life annuity,FLA,见 Maurer et al., 2013 b)收入流的预期终身效用 U。固定终身年金收入流可以被认为是恒定不变的有保证终身收入流能使年金险受益人不在乎可分享随机盈余的参与型终身年金的上行可能性。

标准化调整

我们用一个由 1 万个同龄男性组成的投保人池模拟了 5 000 例这里介绍的参与型终身年金合约。我们的模拟从投保人 65 岁时购买年金开始,一直持续到这个样本池中最后一个投保人去世。为了便于说明,我们假定这种年金险每年支付固定保证年金收入流 1 万美元,在给定的合理假设下,这种年金险要求投保人支付 163 400 美元的单笔保险费。保险公司承诺,除了支付有保证的年金外,还与年金受益人分享 90% 的盈余。其余 10% 的盈余归保险公司,可用于增加保险公司的留存权益,我们最初设定保险公司的这笔留存权益占精算准备金的 4%。如果保险公司的留存权益由于资本市场出现不利行情或者这种年金险业务受到死亡率的冲击而被消耗殆尽,那么,保险公司就暂停与年金受益人分享盈余,直到保险公司补足留存权益为止。

为了模拟现金和债券基金(目标久期是 10 年)的随机回报(即 1 年期即期利率),我们借用了陈和斯科特(Chen and Scott,1993)的三因子保证利率模型。我们根据 1988 年 1 月~2012 年 12 月期间美国三月期国库券和美国财政部发行的零息票债券(期限 1~10 年)的收益率对这个模型进行了调整。股票相对于短期利率的超额回报以及和股息收益率根据(1981 年 12 月~2012 年 12 月)标准普尔 500 指数的数据计算得到。

假定年金受益人具有相同的时间偏好因子 $\beta=0.96$,相对风险厌恶系数 $\gamma=5$。生存概率 ${}_t p_x^p$ 根据人类死亡率数据库(Human Mortality Database,2014)提供的美国人死亡率数据,并运用凯恩斯等人(Cairns et al.,2006)的两因子模型根据时间随机计算得出。根据这些数据,我们对每个时期的每个受益人进行了伯努利(Bernoulli)实验,以确定受益人是否仍在另一时期的参与型终身年金受益人资金池中。

为了研究会计平滑手段对年金受益人保险金和保险公司盈利能力的影响,我们分析了采用五种会计方法(历史成本法、公允市值法、其他综合收益法、美国公认会计准则默认的债券估值用其他综合收益法和股票估值用公允市值法以及全美保险专员协会默认的债券估值用其他综合收益法和股票估值用公允市值法)做账的 11 种固定混合组合资产配置(以 10% 的幅度调整 0~100% 的债券)。

关键结果

为了探索其他替代性记账法如何影响年金险受益人的保险金,图 3.1a 图示了如果固定终身年金险的年金效用相当于参与型终身年金险在不同的给定投资策略下每年支付 10 000 美元的固定年金加可变盈余的效用,那么,固定终身年金险需要提供多少固定终身年金收入。图中的这三条黑线(实线、虚线和点线)表明,在全部资产都用一种记账方法(历史成本法、公允市值法、其他综合收益法)估值的情况下会出现什么情况(效用等价的固定终身年金);而这两条灰线(实线和虚线)则表示在股票用公允市值以及债券不是用其他综合收益法(美国公认会计准则默认的记账方法)就是用历史成本法(全美保险专员协会默认的记账方法)记账的情况下得到的结果。

在只投资债券的情况下,保险公司完全使用历史成本记账法(黑实线)要比完全采用公允市值记账法(黑虚线)多支付 9% 的年金(分别是 12 069 美元与 11 052 美元)。在保险公司还投资其他资产的情况下也能观察到类似的效用增加。换句话说,从年金受益人的角度看,采用历史成本记账法来进行会计平滑的结果优于采用公允市值记账法进行会计平滑的结果。此外,在采用这两种记账法中任何一种的情况下能使效用最大化的债券配置比例约为 50%~60%。也就是说,年金投资者更喜欢支持他们购买的参与型终身年金险实施资产配置多样化。

(a)

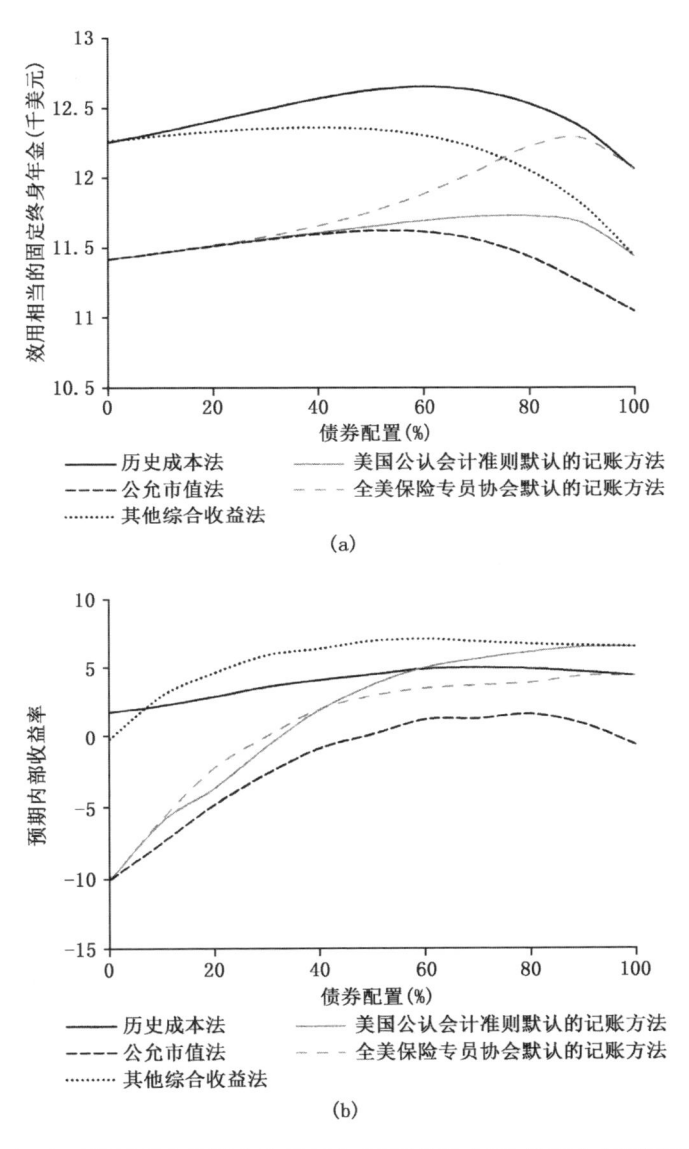

(b)

注：图 a 表示效用等价的固定终身年金（用千美元表示）能产生与[根据不同替代性记账方法下的时间加性常数相对风险厌恶（CRRA）效用函数计算的]有 10 000 美元初始保证终身年金的参与型终身年金相同的效用。图 b 表示不同替代性记账方法下参与型终身年金险的预期内部收益率（IRR）。标准化调整：男性投保人 2013 年 65 岁；参与型终身年金险初始保证年金：10 000 美元；投保人时间偏好：$\beta=0.96$；相对风险厌恶系数：$\gamma=5$；保证利率：3%；死亡率表："2000 年年金"（参与型终身年金险保费现值 163 400 美元）；债券基金久期：10 年；分配给年金受益人的盈余占总盈余的比例：90%。

图 3.1 不同替代性记账法对参与型终身年金险投保人和保险公司结果的影响

采用其他综合收益法记账的固定终身年金收入(黑色点线)要比用公允市值法记账的固定终身年金收入多,大约要多3.5%~7.5%。在这里,未实现收益/未发生损失并不直接影响采用其他综合收益法记账的盈余,因为采用其他综合收益法记账能降低盈余分享额的非期望波动幅度。尽管如此,未发生损失确实会减少保险公司的留存权益,并且通过这个渠道可能会减少年金受益人分享的盈余。这就解释了为什么效用等价的固定终身年金采用其他综合收益法记账最多要比采用历史成本法记账约少5.5%的收入(黑色实线)。

在混合采用两种记账方法的情况下,受到影响的年金受益人的效用等价曲线(灰线)位于两个极端之间,并不令人奇怪。由于股票在美国公认会计准则下默认用公允市值法记账,因此,用美国公认会计准则默认的方法记账(灰色实线)和用公允市值法记账在低债券配置的情况下产生相同的结果。相比之下,在高债券配置的情况下,采用美国公认会计准则默认的方法记账与用其他综合收益法记账获得的结果相似。我们在采用全美保险专员协会默认的方法记账的情况下观察到了类似的结果(灰色虚线):在低债券配置的情况下,结果类似于采用公允市值法记账得到的结果;而在高债券配置的情况下,结果与采用历史成本法记账得到的结果相同。此外,与用美国公认会计准则默认的方法相比,采用全美保险专员协会默认的方法能为年金受益人带来更多的年金收入,因为前一种情况通过追加平滑来保护年金受益人免受资产波动的影响。

下面,我们从保险公司的角度来研究替代性资产记账法如何影响保险公司股东提供的资本的内部收益率。具体来说,我们计算了5 000条模拟路径的预期内部收益率,考察了股权的初始投资、在年金险的整个生命周期里可能定期分配给股东的股息以及投资者在产品寿命结束时能收回的资金,即权益资本以及最后一名年金受益人去世后仍剩余的精算储备金。5 000次模拟每次运行的时界(time horizon)取决于最后一个年金受益人死亡的随机时间。

图3.1b图示了作为保险公司资产配置和现行会计制度函数的预期内部收益率。同样,这三条黑线(实线、虚线和点线)分别表示用一种记账方法(历史成本法、公允市值法、其他综合收益法)得出的结果;而图b中的两条灰线则分别表示用美国公认会计准则默认的方法记账得出的结果(实线)和用全美保险专员协会默认的方法记账得出的结果(虚线)。

比较黑色实线和虚线,我们就能看到,对于各种不同构成的资产配置,保险公司更喜欢采用历史成本法,而不是公允市值法记账,因为采用前一种方法记账能提高预期内部收益率。此外,采用历史成本法计价获得的内部收益率严格为正,从3%到4%不等,具体取决于资产配置构成。相比之下,无论是在全股票配置还是全债券配置的情况下,采用公允市值法记账获得的预期内部收益率均为负(分别是-10%和-0.5%),只有在债券配置占50%~90%的情况下采用公允市值法记账获得的预期内部收益率才略微为正。在采用公允市值法记账的情况下,即使收益还没实现,也要把盈余支付给年金受益人。同时,未发生损失并不会由年金收益人承担。这与采用历史成本法记账的情况正好相反:在用历史成本法记账的情况下,未实现收益和未发生损失可以随时间的推移而相互抵消。价值波动对年金支付流的不对称影响也会导致内部收益率一般随债券配置份额的增加而上涨,因为这些价值波动导致的资产收益率波动幅度相对较小。

对于大多数不同构成的资产配置而言,用其他综合收益法记账的预期内部收益率(黑色虚线)通常会超过用历史成本法记账的预期内部收益率(黑色实线),因为未发生亏损可能会减少盈余分享额,但能提高保险公司留存更多收益的可能性,从而提高内部收益率。

采用美国公认会计准则默认的方法记账和全美保险专员协会默认的方法记账的预期内部收益率(分别用灰色实线和虚线表示),相当于用公允市值法和其他综合收益法或公允市值法和历史成本法记账的预期内部收益率加权平均值。总体而言,对于实际的资产配置来说,美国公认会计准则默认的记账方法有助于保险公司提高其预期盈利能力。

综上所述,在考察合理的资产配置时,通过会计手段来平滑资本市场收益波动,对于参与型终身年金险受益人和开展这种业务的保险公司来说都很有吸引力。具体来说,保险公司大量投资于债券,并结合采用历史成本法来对资产进行计价,能够产生稳定的收益,因此,参与型终身年金合约规定的保证年金收入成本很低。考虑到投保人偏好参与型终身年金险长期稳定的赔付额,因此,他们会赞同这些保守的投资和记账策略。

结束语

如上所述,寻求有保证的保险金和盈余分享可能性的投保人可以从参与型年金险分享的盈余中获得巨大的利益,因而有助于平滑由资本市场不确定性以及系统和异常长寿风险产生的系统性冲击。我们根据现实情况调整的这种产品的模型显示了不同的替代性会计方法如何影响保险受益人的保险金以及保险公司的盈利能力和稳定性。我们的研究结果表明，在参与型终身年金险的例子中，采用会计平滑手段对保险公司和客户都是有利的，也就是说，能够减弱短期波动有可能对年金险等长期合约产生的过大影响。因此，会计平滑手段既有益于厌恶风险的年金险投保人，也有利于开办这种险种的保险公司。

因此，当前围绕是否推动保险公司接受公允市值记账法的讨论，不仅仅关系到会计准则——这个问题的答案会产生真正的财务影响。因此，我们的研究与会计文献中关于历史成本记账法和公允市值记账法优缺点的一般性讨论有关（如可见 Busillo et al.，2016；Ellul et al.，2013；Laux and Lenz，2009，2010）。

本章的内容也与家庭投资组合选择和年金化研究有关，而这方面的现有研究主要集中在资本市场风险和死亡率风险完全由保险公司承担的定额年金险上。目前，只有为数不多的研究者（如 Piggott et al.，2005；Denuit et al.，2011；Richter and Weber，2011；Maurer et al.，2013a）对允许保险公司与投保人分担投资和长寿风险的投连年金（unit-linked annuities）进行了研究。基于这些研究和我们在这里的发现，我们相信参与型年金险为退休人员提供了既能获得"死亡率积分"（mortality credit）又能为他们在有生之年平滑保险金给付的工具。

我们的研究结果应该能够引起那些寻求通过优化对 401(k) 计划缩减的管理（如通过刺激年金保险市场）来提高老年人财务安全的政策制定机构的兴趣。[①] 促使年金险提供商采用公允市值记账法，而不是历史成本记账法，对于保险公司当前和未来的股东来说，有可能改善信息披露工作，但也可能降低参与型终身年金产品对受益人和保险公司的吸引力。

参考文献

Bleck, A. and X. Liu (2007). 'Market Transparency and the Accounting Regime,' *Journal of Accounting Research*, 45(2): 229–56.

Busillo, J., T. Harvey, and B. Hoffman (2016). 'Mark-to-Market Accounting for United States Corporate Pensions: Implementation and Impact,' in O. S. Mitchell, R. Maurer, and J. M. Orszag, eds, *Retirement System Risk Management: Implications of the New Regulatory Order*. Oxford: Oxford University Press, pp. 51–67.

[①] 马克·伊夫里（Mark Iwry）曾以美国财政部长高级顾问和负责退休与健康政策的副助理部长的身份指出："解决方案是提供一个可预测的终身收入来源，如退休计划或个人养老金账户（IRA）提供的年金收入。通过把那些寿命短于或长于平均水平的人聚合在一起，基本上就能让每个人把活到平均预期寿命所需的钱存起来，而那些寿命长于平均水平的人就能得到保护"（Steverman，2012）。

Cairns, A., D. Blake, and K. Dowd (2006). 'A Two-Factor Model for Stochastic Mortality with Parameter Uncertainty: Theory and Calibration,' *Journal of Risk and Insurance*, 73: 687–718.

Chen, R. R. and L. Scott (1993). 'Maximum Likelihood Estimation for a Multifactor Equilibrium Model of the Term Structure of Interest Rates,' *Journal of Fixed Income*, 3: 14–31.

Denuit, M., S. Haberman, and A. Renshaw (2011). 'Longevity-Indexed Annuities,' *North American Actuarial Journal*, 15(1): 97–111.

Ellul, A., A. C. Jotikasthira, C. T. Lundblad, and Y. Wang (2013). 'Mark-to-Market Accounting and Systemic Risk: Evidence from the Insurance Industry,' *Economic Policy*, 29(78): 297–341.

Herget, R. T., M. J. Freedman, S. M. McLaughlin, and E. P. Schuering (2008). *US GAAP for Life Insurers*. 2nd edn. Schaumburg, IL: Society of Actuaries.

Human Mortality Database (2014). *US Death Rates* (Period 1x1). Last modified Nov. 16, 2012. Version MPv5, 1933–2010. <http://www.mortality.org>.

Jorgensen, P. L. (2004). 'On Accounting Standards and Fair Valuation of Life Insurance and Pension Liabilities,' *Scandinavian Actuarial Journal*, 104(5): 372–94.

Laux, C. and C. Leuz (2009). 'The Crisis of Fair-Value Accounting: Making Sense of the Recent Debate,' *Accounting, Organizations and Society*, 34: 826–34.

Laux, C. and C. Leuz (2010). 'Did Fair-Value Accounting Contribute to the Financial Crisis?' *Journal of Economic Perspectives*, 24: 93–118.

Lombardi, L. J. (2009). *Valuation of Life Insurance Liabilities*. 4th edn. Winsted, CT: ACTEX Publications.

Maurer, R., O. S. Mitchell, R. Rogalla, and V. Kartashov (2013a). 'Lifecycle Portfolio Choice with Systematic Longevity Risk and Variable Investment-linked Deferred Annuities,' *Journal of Risk and Insurance*, 80(3): 649–76.

Maurer, R., O. S. Mitchell, R. Rogalla, and I. Siegelin (2014). *Accounting and Actuarial Smoothing of Retirement Payouts in Participating Life Annuities*. Pension Research Council Working Paper No. WP2014-02. Philadelphia, PA: Pension Research Council.

Maurer, R., R. Rogalla, and I. Siegelin (2013b). 'Participating Payout Life Annuities: Lessons from Germany,' *ASTIN Bulletin*, 43: 159–87.

Ng, S. and L. Schism (2010). 'Low Interest Rates Hurt Insurers' Bottom Lines,' *Wall Street Journal*, Nov. 6. <http://online.wsj.com/news/articles/SB100014240527487044057045755969322782395 78>.

Piggott, J., E. A. Valdez, and B. Detzel (2005). 'The Simple Analytics of a Pooled Annuity Fund,' *Journal of Risk and Insurance*, 72: 497–520.

Richter, A. and F. Weber (2011). 'Mortality-Indexed Annuities: Avoiding Unwanted Risk,' *North American Actuarial Journal*, 15: 212–36.

Steverman, B. (2012). 'Mark Iwry: Bringing Annuities to 401(k)s,' Bloomberg, Apr. 17. <http://www.businessweek.com/news/2012-04-17/mark-iwry-bringing-annuities-to-401-k-s>.

TIAA-CREF (2011). Audited Statutory—Basis Financial Statements as of December 31, 2011 and 2010 and for the three years ending December 31, 2011. New York: TIAA-CREF. <http://www1.tiaa-cref.org/ucm/groups/content/@ap_ucm_p_tcp/documents/document/tiaa01007823.pdf>.

第四章　美国企业养老金市值会计的采用情况及其影响

约瑟夫·布西洛(Joseph Busillo)
托马斯·哈维(Thomas Harvey)
布莱恩·霍夫曼(Bryan Hoffman)

待遇确定型养老金一直是美国企业养老金计划发起人要面对的一个管理上的挑战。如何妥善处理与养老金计划相关的资产和负债，在不降低企业养老金计划发起人基础业务业绩透明度的同时明示养老金计划自身的财务状况，就是众多养老金计划问题中的一个问题。传统的养老金公认会计准则是一种有点错综复杂的会计准则，它试图对以上两个往往是相互冲突的目标进行平衡。最近有一小部分养老金计划发起人对他们发起的养老金计划采用一种另类的会计方法，这种另类的会计方法就是"市值会计"[mark-to-market(MTM) accounting]。市值会计以不同的程度摆脱了公认会计准则所允许的平滑机制，它不但要求在资产负债表上，而且还要在损益表上反映养老金年度业绩的波动状况(参阅 Maurer et al.,2016)。

大多数养老金计划发起人极不情愿采用市值会计，只有少数养老金计划发起人出于对股东和市场反应的关切才采纳了这种会计方法。根据我们的预期，这种会计方法应该只会对养老金计划发起人的股票价值产生可以忽略不计的影响。在这一章里，我们将探讨一些与市值会计有关的问题，以便更好地理解以下内容：

(1)公认会计准则和市值会计准则对养老金计划发起人的相对吸引力以及养老金计划发起人采纳或不采纳市值会计的原因；

(2)市值会计对投资者和养老金计划发起人股价的影响；

（3）采用市值会计对股票分析师、信用评级机构和公司管理团队的影响；

（4）采用市值会计对投资策略的影响。

此外，我们介绍了养老金计划发起人最常采用的投资策略替代方案，并采用市值记账法对它们的效率进行了评估。

养老金市值会计概览

自 2006 年第 715 号会计准则汇编（ASC 715）付诸实施以来，美国企业的养老金财务状况不再采用记入财务报表脚注的方式来处理，而是直接记入财务报表，目的就是要把待遇确定型养老金计划的净资产和负债纳入企业的资产负债表，以便投资者能够更清楚地了解与企业养老金计划相关的财务影响。但是，根据目前的公认会计准则，养老金计划发起人可以采用不同的会计方法来平滑这种影响。

美国公认会计准则的相关规定允许养老金计划在损益表中递延确认资产和负债的增减。计划发起人也可以使用反映他们现有投资组合长期预期回报的预期回报数据，并且把预期回报和实际市场回报之间的年度差额记入资产负债表中的"其他综合收益积累"（accumulated other comprehensive income，AOCI）科目；同样，预期负债增加与实际负债增加的年度差额也应记入"其他综合收益积累"科目。然后，"其他综合收益积累"中的金额应该在损益表中分期摊销，通常在养老金计划参与者的预期未来工作年限内分期摊销完毕。这样，计划发起人可实际免受很大一部分由待遇确定型养老金资产和负债实际波动造成的影响。

公认会计准则的吸引力

公认会计准则为养老金计划发起人提供了一种重要的损益报告缓冲处理方法，通常有助于达到旨在最大限度地降低公司非核心业务（这里就是待遇确定型养老金）波动幅度对财务报表造成的影响的目的。公认会计准则实际允许养老金计划发起人降低企业财务报表中养老金支出的同比波动幅度。这种平滑实际资产收益和递延确认资产的做法可以把当期的损益递延到未来，并且分期进行摊销。这样，养老金计划发起人就可以避免报告重大不利市场事件的直接影响。

此外，公认会计准则是待遇确定型养老金计划会计要遵循的主要会计准则，使用公认会计准则有助于进行公司之间的跨期比较。公认会计准则虽然存在许多内在的不足，但由于几乎得到了普遍的应用而具有被广泛接受的明显好处。

现行的会计框架也允许养老金计划发起人在待遇确定型养老金计划的投资配置中偏好股票，而不是固定收益资产。投资组合中股票配置的增加有助于提高用于确定养老金支出的预期收益，而这样做造成的任何损失都可以分期摊销。因此，养老金计划发起人实现的盈余不会受到积极的投资组合配置固有的波动性的影响，而养老金计划的预期投资收益的增加则能增加近期的养老金盈余。

请读者务必注意，现行会计框架的这个特点有可能并非总是有益。也就是说，在某个结算事件要求短期内确认部分未决损失的情况下，最终投资者得不到保护。

公认会计准则存在的缺陷

为了在不严重影响养老金计划发起人基础业务财务业绩的情况下，说明养老金财务状况的影响，按照公认会计准则的约定，要对待遇确定型计划的实际养老金结果进行平滑，并在一段时间内摊销这些结果。如果实际业绩与预期业绩存在一定程度的差别，而且两者的差额通常能够逐年抵消，那么，公认会计准则的约定可能会发挥它的作用。不幸的是，某个重大的不利市场事件——如2008年经历的那个重大不利市场事件——会产生相对较大的长期影响。对于大多数待遇确定型养老金计划的发起人来说，2018年的金融危机造成了大量有待分期确认的未摊销亏损。在享受公认会计准则当时提供的巨大保护的同时，大多数养老金计划发起人发现自己要在一个很长的时期里摊销巨额亏损，从而导致持续拖累养老金计划的盈余。

对于许多已经封闭或冻结的待遇确定型养老金计划，这些额外的"成本"与跟公司当期的业务和成本结构几乎没有关系的遗留养老福利金有关。在向投资者明确报告公司基本业务财务业绩的同时，如何说明这些遗留养老福利金并把养老金计划支出的波动幅度降到最低水平，是养老金计划发起人正在努力解决的问题。

美国的市值会计替代法

待遇确定型养老金计划在其财务报表中使用的典型公认会计准则机制导致了对资产价值的平滑。这种平滑使得资产的预期收益变得比较稳定,也要求把需要在损益表中分期摊销的收益或亏损记入"其他综合收益积累"账户。养老金计划的支出可提前入账,而任何收益或亏损则到年底记入"其他综合收益积累"账户,并在未来若干年里进行摊销。

或者,养老金计划发起人可以选择不使用这些平滑机制来为养老金计划做账。这种做账方法被称为"市值会计"或"公允价值会计"。在完全的市值会计中,养老金计划发起人只能对待遇确定型养老金计划的费用追溯性地入账,这就意味着当年资产和负债的实际增减作为当年费用入账。为此,计划发起人就要采用资产的公允市场价值来做账,并且用养老金计划的实际资产收益来取代预期资产收益,而损益的摊销期大体就改为一年。表 4.1 给出了一个示例。

表 4.1　　　　　　　　　　　年度养老金支出(美元)

	公认会计准则	市值会计	差额
服务费用(累积保险金)	10.2	10.2	0
利息费用	77.0	77.0	0
预期资产收益	(95.6)	(95.6)	0
精算亏损摊销	20.0	0	(20.0)
市值会计损益	—	(12.3)	(12.3)
养老金总成本	11.6	(20.7)	(32.3)

注:表中的"差额"是指按照公认会计准则做账与采用市值会计做账之间的差额。
资料来源:本章作者编制。

为什么市值会计对养老金计划发起人具有吸引力?

对养老金计划采用市值会计的主要好处在于,公司可以通过重述历史财务报表来反映养老金计划遭遇的实际损失。公司还可以从损益表中消除记入"口袋"账户的亏损,即过去已经发生但仍在等待未来摊销的亏损。通过采用市值会计,养老金计划发起人可以有效地消除未来养老金损失摊销对盈余的拖累。

此外,有些养老金计划发起人认为,不允许平滑的会计政策透明度更高,也更加符合会计准则的发展方向。由于(养老金计划发起)公司的基本现金流或财务状况没有发生根本的变化,因此,更加简洁、透明的会计政策可能更有吸引力。

最后,由于过去五年经历了低利率,因此,养老金计划发起人是在利率上涨在所难免的信念下执行市值会计的。利率上涨应该可以减少养老金负债,从而有可能产生市值计价收益;而负债折现率的提高则可能有助于削减费用,从而增加未来的盈余。

为什么养老金计划发起人不愿意采纳市值会计?

改用市值会计的风险来自养老金计划发起公司的未来养老金支出可能会变得更加波动不定这一事实。改用市值会计还可能对盈余造成负面影响,就像2012年发生的情况那样。2012年,利率下跌压制了养老金资产价值的增长,并且降低了大部分养老金计划的筹资水平。

美国有很多待遇确定型养老金计划的发起人一直不愿放弃公认会计准则提供的传统收入水平平滑机制而改用市值会计。我们在与一些公司的管理团队进行对话后发现,有多个问题导致他们不愿改用市值会计,其中包括担心公司盈余和每股收益(EPS)波动对投资者、股票分析师和信用评级机构反应的影响。公司管理团队也经常受到采用公认会计准则产生的盈余的激励,并且对市值会计可能对年度盈余产生的影响比较敏感。

为了评判这些在改用市值会计的背景下可能产生的问题,我们依次对它们进行分析。根据我们的预期,由于待遇确定型养老金是一种非现金项目,因此,对它采用的会计方法对公司股价、分析师评论或信用评级的影响可以忽略不计。

投资者

我们考虑的第一个问题是,投资者是否对改用市值会计持反对意见以及公司是否会因为改用市值会计而要在股票估值方面付出一定的代价。SEI 投资管理公司对我们分析的 23 家公司中的每一家都进行了事件研究,以评估会计方法变更公告发布前后 5 天的股价波动情况。此外,这项研究还分析了这些公司2012 年第四季度的收益报告,以便深入了解市值会计对整个日历年度的影响。

然后，我们以标准普尔 1500 指数一个适当子集的业绩为基准，根据我们研究的每家公司的实际业绩，为它们构建了资本资产定价模型的证券市场线，并通过回归分析来预测我们考察的公司在基准回报率发生给定变化时的回报率预期变化状况。

结果显示，被考察公司的股价并没有发生具有统计学意义的变化；而股价发生具有统计学意义的变化，就能反映股东对采用市值会计做出的直接、明显反应。此外，这项研究也没有显示样本公司的股价由于使用财务报表（而不是记入脚注）中的实际资产和负债损益所固有的"噪音"而发生任何变化。虽然威瑞森（Verizon）等一些较早采纳市值会计的公司在最初公告会计方法变更后经历了股价异常大幅但短暂的波动，但是，股价波动并没有转化为对股票价值的持续影响，无论是正面还是负面的影响。这项研究证实了我们的预期：在没有现金影响的情况下，会计方法变更不会对股价产生直接的影响。

分析师职业界

接下来，我们出于比较的考虑考察分析师是否重视养老金支出核算方法变更以及是否认为这种变更会对公司收益波动产生影响等问题。一段时间以来，分析师们经常采用市值分析法来评估公司的"核心业务"收益和待遇确定型养老金计划的现金影响。对于养老金计划规模相对于公司市值较大的大公司，分析师们不再严格使用公认会计准则来处理亏损，并且开始关注养老金计划的未来预期现金影响。同样，在对改用市值会计的公司与继续采用传统公认会计准则的可比公司的每股收益进行比较时，分析师们通常不再对改用市值会计的公司的每股收益进行调整，而是采用按照公认会计准则做过跨期平滑的收益来进行业绩比较。

细看我们研究的 23 家公司 2012 年第四季度的财务报表就不难发现，几乎没有讨论市值会计和公认会计准则如何影响公司养老金的内容，也没有公司代表花时间讨论由此导致的公司收益波动的信息。2012 年，由于利率下降，因此，分析师们似乎对改用市值会计的公司收益受到拖累并不感到意外。在我们考察的 23 家公司的财报发布会上，几乎没人对改用新的会计方法提出质疑，而且根本没人提出直接的批评。值得注意的是，在许多分析师的报告中，养老金负债仍然沿用公认会计准则来计算，从而意味着分析师已经从他们对这些公司的年度收益预测中剔除市值会计的影响。关于我们的分析示例，请参见表 4.2。

表 4.2　25家公司养老金、资产配置和衡量指标情况说明

百万美元

公司名称	股票代码	改用市值会计公告日期	养老金资产	养老金负债	出资比例(%)	股票(%)	固定收益资产(%)	其他(%)	养老金资产/公司市值(%)	养老金资产/经过调整的公司资产(%)	养老金资产/账面价值(%)	未出资的PBO/息税折旧摊销前利润
Albermarle	ALB	2012	563.3	762.4	74	57.8	27.6	14.6	9.6	16.4	29.1	0.3x
Ashland	ASH	2011	3 320.0	4 877.0	68	51.0	47.0	2.0	48.4	21.5	81.0	2.0x
AT&T	T	2011	45 060.0	58 910.0	76	55.0	34.0	11.0	23.0	25.0	49.0	0.4x
Babcock & Wilcox	BWC	2012	2 127.7	2 780.0	77	6.0	51.0	43.0	62.1	43.6	219.7	1.9x
ConAgra	CAG	2012	3 343.3	3 817.5	88	49.0	23.0	28.0	22.0	14.1	63.5	0.2x
Eastman Chemical	EMN	2012	2 298.0	3 133.0	73	52.0	26.0	22.0	20.0	16.6	76.0	0.6x
FirstEnergy	FE	2011	6 671.0	8 975.0	74	16.0	57.0	27.0	41.9	11.7	51.3	0.8x
Graftech	GTI	2011	163.1	231.8	70	11.8	88.2	0.0	16.1	6.6	12.1	0.3x
Honeywell	HON	2010	18 872.0	22 389.0	84	49.3	37.1	13.6	29.9	31.1	137.0	0.7x
IBM	IBM	2010	91 688.0	106 129.0	86	39.8	52.0	8.3	40.0	43.0	482.0	0.5x
HIS	IHS	2011	161.0	180.7	89	28.3	67.4	4.2	2.2	4.3	10.0	0.1x
Johnson Controls	JCI	2012	4 642.0	5 761.0	81	49.2	40.2	10.6	18.0	13.0	39.0	0.4x
Kellogg	K	2012	4 374.0	5 238.0	84	66.2	24.4	9.4	18.0	22.3	157.0	0.4x
LS Starrett	sex	2011	107.4	145.5	74	27.0	12.0	61.0	153.6	31.3	86.3	4.5x

第四章 美国企业养老金市值会计的采用情况及其影响

续表

百万美元			养老金			资产配置				养老金衡量指标		
公司名称	股票代码	改用市值会计公告日期	资产	负债	出资比例(%)	股票(%)	固定收益资产(%)	其他(%)	养老金资产/公司市值(%)	养老金资产/经过调整的公司资产(%)	养老金资产/账面价值(%)	未出资的PBO/息税折旧摊销前利润
PerkinElmer	PKI	2012	336.3	580.5	58	55.0	39.0	6.0	8.8	8.1	18.3	0.8x
PolyOne	POL	2011	410.4	597.2	69	70.6	21.3	8.1	16.0	16.0	65.0	0.8x
Rexnord	RXN	2011	577.7	720.6	80	30.0	67.0	3.0	31.3	15.0	130.8	0.4x
Reynolds American	RAI	2011	5 422.0	6 293.0	86	29.0	59.0	12.0	20.0	25.0	100.0	0.3x
SAIC	SAI	2011	86.0	94.0	91	43.0	57.0	0.0	1.6	1.4	3.3	0.0x
Teradyne	TER	2012	302.9	376.5	80	13.0	85.8	1.2	9.6	10.8	16.2	0.2x
United Parcel Post	UPS	2012	25 742.0	32 957.0	78	44.4	33.4	22.2	31.0	40.0	637.0	2.3x
Verizon	VZ	2011	18 282.0	26 773.0	68	43.7	35.4	20.9	12.0	7.5	21.4	0.6x
Windstream	WN	2012	999.0	1 400.1	71	44.2	51.4	4.4	20.2	6.8	90.0	0.2x
Median MTM Cos					76.5	44.2	33.4	22.2	20.0	16.0	65.0	0.4x
US Public Medians					74	53.0	37.1	9.9	10.9	9.5	20.9	0.2x

资料来源:本章作者编制。

评级机构

我们还研究了养老金计划发起人的信用等级是否受到改用市值会计的影响。对标准普尔公司（Standard & Poor's）、穆迪公司（Moody's）和惠誉公司（Fitch）评级实践的回顾以及与穆迪投资者服务公司（Moody's Investor Services）的讨论表明，养老金计划发起人改用市值会计并没有对主要评级机构的财务分析实践造成严重的干扰。在评级机构对公司财务报表做出的另外几项非公认会计准则调整中，对养老金采用完全的市值会计处理法似乎是标准做法。

与此同时，养老金及其波动对公司总体信用评级只产生离散且有限的影响。与公司的收入和债务相比，养老金相关因素对公司信用评级一般只产生适度的影响。养老金计划的资金状况发生重大变化，可能会限制信用评级上调，但如果养老金计划资金状况的重大变化并没有伴随着公司信誉方面的其他变化，那么就不太可能直接导致信用评级下调。由于主要信用评级机构实际上已经在它们的分析中采用市值会计，因此，改用市值会计对具体的养老金计划发起人应该只产生可忽略不计的影响。

公司管理层

最后，我们评估了公司管理层的工作动机如何受到由养老金损益波动加剧导致的公司每股收益变化的影响。公司管理团队的部分激励薪酬往往与按公认会计准则计算的年度盈利业绩挂钩。由于养老金支出平均约占公司每股收益的10%，因此与改用市值会计有关的养老金损益额外波动有可能对公司收益产生实质性的影响。相应地，根据现有的代表权声明书，凡是改用市值会计的公司为了不作市值会计调整，似乎都已经修改了公司管理层的薪酬计划，从而有效地保护管理层的奖金不受养老金实际业绩波动的影响。

值得注意的是，SEI投资管理公司调查的许多公司在改用市值会计之前并没有通过降低养老金计划的风险来降低计划的损益波动性，而是选择维持更为激进的投资组合。在核算养老金支出时提高预期收益、消除与历史损失相关的摊销以及调整改用市值会计产生的影响三者的合并净效果是，公司管理层最终因为每股收益增加而获益，但却不会因为过去业绩糟糕而受到惩罚。对于公司管理层来说，从许多方面看，这都是一个理想的结果。

养老金资产配置通常不会因会计方法变更而发生变化

我们在观察那些已经采用市值会计的公司时惊讶地发现,这些公司一般都不会为了应对会计方法变更而改变它们的待遇确定型养老金计划的资产配置,其中的大多数公司仍坚持传统的60%股票/40%固定收益资产组合投资策略,就如同大多数采用传统公认会计准则的公司为养老金计划采用的投资策略。大多数待遇确定型养老金计划并没有通过优化资产/负债匹配来应对养老金波动的影响,而是简单地通过进行非公认会计准则调整来处理这些结果,但没有减弱实际的经济性波动。

我们仍然相信,许多企业养老金计划的发起人都不愿采用市值会计,是因为他们有上面提到过的担心;养老金计划收益的年度波动会对公司盈余产生不受欢迎的影响。这种对收益波动的担心是有道理的,我们使用SEI投资管理公司自己所做的资本市场假设进行了简单的蒙特卡罗模拟,以显示在执行市值会计政策时维持传统的资产配置对按照公认会计准则计算的每股收益的内在风险。我们使用一个三因子(通胀率、实际利率和期权调整差价)短期利率模型来确定短期利率。这三个因子采用带漂移的自回归(AR)模型[自回归(1)过程]进行预测。在确定短期利率后,我们可以根据用随机微积分标准方法确定的收益率曲线来确定长期利率。然后,投资回报率取决于与这个利率相关的长期债券,而所有其他资产类别的回报率都与这个回报率相关。最终的结果是对所有资产类别和全收益率曲线进行1 000次的10年期模拟。图4.1显示了采纳市值会计政策后可以预期到的收益波动增幅(请注意,该图并没有显示从可进行平滑的会计转换到市值会计的一次性影响)。显然,在不改变资产配置的情况下改用市值会计,有可能造成不希望看到的波动和压力。

或许更重要的是,与这种投资策略相关的经济风险可能很大。资产负债匹配不佳的投资策略会导致养老金计划发起人面临一些挑战,如通过限制与长期固定收益投资相关的自然负债对冲来增加风险值,有可能要在包括资本市场不景气和折现率下降在内的场景下增加养老金缴费,从而对预期缴费水平造成很大的不确定性。

虽然要面对这些挑战,但是,大多数养老金计划发起人继续对他们的待遇确定型养老金计划推行严重偏好股票的投资策略,努力从股票较高的预期长期

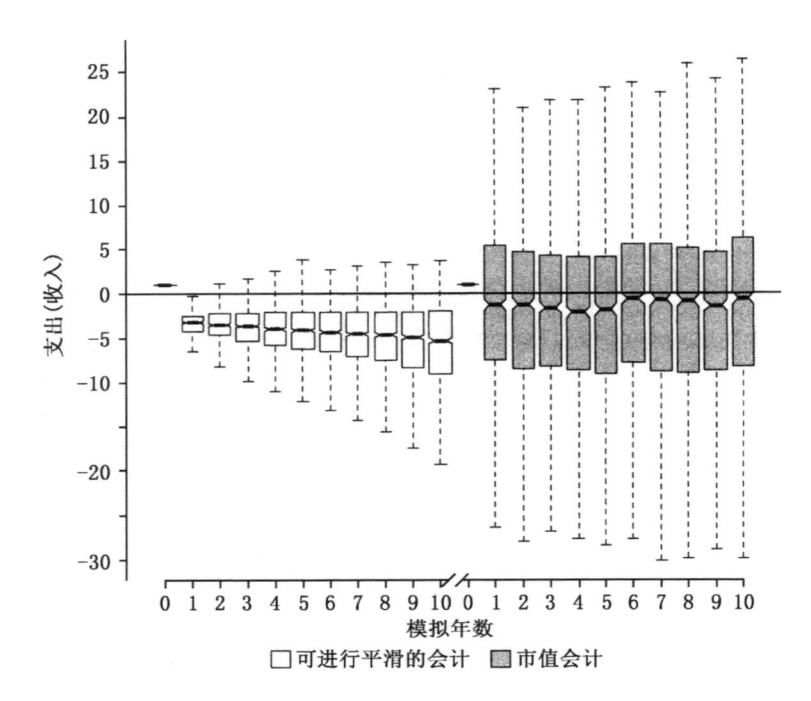

资料来源:本章作者编制。

图 4.1　60%股票/40%固定收益资产投资策略的收益波动幅度比较

回报中获益,从而减少与养老金负债相关的"成本"。考虑到市值会计可以提高透明度以及在市值会计框架下养老金投资组合回报对公司盈余的直接影响,改用市值会计的养老金计划发起人也可能会考虑改变他们的投资策略。

与典型以股票为主的资产配置模式相比,有两种替代模式值得关注。第一种替代模式是负债驱动型投资(liability-driven investment,LDI)模式,这种投资模式注重投资组合与养老金计划的负债紧密匹配,并寻求把养老金计划资金状态的波动幅度减小到最低限度。第二种替代模式是风险平价(risk parity)投资模式,这种投资模式在不牺牲预期投资回报的情况下采用一种更加平衡的方法来管理风险,并且赋予公司管理层在不降低其预期激励薪酬的情况下降低养老金计划资金状况波动幅度的机会。即便在改用市值会计以后,公司管理层的预期激励薪酬通常也仍然取决于养老金资产的预期回报。

方法1：负债驱动型投资

鉴于养老福利金给付承诺的性质和定时性，对于待遇确定型养老金计划来说，与负债完全匹配的高质量固定收益资产配置策略就是自然的默认策略。由于待遇确定型养老金计划旨在等企业员工退休后向他们提供收入（一种递延工资），因此，我们不明白为什么要以不同的方式区别对待企业与养老金有关的费用和任何其他负债。一种完全的负债（100%由缴费）驱动型投资模式将允许养老金计划以尽可能小的跟踪误差来维持当前的缴费比例。

方法2：风险平价投资

第二种投资模式可被看作是一种比传统的60%股票/40%固定收益资产组合更加分散化的替代投资模式。因此，风险平价投资模式并不是通过关注资金配置来实现视觉上的投资分散化，而是通过平衡资产类别的风险配置来寻求真正的投资分散化。下面详细讨论这种投资策略。

风险平价投资策略简介

风险平价投资强调风险暴露的分散化，而不只是关注资产配置。考察待遇确定型养老金计划传统的60%股票/40%固定收益资产组合，就能很有效地说明两者的区别。虽然这种传统的投资组合初看似乎相当平衡，股票和债券的（资金）配置几乎相等，但从分解风险的角度看，情况就完全不同。由于股票的波动性远高于中期固定收益资产，60%股票/40%固定收益资产的资金配置会造成90%以上的风险来自股票。因此，如果考虑波动性问题，60%股票/40%固定收益资产投资组合表面上的风险分散化就不复存在。[①] 风险平价投资寻求通过让各种资产类别分担等量的风险来恢复投资组合的平衡，因此，这种投资策略寻求的是真正的风险分散化，而不是表面上的投资分散化。

为了达到这种平衡的风险分摊，风险平价投资必须把较多的资金投在波动性较小的资产类别上，而把较少的资金投在波动性较大的资产类别上。减少股票投资的规模并把更多的资金配置在固定收益资产上的初始行为，被认为会降

---

① 标准普尔资本智商指数（S&P Capital IQ）是根据1995～2004年的月度数据编制的，采用了代表股票的标准普尔500指数和代表固定收益资产的巴克莱美国债券综合指数（Barclays US Aggregate Bond Index）。

低如此配置资金产生的投资组合的预期回报（和风险）。投资者的风险承受能力和对投资回报的要求各不相同，所以，这种资金配置结果可能并不可取。在这种情况下，风险平价投资通常通过适度利用杠杆比率（一般是通过衍生品合约来获得杠杆比率），把投资组合的预期回报和波动性恢复到所希望的水平。因此，风险平价投资未必就是"保守的"低风险投资，它们可以瞄准与60%股票/40%固定收益资产投资、整个股票市场或任何其他被认为是适当的水平相同的预期波动性。关键的区别在于，风险平价投资通过以更加分散化的方式来实现这种水平的波动性；与60%股票/40%固定收益资产等更加集中化的替代性投资相比，风险平价投资在任何给定的波动性水平上具有产生更多回报的潜力。

金融研究文献已经详细讨论了只考虑资产配置背景下的风险平价投资的优势。值得注意的是，在考虑相对于负债的资产配置的背景下，风险平价投资的优势就变得更大。如前所述，负债驱动型投资是养老金资产组合的一种直观且明智的默认投资策略，因为这种投资策略允许养老金计划的资金状况处于最低的波动水平。然而，我们不能忽视，许多养老金计划发起人由于各种不同原因而不愿采纳完全的负债驱动型投资策略。虽然风险平价投资并不是真正的负债驱动型投资策略的替代策略，但在资产—负债框架下，这种投资策略可以提供一种比以股票为主的配置（如60%股票/40%固定收益资产配置）有效得多的替代方案。

简单地说，风险平价投资策略是一种在待遇确定型养老金计划的背景下更加有效的资产组合策略，因为采用风险平价投资策略持有的资产至少与典型的待遇确定型养老金计划的负债流有一定的相似之处。典型的待遇确定型养老金计划大部分负债的结构与长期固定收益资产的"空头"头寸非常相似，而且这种"空头"头寸是待遇确定型养老金计划在构建任何资产组合之前的默认头寸。因此，构建股票权重较大的投资组合（如60%股票/40%高收益债券的投资组合）的待遇确定型养老金计划，不太会对冲自己的负债。鉴于60%股票/40%固定收益资产的投资组合把90%以上的风险集中在股票风险上，因此，这种资产组合的业绩与养老金计划负债价值的变化几乎没有关系。这种资产—负债错配会导致养老金计划盈余或亏空背后的真实经济风险出现极端的波动。

通过合约交易，风险平价投资可把相当一部分的风险预算配置在名义投资级固定收益资产上。因此，可以合理预期这种资产组合与养老金计划的负债具有更加密切的相关性，潜在地减少资产组合相对于养老金计划负债流的"跟踪误差",从而减少养老金计划的盈余或亏空波动。同样,由于风险平价投资可以根据任何所希望的风险或回报水平对资产组合进行调整,因此,盈余风险的下降并不一定就伴随着预期回报的下降。相反,愿意接受一定风险量的养老金计划发起人(如目前构建60%股票/40%固定收益资产配置的发起人)仍然可以接受这个风险量,但通过构建风险平价投资组合,有可能获得更高的投资回报,并且提高养老金计划的盈余效率。

风险平价投资策略有可能提高养老金计划的盈余效率,这一点可以从历史和预期两个方面来证明。首先,有必要对60%股票/40%固定收益资产的投资组合与比照花旗集团中期养老金负债指数(Citigroup Intermediate Pension Liability Index,CPLI)构建的朴素的风险平价投资组合进行历史业绩分析,并且把重点放在两种投资组合相对于负债指标的回报和风险比较上。这里的分析基于1995~2014年这个为期20年的时期,分析样本受到了花旗集团中期养老金负债指数数据可获得性的限制。在这个例子中,60%股票/40%固定收益资产的投资组合使用标准普尔500指数成分股来配置投资组合中的股票,并用巴克莱美国债券综合指数的成分债券来配置投资组合中的固定收益资产。朴素风险平价投资组合的静态权重是通过平衡标准普尔500指数、巴克莱美国债券综合指数和彭博大宗商品指数(Bloomberg Commodity Index)在整个20年期间的风险贡献度计算得到的。各资产类别的权重确定以后,就按照各资产类别的权重进行杠杆化,以反映整个样本60%股票/40%固定收益资产组合的波动率,从而使每个投资组合在考察期内具有相同的风险水平。

图4.2强调了这样一种直观的论点:采用风险平价投资策略构建的资产组合的跟踪误差应该小于波动水平相同的60%股票/40%固定收益资产组合的跟踪误差。图4.2图示了考察期内每个资产组合相对于花旗集团中期养老金负债指数的三年滚动年化跟踪误差。显然,这两种资产配置模式相对于负债而言都产生了大量的风险,而采用风险平价投资策略构建的资产组合绝对不是对冲花旗集团中期养老金负债指数的完美工具。不过,似乎很清楚,采用风险平价投资策略构建的资产组合应该可以提供较小的相对于负债而言的跟踪误差。与采用风险平价投资策略构建的资产组合相比,60%股票/40%固定收益资产组合偏离负债基准的程度始终较大。

即使是厌恶风险的养老金计划发起人也必须知道,风险平价投资降低养老金盈余波动是否要以降低投资回报为代价。鉴于风险平价投资能够提高投资

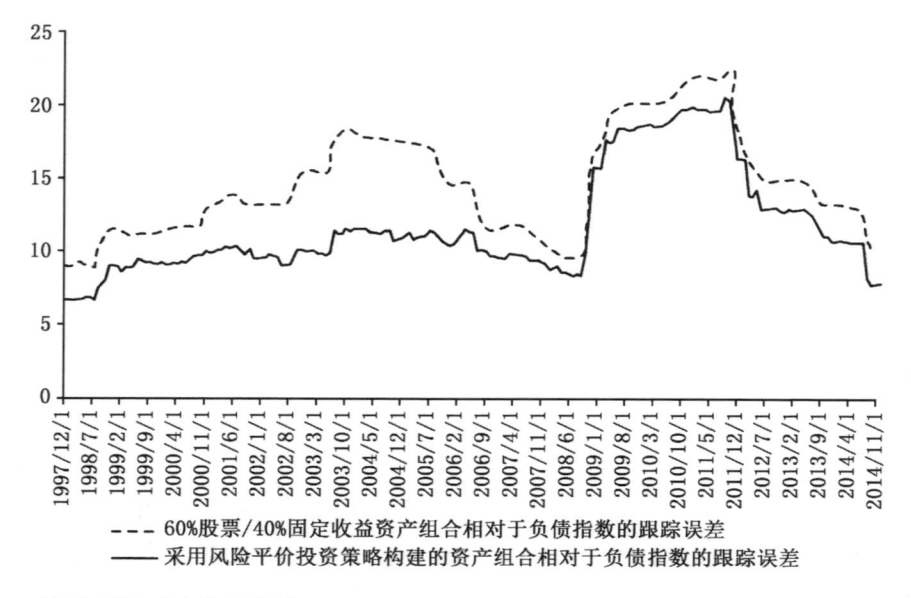

- - - 60%股票/40%固定收益资产组合相对于负债指数的跟踪误差
——— 采用风险平价投资策略构建的资产组合相对于负债指数的跟踪误差

资料来源：本章作者编制。

图 4.2　不同资产组合相对于花旗集团中期养老金负债指数的三年滚动跟踪误差

分散化程度，并且能够瞄准任何所希望的投资组合波动水平，因此，我们有充分的理由预期，平均而言，风险平价投资的业绩应该能够超过资产配置更加集中化的投资策略。如果能以所承担的每单位风险都得到充分补偿（无论总风险有多大）的方式构建资产组合，那么，以这种方式构建的资产组合的预期投资回报应该高于资产配置更加集中而效率较低的投资组合。图 4.3 和 4.4 中 20 年考察期的结果支持这种直觉，并且证明，在这个历史样本中，就绝对风险和经过调整的风险而言，与波动率匹配的风险平价投资组合表现都优于 60%股票/40%固定收益资产组合。鉴于风险平价投资增加了投资回报，并且缩小了与负债相关的跟踪误差，因此，在考察期内大幅度提高了养老金计划盈余的效率。

质疑这些结果的时期特有性，理所当然、合乎逻辑。毫无疑问，债券收益率的长期下降，为任何在过去 20 年里有意配置固定收益资产，而不是为以股票为主的替代性资产配置策略提供了有利条件。鉴于目前的利率水平远低于样本考察期开始时的水平，对风险平价投资组合业绩优于 60%股票/40%固定收益资产组合的前瞻性预期应该比较适度。虽然在待遇确定型养老金计划的背景下，风险平价投资组合基于所期望的降低波动性的属性仍然具有同样的吸引

资料来源：本章作者编制。

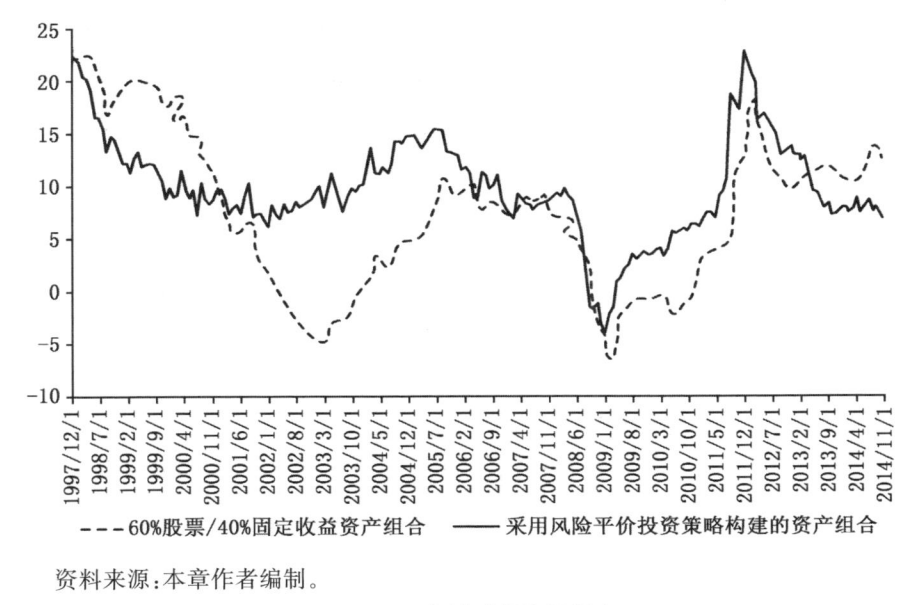

图 4.3 三年滚动投资回报率

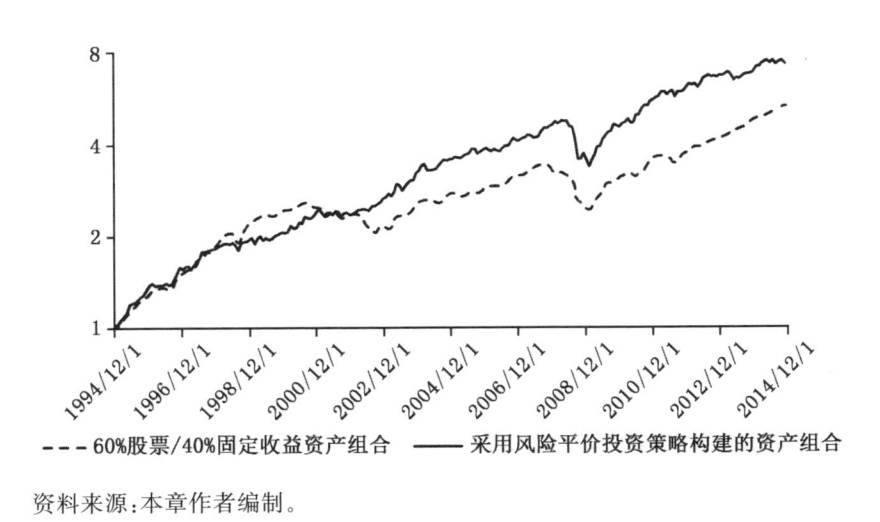

资料来源：本章作者编制。

图 4.4 累积投资增长率

力，但很明显，与资产配置不那么平衡的替代方案相比，这个样本的考察期比较有利于风险平价投资组合的业绩。

幸运的是，风险平价投资组合回报——无论是绝对回报还是相对于60%股票/40％固定收益资产组合的相对回报——的前瞻性预期仍然相当乐观。这种预期的核心内容在于，与比较流行、集中的投资组合相比，风险平价投资组合更具风险分散化的性质。由于60％股票/40％固定收益资产组合有90％以上的风险来自股票，因此，这种投资组合在投资期里内在地把赌注押在了股票风险调整后的回报高于债券的假设上。事实上，从优化均值方差的角度看，如此极端的风险集中是有它的道理的，股票必须提供超过债券3倍以上的夏普比率（风险调整后的回报率）。在股票和债券相对业绩的假设不那么极端的情况下，采用风险平价投资策略进行的资产配置由于能够使风险分散化，因此与集中度较高的替代性资产配置（如60％股票/40％固定收益资产组合）相比，能获得风险调整后预期收益较高的回报。负债的引入和风险平价投资减小跟踪误差的可能性，使得这种比较比在只考虑资产的情况下更加引人注目。

我们可以通过使用SEI投资管理公司自己提出的关于预期收益、风险和资产类别间相关性的均衡资本市场假设进行展望的方式来说明这一优势。根据我们提出的关于不同资产配置模式下60％股票/40％固定收益资产组合的假设，以及风险平价投资和负债驱动型投资及待遇确定型养老金计划的一般负债流，我们对未来10年待遇确定型养老金计划的预期养老金支出进行了模拟。结果显示，资产配置模式的选择对养老金支出的水平和波动性产生预期的影响。虽然就养老金盈余的效率而言，风险平价投资模式优于传统的60％股票/40％固定收益资产投资模式，但这两种投资模式都不能与完全负债驱动型投资的负债对冲特性相媲美。

图4.5对这些投资模式进行了基本比较。传统的60％股票/40％固定收益资产投资模式比负债驱动型投资或风险平价投资模式产生大得多的波动性。负债驱动型投资模式在预测期内产生了最小的养老金支出和最低的波动幅度。虽然60％股票/40％固定收益资产组合和风险平价投资组合可能有望产生平均为正的净收益，但以大幅度提高波动幅度为代价。鉴于待遇确定型养老金计划的目的并不是为了生成会计收益，于是，对于养老金计划的发起人来说，从"起始点"开始就采用负债驱动型投资模式，似乎是一种比较明智的做法。因为，如果他们认为风险/回报比较得出了支持采用这种投资模式的结果，那么就能以深思熟虑和慎重的方式偏离完全的负债对冲策略。

资料来源：本章作者编制。

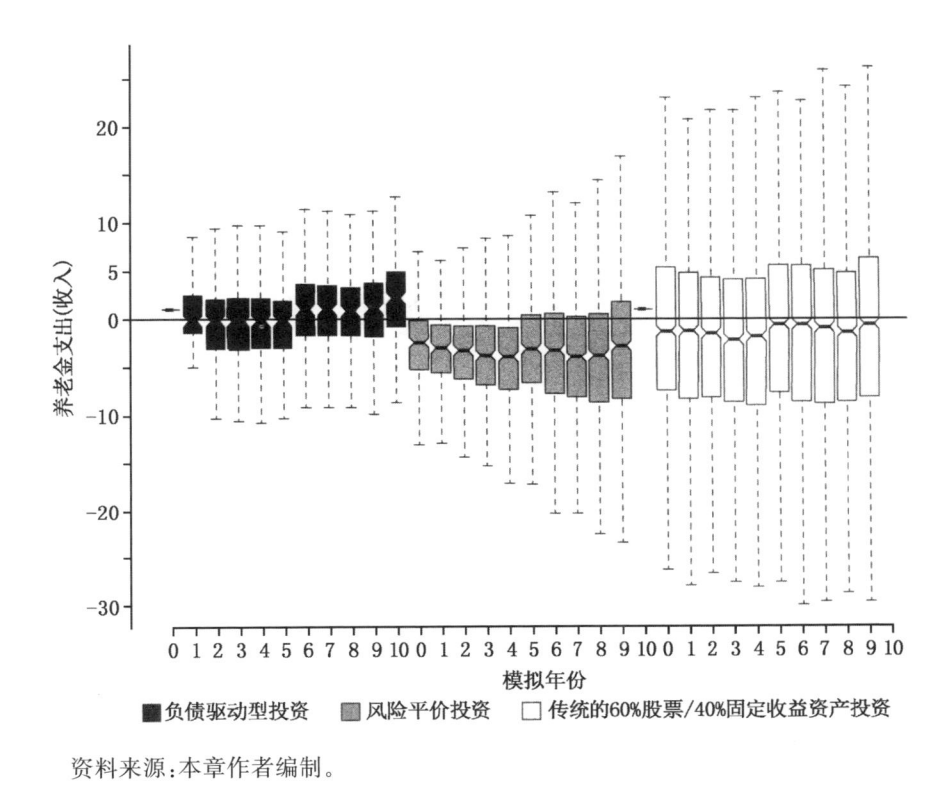

图 4.5　市值会计下的资产配置

结束语

尽管美国企业养老金计划采用的传统公认会计准则存在这样或那样的问题，但养老金计划发起人一直不愿采用完全的市值会计。投资者、股票分析师和信用评级机构对采用市值会计造成的养老金盈余额外波动的担心以及他们对这种可能的波动做出的反应，对于养老金计划发起人不愿采用市值会计起到了关键的作用。关于养老金盈余波动对公司薪酬计划的影响的额外担心以及实际养老金业绩包含的额外盈余"噪音"的一般水平，已经导致公司管理层对采纳市值会计持谨慎态度。不过，根据我们的分析，我们认为这些担心都被人为地夸大了；由于养老金会计是一种非现金会计，因此，以上所有的担心都没有重要到足以证明应该选择采用其中的一种而不是另一种会计方法的地步。

如果改用市值会计与构建标准的投资组合同时发生，那么，养老金计划发起人可能会经历一定程度的养老金支出波动，但他们可以通过采用替代性投资策略来降低养老金支出的波动幅度。如果结合养老金计划的养老金支出和负债来衡量，那么，负债驱动型投资策略和风险平价投资策略都要比传统的经过优化的60%股票/40%固定收益资产投资策略能够降低养老金盈余的波动幅度。评估改用市值会计的影响且对养老金盈余波动敏感的养老金计划发起人有可能会发现，采用替代性资产配置策略有可能更好地使自己的会计和财务目标保持一致。

参考文献

Maurer, R., O. S. Mitchell, R. Rogalla, and I. Siegelin (2016). 'Accounting-based Asset Return Smoothing in Participating Life Annuities: Implications for Annuitants, Insurers, and Policymakers,' in O. S. Mitchell, R. Maurer, and J. M. Orszag, eds, *Retirement System Risk Management: The New Regulatory Order*. Oxford: Oxford University Press, pp. 40–60.

第五章　欧洲保险业的风险披露规定：对职业养老基金的影响

卡雷尔·范胡勒(Karel van Hulle)

保险公司和职业养老基金的初衷都是聚合风险。保险公司通过推出各种不同的保单允许个人通过获得某种固定的保障来为自己的老年生活做准备。这种固定的保障是在投保人支付保费并由保险实体拿保费进行投资的基础上提供的。同样,职业养老基金根据雇主和雇员之间的协议赋予雇员享受养老金的权利,而这种权利是建立在雇主代表雇员支付保费并由(通常由雇主发起的)养老基金以风险自负的方式拿雇主为雇员支付的保费去投资的基础上的。

由于金融市场波动不定,人类的寿命普遍延长,因此,欧盟的保险实体和职业养老基金不再提供固定保障,投资风险也不再由机构,而是改为由投保人(通过投保投连险)和养老基金会员(通过参加缴费确定型养老金计划)来承担。

风险披露必须考虑到环境的这种变化。在比较详细地讨论风险披露问题之前,有必要先介绍风险披露的监管变革。

欧盟的保险业偿付能力监管标准Ⅱ：欧洲保险业新的风险偿付能力资本制度

凡是在欧盟境内开展保险(再保险)业务的实体或者所谓的保险(再保险)企业(大约有5 000家)必须遵守欧盟理事会和欧洲议会通过的保险立法。欧盟的立法采取指令的形式,欧盟的指令是一种针对欧盟28个成员国的法律文件,要求成员国在规定的时间里把指令转化为国家法。欧洲法院（European Court of Justice）监督成员国执行欧洲立法。从 2016 年 1 月 1 日起，全体欧洲经济区成员国，也就是全体欧盟成员国加上冰岛、列支敦士登和挪威，必须执行新的风险偿付能力资本制度，通常所说的"偿付能力监管标准Ⅱ"。这个新制度对过去保险业偿付能力监管规定进行了彻底的改革，因此会对欧盟保险（和再保险）实体的活动产生深远的影响。

何谓"偿付能力监管标准Ⅱ"？

欧盟保险业之前的偿付能力制度，通常被称为"偿付能力监管标准Ⅰ"，是在 20 世纪 70 年代发展起来的（Sandström, 2011）。"偿付能力监管标准Ⅰ"要求保险公司为自己的预期风险设立专门准备金，并为意外风险创建一种被称为"偿付准备金"的资本缓冲机制。这种资本缓冲机制主要着眼于承保风险。这种有限风险观在 21 世纪初的资本市场危机中明显地暴露出它的不足，并没有要求保险公司持有足以应对市场风险的资本金，也没有要求保险公司制定应对集中投资风险的具体规则。结果，许多大量投资于股票的保险公司在它们投资的股票价格下跌时遭受了严重的亏损。

总体而言，"偿付能力监管标准Ⅰ"并不包含激励保险公司妥善管理自己风险的内容。结果，有些保险公司相对于它们的业务资本过多，而另一些保险公司则相对于它们的业务资本不足。此外，有研究表明，保险公司倒闭，不太可能是因为资本金不足，而更可能是因为缺乏适当的治理，或者说管理不善（Sharma, 2002）。这种审慎监管的定性方面已经在《巴塞尔协议Ⅱ》中得到了承认，但还没有在欧盟保险监管标准中得到体现。"偿付能力监管标准Ⅰ"的另一个重要缺陷是对集团公司监管重视不够。欧盟大多数监管机构都赞成单体监管，并把集团监管视为一种补充监管形式，而不是一种独立的监管形式。

在公开披露和监督报告方面，"偿付能力监管标准Ⅰ"主要规定了（有限）监督报告制。公开披露仅限于提交财务报表和年度报告。然而，这些财务报表虽然在"偿付能力监管标准Ⅰ"中也被作为审慎监管的基础，但却并没有要求进行充分的协调（European Economic Community, 1991）。此外，企业之间财务报表也只有有限的可比性。专门准备金的价值评估情况尤其如此，因为在这个问题上无法就统一的会计处理方法达成任何协议。

1999 年的金融服务行动计划（Financial Services Action Plan）对"偿付能力监管标准Ⅰ"进行了修订（European Commission，1999）。与已经成为一系列改革的对象的银行部门相比，保险部门迄今仍设法置身于改革之外。有人认为，如果没有欧盟保险业监管的现代化，就不可能真正在欧盟建立内部金融服务市场。

偿付能力监管标准Ⅱ的发展

欧盟新的风险偿付能力资本制度的发展，始于欧盟委员会及欧盟成员国财政部门和国家监管机构的专家一起制定一个协商框架（Framework for Consultation）。这个协商框架大致确定了新的偿付能力制度的主要特点。在这个框架的基础上，欧盟委员会向欧洲保险与职业养老金监督官委员会（Committee of European Insurance and Occupational Pensions Supervisors，CEIOPS）提出了一系列问题。欧洲保险与职业养老金监督官委员会是所谓的"拉姆法卢西改革"（Lamfalussy reform）的一个结果，成立于 2001 年。拉姆法卢西改革源于一份由亚历山大·拉姆法卢西（Alexandre Lamfalussy）担任主任的智者委员会提交的报告（Lamfalussy，2001）。这份报告强调了国家监管机构在实际执行欧盟金融服务立法方面的重要作用，并且主张采取以准则为基础的监管方法，即欧盟金融服务监管应只制定欧盟委员会和成员国监管机构可以执行的监管准则。

2005～2006 年期间，欧盟委员会向欧洲保险与职业养老金监督官委员会三次发出意见征求函，结果产生了约有 1 000 页的技术咨询建议，后来形成了 60 页厚的欧盟法律文件，而这份法律文件构成了欧盟保险业新的偿付能力制度的基础。在成员国的要求下，欧盟委员会还把 13 项已有保险指令汇编成单行文件，并添加了包括新偿付能力制度在内的新条款。这些包括新偿付能力制度的新条款取代了关于偿付能力监管标准Ⅰ的旧条款，而这个单行文件则在 2017 年被作为偿付能力监管标准Ⅱ框架指令的正式提案引入立法程序（European Commission，2007）。

在拉姆法卢西看来，偿付能力监管标准Ⅱ已经发展成为一个由不同支柱支撑的监管体系。这个监管体系的第一支柱是新偿付能力制度的基本原则，这个支柱由于它的重要性而已经被欧盟理事会和欧洲议会（这两个联合立法机构）通过立法予以采纳；新偿付能力制度的第二支柱包括欧盟委员会根据欧盟理事会和欧洲议会的一项授权和欧洲保险与职业养老金监督官委员会提出的建议制定的实施措施;第三支柱包括欧洲保险与职业养老金监督官委员会提出的旨在确保新规则得到统一解释的指导意见和建议;最后,第四个支柱则由为确保新制度得到妥善执行而制定的一系列措施组成。

在2009年11月29日欧盟理事会和欧洲议会通过《欧盟保险业偿付能力监管标准Ⅱ框架指令》(European Union,2009)后,欧盟委员会和欧洲保险与职业养老金监督官委员会在2009~2011年间开始准备第二支柱的实施措施和第三支柱的指导意见和建议。新的欧盟保险业偿付能力制度本应于2012年11月1日开始实施,但原先以为只会影响偿付能力第二支柱实施措施的金融危机严重延误了新制度的实施(CEIOPS,2009a)。为了改善欧盟境内的监管架构,欧盟委员会便提议把包括欧洲保险与职业养老金监督官委员会在内的已有欧洲监督官委员会改组成拥有更多权力和资源、旨在加强欧盟审慎监管的监管机构,于是就创建了欧洲保险与职业养老金管理局(EIOPA)。欧洲保险与职业养老金管理局是欧洲保险与职业养老金监督官委员会的继任机构(European Union,2010a)。欧洲保险与职业养老金管理局的创建又使得修订不久前通过的《欧盟保险业偿付能力监管标准Ⅱ框架指令》成为必需,而对《欧盟保险业偿付能力监管标准Ⅱ框架指令》的修订则通过欧盟委员会在2011年2月提出被称为"综合方案Ⅱ"(Omnibus Ⅱ)的建议案来推进的。这个建议案还包括一些《欧盟保险业偿付能力监管标准Ⅱ框架指令》没有规定但被认为为从偿付能力监管标准Ⅰ顺利过渡到偿付能力监管标准Ⅱ所必需的过渡性措施。

由于一些政治和技术原因,"综合方案Ⅱ"谈判所用的时间超过了预期(3年)。在政治方面,被2007年12月13日《里斯本条约》(Lisbon Treaty)赋予更大权力的欧洲议会希望在制定新的偿付能力制度方面拥有更多的发言权。因此,欧洲议会坚持认为,习惯上由欧盟委员会负责的一些议题现在应该作为第一支柱的内容予以通过。此外,欧洲议会还坚持认为,《欧盟保险业偿付能力监管标准Ⅱ框架指令》应该允许采纳由欧洲保险与职业养老金管理局制定并在欧盟委员会批准后具有法律约束力的监管技术标准(Regulatory Technical Standards)和实施技术标准。这么做的好处是,欧洲理事会和欧洲议会都可能在欧盟委员会认可前认真审查这些技术标准文本。在技术方面,低利率环境和金融市场波动不定,使得很难找到处理长期担保问题的解决方案,也很难就为专门准备金折现规定适当的无风险利率达成一致。因为,在金融危机爆发之前一直被视为无风险利率参考利率的政府债券利率,已经不能再被看作无风险利率。此外,由于存在许多不同的寿险产品,因此,对于长期保险业务不能采取一刀切的解决办法来处理,并且有必要为在完全不同的法律和经济环境下谈判达成的已有寿险合约采取量身定制的过渡措施。

"综合方案Ⅱ"最终在 2014 年 4 月 16 日获得通过(European Union, 2014)。由于没能按期确定第一支柱的监管规则,因此不可能继续推进通过第二和第三支柱监管规则的程序。结果,不得不多次推迟偿付能力监管标准Ⅱ框架指令的执行日期。在经过欧洲议会和欧洲理事会 3 个月的认真审查以后,第二支柱监管规则的立法在 2014 年 10 月 10 日作为欧盟委员会授权法案获得通过,并于 2015 年 1 月 17 日在欧盟官方公报上公布(European Commission, 2014a)。与此同时,欧洲保险与职业养老金管理局已经开始以技术标准(监管技术标准和实施技术标准)和指导意见的形式制定第三支柱的监管规则,所有的相关文本都于 2015 年 6 月定稿。由于《欧盟保险业偿付能力监管标准Ⅱ框架指令》的制定工作延误,因此,新的保险业偿付能力监管制度于 2016 年开始可以执行。欧盟成员国必须在 2015 年 3 月 31 日之前更改 2009 年的框架指令(在 2014 年根据"综合方案Ⅱ"进行过修订)。《欧盟保险业偿付能力监管标准Ⅱ框架指令》总共包括篇幅差不多长达 2000 页的监管规定。

保险业偿付能力监管标准Ⅱ框架指令的基本特点

《欧盟保险业偿付能力监管标准Ⅱ框架指令》采用《巴塞尔协议Ⅱ》(Basel Ⅱ)的三支柱模式。第一支柱包括定量要求,第二支柱包括定性要求,而第三支柱则是监督报告和披露要求。这三大支柱同等重要,相互关联,但其中最重要的是集团监督以及同等重要的单体监督(见图 5.1)。

由于新的偿付能力制度适用于所有保险(和再保险)实体,因此,必须考虑有关业务的性质、规模和复杂性,而按照适用于三支柱中每个支柱各项规定的比例原则就能做到这一点。此外,欧盟委员会和欧洲保险与职业养老金管理局在进一步制定落实第二和第三支柱监管规则的措施时也必须遵循这项原则,而欧盟的相关监管机构在履行自己的职责时也应该以这项原则为指导。

《欧盟保险业偿付能力监管标准Ⅱ框架指令》的第一个支柱要求编制一种偿付能力资产负债表,并且采用一种市场一致性方法来计算各项资产和负债。第一支柱提出了两种资本要求,即偿付能力资本要求(Solvency Capital Re-

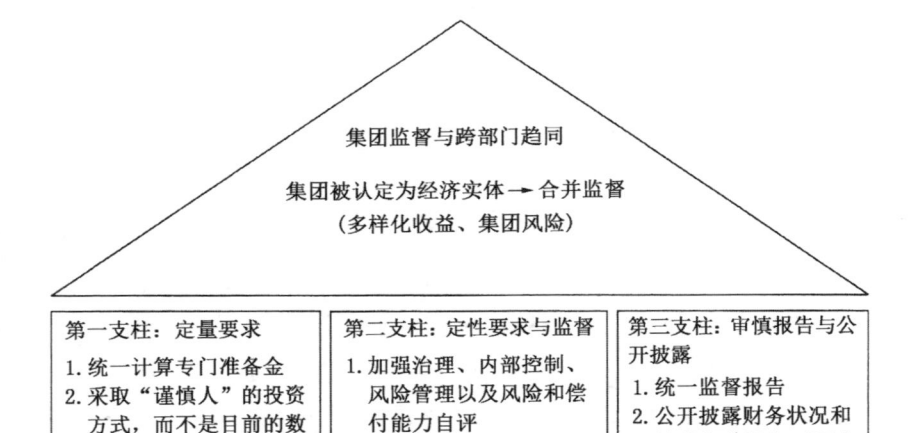

```
                    ┌─────────────────────────────┐
                   ╱  集团监督与跨部门趋同          ╲
                  ╱                                 ╲
                 ╱   集团被认定为经济实体→合并监督    ╲
                ╱      （多样化收益、集团风险）        ╲
               ╱                                       ╲
              ╱_____╲
```

第一支柱：定量要求	第二支柱：定性要求与监督	第三支柱：审慎报告与公开披露
1. 统一计算专门准备金 2. 采取"谨慎人"的投资方式，而不是目前的数量限制 3. 两种资本要求：偿付能力资本要求和最低资本要求	1. 加强治理、内部控制、风险管理以及风险和偿付能力自评 2. 加强监督审查，统一监督标准和实践	1. 统一监督报告 2. 公开披露财务状况和偿付能力报告（通过提高透明度来规范市场）

资料来源：本章作者编制。

图 5.1　欧盟保险业的金融监管：一个屋顶和三个支柱

quirement，SCR）和最低资本要求（Minimum Capital Requirement，MCR）。用于反映可量化意外风险（如市场风险、信用风险、承保风险和营运风险）的偿付能力资本要求可以根据标准公式来计算，① 也可以根据经监管机构批准的内部模型来计算；而最低资本要求则代表绝对资本下限。如果有保险公司违反偿付能力资本要求，那么，监管机构必须根据监督审查程序（Supervisory Review Process，SRP），与违反要求的保险公司一起分析违反要求的原因。监管机构与违反要求的保险公司之间的这种对话是《欧盟保险业偿付能力监管标准Ⅱ框架指令》的一个基本特征，而违反要求的保险公司则必须采取补救措施，以确保尽快重新满足偿付能力资本要求。如果有保险公司违反最低资本要求，那么，监管机构必须吊销违反要求的保险公司的营业执照。偿付能力资本要求并不能提供绝对的保证，因为它是根据一年内风险值 99.5% 的置信水平来计算的。图 5.2 对《偿付能力监管标准Ⅱ框架指令》的第一支柱进行了概述。

---

① 这个标准公式被作为附件列入了 2009 年通过的《欧盟保险业偿付能力监管标准Ⅱ框架指令》，并在 2014 年 10 月 10 日的授权法案中得到了进一步的具体说明。

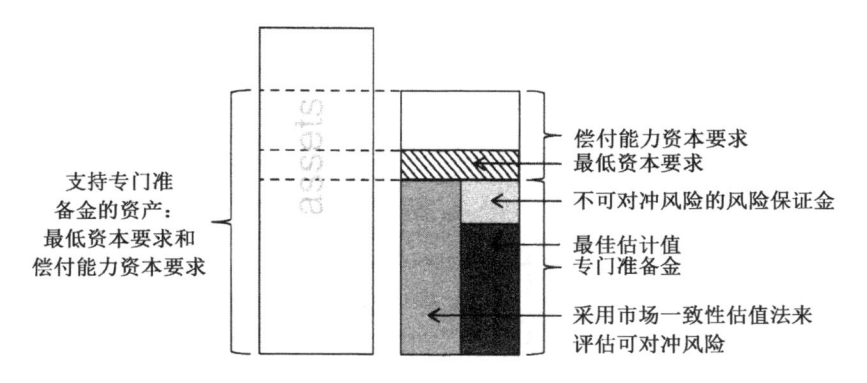

第五章　欧洲保险业的风险披露规定：对职业养老基金的影响 | 075

资料来源：本章作者编制。

图 5.2　《欧盟保险业偿付能力监管标准 Ⅱ 框架指令》第一支柱概览图

《欧盟保险业偿付能力监管标准 Ⅱ 框架指令》的第二个支柱引入了要求全体保险公司履行风险管理、内部控制、内部审计和精算等四个职能的新的治理规则。保险公司管理这些职能的人员和董事会成员必须称职尽职。每家保险公司必须至少每年进行一次风险与偿付能力自评(own risk and solvency assessment，ORSA)，对照偿付能力资本要求检查自己的偿付能力状况。风险与偿付能力自评可被视为保险公司的 DNA，必须确保保险公司不做自己缺乏必要资本的业务。《欧盟保险业偿付能力监管标准 Ⅱ 框架指令》的第二支柱也赋予监管机构(更多的)新权力，如现场和非现场检查以及压力测试。

《欧盟保险业偿付能力监管标准 Ⅱ 框架指令》的第三个支柱规定了公开披露和监督报告制度。任何保险公司都要编制必须公开披露的偿付能力与财务状况报告。此外，它们还必须向监管机构提交定期完成的风险与偿付能力自我评估报告，以及详细说明并补充偿债能力与财务状况信息的年度和季度定量报告样本。小型保险公司可根据比例原则免除部分监管报告要求。

由于集团监管已经被提升到与公司监管同等重要的地位，因此，集团公司的母公司也必须满足集团偿付能力资本要求和集团最低资本要求，而且还要进行集团风险与偿付能力自评，编制和发布集团偿付能力与财务状况报告，并向本国监管机构提交年度和季度定量报告样本。

职业养老基金

职业养老基金很晚才成为欧盟保险监管的对象,在某种程度上是因为养老金政策传统上被视为属于成员国本国事务的范畴。根据欧盟法律,成员国仍对安排自己的养老保险制度以及决定退休制度三大支柱(社会保障、职业养老基金和私人保险/储蓄)每个支柱的相对作用负有全部责任。欧盟委员会旨在创建欧盟职业养老基金内部市场的努力最初遭到了成员国政府的强烈反对,因为这种努力被认为是对传统上被视为成员国专属权领域的直接侵犯。

目前,欧盟大约有 11 万只养老基金,其中大部分是在爱尔兰(6.2 万只)、英国(4.46 万只)、荷兰(381 只)、意大利(310 只)、比利时(199 只)、葡萄牙(191 只)、德国(178 只)和瑞典(85 只),而中欧和东欧以及波罗的海国家的新成员国几乎没有以雇主为基础的养老基金。

欧盟 2003 年的职业退休准备金机构指令

欧盟《1999 年金融服务行动计划》(1999 Financial Services Action Plan)着重强调了对欧盟层面职业退休准备金机构(IORPs)进行审慎监管的迫切需要,并且给出了两个主要原因。首先,职业养老基金是主要的金融机构,在确保金融市场一体化、效率和流动性等方面发挥着关键的作用。其次,用欧盟统一的立法框架来约束成员国的职业退休准备金机构,能使它们充分得益于欧盟内部市场的优势。

创建欧盟职业养老基金内部市场的第一步是由欧盟 2003 年的职业退休准备金机构指令促成的。职业养老基金在该指令第 6(a)条中被定义为:

无论采取什么法律形式,以基金方式运营,由任何发起企业或行业为了在职业活动背景下根据雇主与雇员或各自代表之间个人或集体,或者与自谋职业者依照成员国母国和东道国法律达成的协议或签署的合同发放养老金的机构(European Community,2003:5)。

这项指令要求职业养老基金进行登记,接受主管部门的监督,另外还制定了一些偿付能力规则(专门准备金、投资规则、自有调节基金),允许设在某个成员国的企业资助在其他成员国获准设立的职业养老基金。适用于待遇确定型职业养老基金的审慎规则类似于适用于人寿保险公司的规则,因此,职业养老基金也被要求持有作为资本缓冲机制的自有调节基金,但缴费确定型职业养老基金不需要设立这种资本缓冲机制。

就专门准备金而言,欧盟 2003 年的职业退休准备金机构指令第 15 条要求职业退休准备金机构设立与由养老金合同所产生的财务承诺相对应的足额负债。职业退休准备金机构在实行待遇确定型养老金计划的情况下被要求在养老金计划全范围内设立足额专门准备金。应该在前瞻性、持续运营的基础上计算最低专门准备金,并且要把不利偏差准备金(margin for adverse deviation)包括在内。欧盟的这项指令并不要求确定无风险折现率,倒是允许使用基于资产的利率、优质公司债券收益率和政府债券收益率。欧盟 2003 年的职业退休准备金机构指令第 14(2)条规定了在职业退休准备金机构未设立足额专门准备金的情况下的监管权力,但并没有包括要求职业退休准备金机构增加专门准备金的明确监管权力。

在透明度方面,欧盟的 2003 年职业退休准备金机构指令要求职业养老基金向主管机构提交年度报表和年度报告等材料,但并没有对年度报表和年度报告做出具体的规定。职业养老基金的主管机构应该特别注意收集有关筹资、运营、市场、流动性和信用风险等方面的信息(EIOPA,2011)。职业养老基金还必须在参保人和受益人索要的情况下向他们提供年度报表和年度报告以及投资政策原则说明书的副本。职业养老基金的每个参保人也都可以索要关于养老金计划关键要素的详细和实质性信息。

欧盟对 2003 年职业退休准备金机构指令的修订

虽然制定 2003 年的职业退休准备金机构指令的一个主要目的是为跨境养老金安排开放市场,但必须承认该指令就这个目的而言并未取得成功。事实上,欧盟跨境养老金安排的数量从 2008 年 6 月的 70 个小幅增加到 2015 年的 76 个。与欧盟境内的职业养老基金总数(11 万)相比,这个增长幅度很难可被称为令人印象深刻的成就(EIOPA,2015)。造成这种状况的原因有很多:职业养老基金必须遵守当地社会和劳动法律(以及缺乏对这个概念的清晰认识),必须确保专门准备金在任何时候都能为跨境活动提供足够的资金,难以把养老金资产从一个成员国转移到另一个成员国,难以与母国和成员东道国的监督机构打交道。尽管最后一个问题由欧洲保险与职业养老金监督官委员会背景下签署的所谓"布达佩斯议定书"(Budapest Protocol)协调解决(CEIOPS,2009b),但由于适用规则缺乏明确性,母国和东道国监管当局之间的工作关系变得难以维系。因此,欧洲保险与职业养老金监督官委员会多次呼吁欧盟委员会修改2003年职业退休准备金机构指令有关这个具体问题的条款。

正当欧盟委员会准备对它的保险公司偿付能力规定进行全面改革时,2006年有人提出了职业养老基金是否应该纳入新的偿付能力制度(偿付能力监管标准Ⅱ)监管范畴的问题。他们提出这个问题是有一定道理的,特别对于待遇确定型养老金计划来说。事实上,过去在职业退休准备金机构指令中曾提到过把(在偿付能力监管标准Ⅱ中被废除的)偿付能力监管标准Ⅰ应用于人寿保险公司的问题。因此,认为新的偿付能力标准也应该应用于职业养老基金,似乎是合乎逻辑的。然而,经过深思后,欧盟委员会决定不把保险业偿付能力监管标准Ⅱ的适用范围扩大到职业养老基金,因为分析新的偿付能力制度对保险业潜在影响的定量影响力研究(QIS)并没有涵盖职业养老基金。有人认为,在没有事先审查新的偿付能力制度可能对保险业产生的影响的情况下扩大新制度的适用范围,是鲁莽的做法。但是,专门为职业养老基金安排新的量化影响力测试,就会延误新的偿付能力制度的推出。

欧洲议会在就《保险业偿付能力监管标准Ⅱ框架指令》进行协商期间曾提出过几个要求扩大适用范围并把职业养老基金包括在内的修正案。最后,欧洲理事会和欧洲议会决定维持现状。在《保险业偿付能力监管标准框架指令》的序言(recital 138)中,欧盟委员会被要求尽快对职业退休准备金机构指令进行审查。

2010年7月7日,欧盟委员会出了一本关于充分、可持续和安全的欧洲养老金制度的咨询绿皮书(European Commission,2010),结果收到了来自欧盟各成员国政府、议会、企业和工会组织、民间团体以及行业代表的近1 700份回复函。这本绿皮书十分强调养老金承诺的充分性和可持续性。为了确保养老金承诺的可持续性,该绿皮书对职业退休准备金机构指令中的偿付能力规定进行了修订。为了确保职业养老基金能够真正兑现养老金承诺,职业养老基金必须把它们的负债和用于支付负债的资产适当地反映在偿付能力资产负债表上。欧盟委员会在2012年2月16日发表的关于充分、可持续和安全的欧洲养老金制度的白皮书中确认了自己修改职业退休准备金机构指令的意图(European

Commission,2012a)。

2011年4月7日,欧盟委员会在发给欧洲保险与职业养老金管理局的欧盟职业退休准备金机构指令修订意见征求函中解释了三个主要修订原因:制定可以简化设立跨境养老金计划的措施;为职业养老基金引入以风险为基础的偿付能力制度,并采取措施使职业养老基金能够得益于风险缓解机制;使保护缴费确定型养老金计划的审慎规则现代化。欧洲保险与职业养老金管理局就自己的意见草案举行了两次磋商,在2012年2月15日提交了(厚518页的)意见最终稿,并在2012年3月举行的公开听证会上安排一些利益相关者交换意见(EIOPA,2012)。

欧洲保险与职业养老金管理局在它提交的关于可能要制定的新的(统一)偿付能力规则的意见书中,建议采用完整的资产负债表形式来使成员国现有的不同风险分担机制之间具有充分的可比性。各成员国分担职业养老金承诺的人群和财务风险机制大相径庭,因此,部分风险有时由养老基金自己(如在荷兰)、发起企业(如在英国)、参保人和受益人(如缴费确定型养老金计划)或三者的任何组合来承担。欧洲的养老基金也采用偿付能力资本、发起人资助和养老金保护计划等不同的安全保障机制,还使用条件指数化、营利机制等不同的养老福利金调整机制,并且把减少累计养老福利金作为最后的应对手段。

欧洲保险与职业养老金管理局要求在它提出的完整资产负债表方案中必须明确包括全部安全保障和养老福利金调整机制。因此,可能要把发起人资助和养老金保护计划记入资产端,而在负债端应该考虑养老福利金的无条件、有条件和酌情处理性质以及可能的减少金额。完整资产负债表的方案要求采用偿付能力Ⅱ监管标准的市场一致性估值法(market-consistent valuation method):所有资产和负债必须按照这种方法来估算。在欧洲保险与职业养老金管理局看来,这是以可比、现实的方式审视职业养老基金财务状况的唯一办法。完整资产负债表方案中的偿付能力资本要求可衡量养老基金在某个给定置信水平(99.5%的年风险值)上是否有充分的资本、安全保障机制和/或养老福利金调整机制来吸纳人口因素和财务冲击。

欧洲保险与职业养老金管理局应欧盟委员会的要求,在2012年进行了定量影响力测试,收集关于完整资产负债表方案对职业养老基金财务影响的信息。这项测试于2013年7月公布结果(EIOPA,2013),有比利时、丹麦、爱尔兰、荷兰、挪威(欧洲经济区成员国)、葡萄牙、瑞典和英国等八个成员国参加了这项测试。根据基准方案,职业退休准备金机构被要求把全部安全保障和养老福利金调整机制包括在它们完整的资产负债表中,通过使用无风险利率对未来的现金流进行折现,并且采用市场一致性估值法估算全部的资产和负债。值得注意的是,这项定量影响力测试没有只提供纯缴费确定型养老金计划且不提供任何安全保障的职业退休准备金机构参加。

欧洲保险与职业养老金管理局在它的定量影响力测试报告中指出,完整资产负债表的方案对于各参与成员国的总体影响大相径庭,从有些国家出现实质性盈余到另一些国家出现巨额亏空不等。这种情况是由金融资产可获得性和现有安全保障和养老福利金调整机制相对作用不同造成的。例如,德国的"养老基金"(Pensionsfonds)通过发起人资助和养老金保护计划的亏损消化能力,可以把偿付能力资本要求降到零,因为养老金保护计划能够实际消化全部的剩余风险;德国的"职工退休基金"(Pensionskassen)在大多数情况下由发起人资助,但不受国家养老金保护计划的保护,从而导致职工退休基金相对于负债和偿付能力资本要求而言存在相对较小的资金缺口。在爱尔兰,由于职业退休准备金机构可以依靠的发起人资助在法律上没有强制性,因此雇主可以选择不提供资助,从而导致养老基金出现很大的资金缺口。在英国,职业养老基金相对于负债和偿付能力资本要求而言都存在资金缺口,因此,英国的职业退休准备金机构从理论上讲都能获得无限制的发起人资助,但发起人认可的资助通常不足以弥补资金缺口,也没有养老金保护基金保证全额发放养老福利金。欧洲保险与职业养老金管理局决定继续开展它的技术工作,以完善用于实施完整资产负债表方案的定义和方法。2014年,该局发起了"进一步研究职业退休准备金机构偿付能力"(EIOPA,2014)的民意征询工作,但欧洲的养老基金行业持高度的保留态度。[1]

反对引入"偿付能力监管标准Ⅱ"式监管机制的主要论点是,完整资产负债表方案在概念上是错误的。这种论点认为,会造成养老金负债波动的市值记账法并不适合用来评估期限很长的养老金负债,因为以当前的市场价值来反映这些负债只有纯理论意义,对于预期职业退休准备金机构未来财务状况的发展没有任何信息价值。其他反对意见认为,这种监管机制会给职业退休准备金机构

---

[1] 如可参阅全英养老基金协会(UK National Association of Pension Funds,www.napf.co.uk)、荷兰养老基金联合会(Dutch Pensioenfederatie,www.pensioenfederatie.nl)和代表职业养老基金的欧洲组织"养老金欧洲"(Pensions Europe,www.pensionseurope.eu)的意见函。

及其发起人造成不可接受的负担,其结果就是雇主有可能不再愿意提供这种重要的社会福利,而参保人可享受的福利则有可能因为必须承担额外的费用而减少。完整资产负债表方案并不适合作为欧盟层次的监管工具,而最多只能作为一种内部风险管理工具。正如"养老金欧洲"(Pensions Europe)所说的那样,"攒更多的钱来投保有可能随着时间推移而被化解的风险,也可能会使融资对经济进行长期投资变得更加困难,并将对经济的进一步发展、创新和增长产生严重的影响"(2015:3)。

经合组织层面也讨论了养老金负债市值记账法会造成养老金负债波动的问题,并得出结论认为:

> 根据养老金资产和负债的当前市值向养老金计划的利益相关者披露养老金资产和负债的信息,也许适合提高养老金资产和负债信息的透明度,而且使用当前市值能改善风险管理。然而,监管机构在审查养老金计划的资金状况时应该灵活行事,或者在决定缴费水平时应让养老基金和计划发起人在一定程度上抑制市场价格的波动(Yermo and Sever Inson,2010:4—5)。

与此同时,在欧盟层面的各类社会合作伙伴进行认真的游说[①]以及五国(比利时、德国、爱尔兰、荷兰和英国)政府在比利时养老基金联合会(Belgian Federation of Pension Funds,BVPI)网站上公布了它们结盟的消息以后,欧盟委员会在 2013 年 5 月宣布,它将提出一个旨在修订欧盟职业退休准备金机构指令而不是偿付能力监管标准Ⅱ式监管机制的方案。欧盟委员会在 2014 年 3 月提出了这个方案(European Commission,2014b)。该方案虽然基本上没有触及 2003 年职业退休准备金机构指令中有关偿付能力规定的内容,但在欧盟委员会内部和企业界引发了大量的争议。在欧盟委员会内部,影响力评估委员会(Impact Assessment Board)拒绝对修订职业退休准备金机构指令的方案给出欧盟委员会提出的每种方案都需要的正面意见。在企业界,"商业欧洲"(Business Europe)呼吁对欧盟委员会提出的新方案进行"全面改革"。"商业欧洲"发表的声明在 2014 年 12 月引起了一些民间团体代表组织的反对,[②]这些代表组织坚决要求"尽快通过这个温和的方案"。在希腊和意大利担任轮值主席国期间,欧洲理事会在 2014 年迅速推进了这项工作,并在 2014 年 12 月 10 日正式表达了它

[①] 请参阅欧洲工会联合会(European Trade Union Confederation,ETUC)和商业欧洲(Business Europe)2012 年 2 月 14 日的联名信。

[②] 请浏览 www.concordeurope.org。

接受这个方案的立场。于是,欧洲理事会能够与欧洲议会就这个方案进行协商。然而,由于无法确定欧盟委员会是否会撤回自己的提案,因此,欧洲议会直到 2014 年 12 月才为该提案任命了一名报告员。欧洲议会内部对这个提案进行了讨论,并且在与欧洲理事会和欧盟委员会协商以后进行了投票表决。欧洲议会在 2015 年 12 月进行了全体投票。欧洲理事会和欧洲议会最终好像是在 2016 年批准了这项提案。

欧盟职业退休准备金机构指令修订案的基本特点

欧盟职业退休准备金机构指令修订案有四个关键目标:(1)完善职业退休准备金机构自身的治理和风险管理;(2)消除跨境服务方面仍然存在的障碍;(3)确保监管机构有必要的工具对职业退休准备金机构进行有效的监管;(4)向职业养老保险参保人和受益人提供明确的相关信息。

虽然对于引入类似于"偿付能力监管标准Ⅱ"的量化规则是否有用的问题仍然存在很大的分歧,但大多数利益相关者一致认为,有必要提高对职业养老基金的治理要求(European Commission,2012b)。欧盟委员会附在职业退休准备金机构指令修订案中一起提交的影响力评估报告提供了一些因养老基金风险管理欠缺而导致的失败或遇到的困难的例子,但也在很大程度上赞同改进向养老金计划参与者和受益人,特别是缴费确定型养老金计划的参与者和受益人披露信息的工作。

职业退休准备金机构指令修订案中有关职业养老基金内部治理的条款(第 21～第 30 条)虽然没有偿付能力监管标准Ⅱ框架指令中的相关条款那么详细,但主要借鉴了偿付能力监管标准Ⅱ框架指令(第 40～第 50 条):职业退休准备金机构必须履行风险管理、内部审计和精算(仅对提供待遇确定型养老金计划的职业退休准备金机构有这个要求)等关键职能。职业退休准备金机构指令修订案并没有把内部控制作为一个单独的职能。职业退休准备金机构必须选派合适的人选负责履行这些职能,而妥善的风险管理被赋予非常重要的意义。就如同偿付能力Ⅱ框架指令要求保险公司进行风险与偿付能力自评,职业退休准备金机构也被要求进行风险自评,并编制风险评估报告保存评估结果(第 29 条)。如果方法正确,这种风险评估应该清楚地显示职业退休准备金机构存在的任何资金缺口,并迫使这些机构考虑缩小资金缺口的方式方法。欧盟委员会在它提出的职业退休准备金机构指令修订案中可以采用某种授权法案的形式进一步规定风险评估原则。然而,这种授权法案"不得在职业退休准备金机构指令规定之外强行规定额外的筹资要求"(第 30 条)。

根据《欧盟保险业偿付能力监管标准Ⅱ框架指令》(第 29 条),对职业退休准备金机构的监管必须秉持"前瞻性风险基础观"(a prospective and risk-based approach)(第 61 条)。职业退休准备金机构指令修订案(第 63 条)还引入了监督审理程序(Supervisory Review Process)这个《欧盟保险业偿付能力监管标准Ⅱ框架指令》(第 36 条)中的关键元素。虽然职业退休准备金机构指令修订案第 63 条的措辞比《欧盟保险业偿付能力监管标准Ⅱ框架指令》第 36 条温和,但该条款提升了监管机构的作用,要求它们对职业退休准备金机构执行与它们有关的治理机制、面临的风险和风险评估能力的定性要求的情况进行评估,而且还引入了作为监控工具的压力测试。职业退休准备金机构还必须向它们的主管机构提交养老金风险评估报告副本(第 64 条)。职业退休准备金机构指令修订案中新添加的条款(第 66~第 71 条)涉及职业保密,向本国中央银行和货币当局、欧盟各有关监管机构——欧洲保险与职业养老金管理局、欧洲证券与市场管理局(ESMA)、欧洲银行业管理局(EBA)以及欧洲系统风险委员会(ESRB)——通报信息,向负责金融立法的政府行政部门披露信息以及交换信息的条件。

职业退休准备金机构指令修订案的一个重要特点就是要求职业退休准备金机构向养老金计划参与者和受益人披露信息,并且引入了欧盟层面标准化的养老福利金报表(Pension Benefit Statement)(第 40~第 54 条)。为养老金计划参与者提供有关个人养老福利金的简单明了的信息,目的就是要帮助养老金计划参与者在知情的情况下做出关于养老金是否充足(即回答"我是否需要存更多的钱来维持退休后的生活水平?")和投资策略(即回答"我的投资方式是否正确?")的决策。养老福利金报表的灵感来自开放型投资基金立法所规定的关键投资者文件(Key Investor Document,KID)(European Union,2010b)。在参与者要承担投资风险的缴费确定型养老金计划中,养老福利金报表尤为重要。为了在欧盟层面采用一种标准化的文件,职业退休准备金机构指令修订案要求欧盟委员会以授权法案的形式进一步具体规定养老福利金报表的形式和内容(第 54 条),并且还要求向养老金计划的未来参与者(第 55 条)、退休前阶段的参与者(第 56 条)和养老金领取阶段的受益人披露有关养老福利金的信息。

欧洲理事会在 2014 年 12 月就欧盟委员会提出的职业退休准备金机构指

令修订案表明了自己的立场(所谓的"一般意见")。欧洲理事会和欧洲议会之间关于这个修订案的任何分歧都将在由欧盟的这两个共同立法机构和欧盟委员会参加的三方会议中协商解决。欧洲理事会的立场在某种程度上与欧盟委员会提出的修订案相左,两者的最重要区别包括欧洲理事会不接受任何意味着指令中关于养老金风险评估和养老福利金报表等问题的规定只需职业退休准备金机构自行遵守的授权法案。此外,欧洲理事会要求把内部控制作为职业退休准备金机构必须履行的第四个关键职能引入指令,并且认为,职业退休准备金机构的管理人员应该集体而非个人拥有适当的职业资格。欧洲理事会进一步详细说明了养老金风险评估的内容,取消了养老福利金报表的一些格式要求,并且对缴费确定型养老金计划和待遇确定型养老金计划需要披露的信息进行了更加明确的区分。

保险公司与职业养老基金比较

关于如何把《欧盟保险业偿付能力监管标准Ⅱ框架指令》规定的措施应用于职业养老金的讨论清楚地表明,讨论的参与者往往不了解保险公司与养老基金之间的区别。因此,有必要明确最终风险由谁承担以及应该披露哪些风险的信息。

职业养老基金是不是金融机构?

有人常认为,职业养老基金就像银行或保险公司是金融机构。因此,同样地以风险为基础的偿付能力观应该也适用于所有这类金融机构,否则就有可能破坏市场的公平竞争环境。

但是,这种观点忽略了这样一个事实:职业养老基金是由雇主和雇员以社会合作伙伴的身份创建的机构。因此,有人认为,应该由雇主和雇员来决定在什么条件下可以享受怎样的养老福利金。按照这种观点,职业养老基金会有多种结果。首先,就养老金承诺的确定特点而言,社会合作伙伴之间达成的养老金承诺比保险合同容易改变。第二,就承担最终风险的当事方而言,职业养老基金与作为发起人的雇主发生关系,而保险公司最终要承担它们承保的风险。第三,就透明度而言,由于跟作为发起人的雇主保持着密切的关系,因此,职业养老基金可能不太需要像保险公司那样向广大公众披露信息(如公布财务报表)。第四,就资金供给而言,职业养老基金的资本供给者(雇主和基金参与者)会比保险公司的股本提供者做出范围更广的承诺。在资金短缺的情况下,他们可能会被要求追加资金,不得不接受削减养老福利金,或者可能不得不在几代人之间为集体性质的计划分摊成本。第五,就机构治理而言,职业养老基金是非营利实体,其成员或代表往往密切参与机构治理。第六,在监管方面,职业养老基金负债的平均期限要比保险公司负债的平均期限长,这就意味着职业养老基金可能需要更多的时间来弥补资金缺口。第七,关于主管监管机构,由于职业养老基金可以被看作是国家涉及面更广的社会政策的一部分,因此,职业养老基金的主管监管机构未必与保险公司的主管监管机构相同。

尽管职业养老基金与保险公司存在这么多的差异,但是,欧盟境内的职业养老基金管理着价值2.6万亿欧元的资产,是金融市场的重要参与者,而且还是可与保险公司媲美的重要机构投资者。在一些欧盟国家(如瑞典),情况尤其如此。这些国家的保险公司把养老金负债记在它们的资产负债表中。采用不那么严格的投资规则和不是没有风险的折现率(如参照预期资产回报率确定的折现率)会扭曲养老基金的真实财务状况。因此,我们可以理由充分地认为,职业养老基金的总体监管制度应该广泛参照适用于银行和保险公司的监管制度。从金融稳定的角度看,再考虑到职业养老基金的整体重要性和待遇确定型养老金计划的规模,这也是一种正确的观点。从透明度的角度看,很难说就不应该把待遇确定型养老金计划的资金状况告诉它们的参与者。最后,所有这一切都与风险有关。根据市值计价的信息倘若应用得当,同时又能考虑到养老金负债的长期性质,那么仍然能够最佳地反映风险。

养老金计划从待遇确定型到缴费确定型的转变

最初,欧洲基于工作场所的养老金计划都是待遇确定型计划。雇主承诺在雇员退休时,根据他们的服务年限,终生按月支付养老福利金。养老金积累阶段的风险(如投资和运营风险)和养老金支付阶段的生物统计风险(死亡率)完全由雇主、养老基金或两者共同承担。而在缴费确定型养老金计划中,雇主承诺在雇员在职期间每月为雇员缴纳一定数额的现金。雇员在退休后可以支用他们在养老基金积攒的存款,为养老金支付阶段提供资金,而养老金积累阶段的风险完全由雇员承担。雇员还要全部承担在养老金支付阶段的生物统计风险,除非国家有法律规定必须购买年金(就像英国最近的情况那样)。在这两种养老金计划之间,有许多混合型养老金计划,如平均工资待遇确定型养老金计划,有保证的缴费确定型养老金计划,部分待遇确定型/部分缴费确定型养老金计划,等等。混合型养老金计划的风险也由雇主和雇员分担。

缴费确定型养老金计划类似于投资基金,因为这种计划的结果完全取决于投资回报;而待遇确定型养老金计划则可与人寿保险产品相比较,因为它们提供防范风险的保护。对计划参与者和受益人来说,待遇确定型养老金计划未必就没有风险:如果它们的资金状况恶化,那么就可能会减少应计养老金权益。例如,荷兰就发生过这种情况。自2008年金融危机爆发以来,荷兰有68家职业退休准备金机构被迫削减应计养老金权益,从而影响到了30万养老金计划受益人。在英国,破产的养老基金可能会被养老金保护基金(Pension Protection Fund)接管。但是,一旦发生这种情况,就会削减计划受益人10%的养老金权益(European Commission,2014c)。

有许多原因,如低利率环境、会员寿命延长,导致许多职业养老基金停止执行待遇确定型养老金计划,现在改行缴费确定型养老金计划。在欧盟,主要的养老金计划是缴费确定型计划,保加利亚、丹麦、爱尔兰、希腊、西班牙、法国、意大利、塞浦路斯、拉脱维亚、立陶宛、卢森堡、匈牙利、奥地利、波兰、罗马尼亚、斯洛文尼亚和斯洛伐克等成员国都采用缴费确定型计划,但比利时、德国、荷兰、葡萄牙、芬兰、瑞典和英国等成员国则实行待遇确定型养老金计划(European Commission,2014c)。那些反对为职业养老基金引入以风险为基础的偿付能力要求的人认为,引入这样一种监管机制可能会进一步推动向着缴费确定型养老金计划转型。关于偿付能力的争论主要局限于那些提供待遇确定型养老金计划的职业养老基金。现在,职业退休准备金机构指令已经对实行待遇确定型养老金计划的职业退休准备金机构和实行缴费确定型养老金计划的职业退休准备金机构规定了不同的处理方法。只有前一种职业退休准备金机构才必须设立资本缓冲机制。即使广泛推行以风险为基础的偿付能力制度,这种区别仍会继续存在。但是,只有执行缴费确定型计划的职业退休准备金机构才需要持有缓冲资本来防范运营风险。

在保险业也能看到从待遇确定型向缴费确定型的转型。低利率和不断延长的寿命导致许多保险公司规避长期保险业务,并推出各种形式的由投保人承担最终投资风险的投连产品。这样,保险公司只需要持有较少的资本。

从欧盟保险业偿付能力监管标准Ⅱ的角度看,职业养老基金和保险公司发现自己处于相似的处境:由于都不再提供某种形式的硬担保,因此必然会减持资本。这在很大程度上并不是推行新的风险基础型偿付能力制度的结果,而是推行旨在适应新的社会经济环境的政策变革的必然结果。对职业养老基金和保险这两个行业来说,依然存在的问题是如何处理已经签订的长期保险合同。在欧盟保险业偿付能力监管标准Ⅱ的框架下,这个问题是在按照所谓的"综合方案Ⅱ"修订《欧盟保险业偿付能力监管标准Ⅱ框架指令》的背景下得到解决的。类似的解决方案(包括一个漫长的过渡期)也可以应用到职业养老基金行业。这样做的关键是安排一个适当的无风险折现率来计算养老金负债。

风险披露

欧盟保险业偿付能力监管标准Ⅱ(的第三支柱)的透明度要求区分了监督报告和公开披露。目前,欧盟对保险公司和养老基金的监管报告和公开披露要求(是最低要求)相对较低。这对于保险公司来说,会在《欧盟保险业偿付能力监管标准Ⅱ框架指令》下带来根本性的改变。这是破天荒地第一次要求向成员国主管机构(和欧洲保险与职业养老金管理局)以及广大公众披露欧盟层次的统一信息。这种信息将通过提交或公布包括季报和年报样本的一揽子监督报告、偿付能力和财务状况报告以及年度账目和报告的方式来披露。无论是在监管报告还是偿付能力和财务状况报告中,风险披露都发挥着重要的作用。《欧盟保险业偿付能力监管标准Ⅱ框架指令》规定的风险披露涉及保险公司所承担的风险,并且要向广大公众公布。

对于职业养老基金来说,2003年职业退休准备金机构指令的修订案会引入更加详细的监督报告要求。由于缺乏统一的第一支柱(关于资本以及资产和负债记账方法的)要求,成员国主管当局收集并传递给欧洲保险与职业养老金管理局或欧洲系统风险委员会的信息仍然难以比较。在公开披露方面,职业养老基金并没有被要求向公众披露任何有关已发生风险的具体信息,而仅被要求向潜在会员、会员和受益人披露有关信息。职业养老基金需向其会员披露的一种关键信息是新规定的养老福利金报表。对于职业养老基金来说,只需向它们的会员和受益人披露信息,内容包括与他们的养老金计划有关的风险,但不必对广大公众披露风险信息。

偿付能力与财务状况报告(SFCR)

偿付能力与财务状况报告是根据《欧盟保险业偿付能力监管标准Ⅱ框架指令》引入的一种旨在进一步加强市场纪律的新文件。《欧盟保险业偿付能力监管标准Ⅱ框架指令》第51条具体规定了必须在偿付能力与财务状况报告中披露的主要信息：

(1)说明公司业务和业绩；

(2)说明公司治理机制，并且评估公司治理机制是否足以应对公司的风险状况；

(3)按风险类别说明公司的暴露程度、集中程度、减轻机制和敏感度；

(4)分别说明资产、专门准备金和其他负债的估值依据和记账方法，并说明财务报表中的重大估值依据和记账方法差异；

(5)说明资本管理程序。

2014年11月授权法案的第290～第303条进一步阐明了以上信息披露要求。该法案的第295条具体做出了与公司风险状况有关的信息披露规定，其中包括：

(1)关于公司风险状况(承保风险、市场风险、信用风险、流动性风险、运营风险和其他重大风险)的定量和定性信息；

(2)关于风险暴露的信息(包括表外头寸和转移给特殊目的机构的风险)，如说明公司内部评估风险的衡量指标、公司面临的重大风险以及根据谨慎原则进行的资产投资；

(3)说明公司面临的重大风险的集中程度；

(4)说明用于减轻风险的技术和监测这些技术持续有效性的程序；

(5)关于流动性风险，说明计入未来保费的预期利润总额；

(6)关于风险敏感度，说明重大风险和事件压力测试和敏感性分析所用的方法、依据的假设以及测试和分析结果；

(7)披露有关保险公司风险状况的其他信息。

如有重大发展对偿付能力与财务状况报告的相关性产生重大影响，那么就必须经常更新信息。

《欧盟保险业偿付能力监管标准Ⅱ框架指令》并没有规定保险公司要就投

保人承担的具体风险披露任何具体的信息。这样规定的假设是，如果全部的相关风险都得到保险公司的妥善管理，那么，由此产生的偿付能力状况将极有可能（取决于达成的信任水平）使保险公司能够履行其对投保人的承诺。就向投保人披露具体的与产品有关信息而言，《欧盟保险业偿付能力监管标准Ⅱ框架指令》（第183到第186条）包括《欧盟保险业偿付能力监管标准Ⅰ框架指令》的有关条款，特别是规定向投保人披露签约前信息的条款。这些条款在《欧盟保险业偿付能力监管标准Ⅱ框架指令》草案的谈判中没有被更新。然而，大多数成员国在本国保险立法中扩大了信息披露要求，并把这个要求纳入了本国的保险合同法。

职业养老基金的风险披露

如前所述，目前的欧盟相关立法没有强制要求职业养老基金公开披露任何信息。雇主与其雇员之间达成的养老金计划安排被视为私人安排。此外，养老金计划安排的受益人同时也是养老基金的会员，因此，《2003年职业退休准备金机构指令》中有关信息披露的规定只有仅限于向养老基金会员和受益人披露信息的要求。根据该指令第11条规定要向养老基金会员和受益人披露的信息包括年度账目和报告、投资原则说明和有关养老福利金的一些信息，但承担投资风险的养老基金会员必须收到有关投资选择的信息以及与投资有关的敞口风险和成本信息。

《2003年职业退休准备金机构指令》修订案并没有从根本上改变职业养老基金的这种信息披露规定。与《欧盟保险业偿付能力监管标准Ⅱ框架指令》不同，这项修订案没提出任何职业养老基金要向外界披露其总体风险状况的要求。但是，根据欧洲保险与职业养老金管理局的建议，这项修订案非常重视通过新的养老福利金报表向会员披露更加深层次的信息。职业养老基金必须每12个月向其会员免费发送一次新的养老福利金报表，并且说明本年度报表与上年度报表内容上的重大变化。养老福利金报表应该简单易懂，篇幅不应超过两页，并且清楚说明本机构是否提供完全担保（由本机构或发起公司提供）、不提供担保（由会员承担投资风险）或提供部分担保。在提供担保的情况下，养老福利金报表必须简要说明担保的性质、会员个人应计养老金权益目前的筹资水平、个人应计养老金权益的保护机制以及任何减少养老福利金的机制，还必须包括有关计算缴费和扣除费用后余额的信息，而且要显示在各种假设下的预期养老福利金以及既往业绩的信息。

会员要承担投资风险的养老金计划必须在养老福利金报表中披露有关风险和回报状况的信息,并图示养老金计划的风险和回报,或在适当的情况下图示养老金计划的每个投资选项的风险和回报;会员要承担投资风险并可选择不同投资项目的养老金计划必须在养老福利金报表中说明投资状况,列明可供选择的投资选项,并附上每个投资选项的简短说明;而会员要承担投资风险且投资选项根据计划的具体规定强加于会员(内定选项)的养老金计划则必须披露有关根据会员实际年龄制定的规则、根据会员目标退休年龄制定的规则以及其他规则的信息。欧盟委员会将在授权法案的形式和内容两个方面做出更加详细的规定。

除了养老福利金报表外,《2003年职业退休准备金机构指令》修订案还规定了向未来会员、退休前会员和已经领取养老金的受益人披露信息的要求。职业退休准备金机构必须应会员或受益人的要求,向他们提供年度账目和报告以及投资政策原则说明的副本。

欧洲理事会在它于2014年12月10日表明的"一般意见"中更加明确地区分了规定和不规定养老金水平的养老金计划需要在养老福利金报表中披露的信息。会员要承担投资风险的养老金计划应该在养老福利金报表中说明具有重大相关性的投资风险,附上实际回报的简要说明。但很重要的一点是,风险最小的投资并不意味着是无风险的投资。

由于欧盟大多数成员国的养老金计划安排不再规定具体的担保,因此,适当披露与缴费确定型养老金计划相关的风险就显得尤为重要,因为这种养老金计划的会员要承担投资的最终风险。《2003年职业退休准备金机构指令》修订案对这个关切做出了回应。欧盟委员会的意图是规定统一的养老福利金报表,一种类似于开放式投资基金(可转让证券集合投资计划)关键投资者文件的文件。欧洲理事会似乎并不希望这样做,并且已取消了欧盟委员会以授权法案的形式规定统一的养老福利金报表的可能性。

但是,我们不应该忘记,欧盟国家仍有许多待遇确定型养老金计划。对于这些计划的参与者来说,情况并没有发生根本的变化。他们无从得知职业养老基金面临多大的"风险"。虽然养老金风险评估应该能够使职业养老基金更好地了解自己的风险状况,但这种评估报告仍然是一种只供养老基金管理层和主管当局使用的内部文件。但是,如果风险评估不是按照商定的评估标准来进行,那么就没有多大的意义。风险评估标准应该反映适当的风险管理,因此就意味着很难弃用市场一致性估值法。有多个方面可以采用这种方法,特别是估算养老金负债(Actuarial Association of Europe,2015)。过去的风险问题可以通过漫长的过渡期和确定适当的无风险折现率来解决。

结束语

欧盟以风险为基础的偿付能力资本制度的发展,必将极大地提高保险公司的风险管理素养。通过观察偿付能力与财务状况报表,就有可能更好地洞察保险公司如何管理它们的风险及其相关的资本状况。这些报表的公布将进一步促进保险公司正确地做事。

遗憾的是,欧盟最近提出的养老基金改革并没有完全达成一致。虽然有人可能会认为,职业养老基金不应该像保险公司那样公开自己的偿付能力状况,但是,如果要求它们按照明确的规则编制偿付能力资产负债表,那么,公开偿付能力状况就会有益于职业养老基金。在这一章里,我们已经表明,要求职业养老基金编制以风险为基础的偿付能力资产负债表,比要求保险公司编制这种资产负债表还要复杂。不过,可以分阶段要求职业养老基金编制这种以风险为基础的偿付能力资产负债表,例如,在这一过程的开始阶段可以要求职业养老基金编制市场一致性估值资产负债表,而在第二阶段强制规定以风险为基础的资本要求。待遇确定型养老金计划的会员应该有权知道他们参加的养老基金是否面临风险、是否存在资金缺口以及养老基金打算如何解决这个问题。过去的风险问题可以通过漫长的过渡期和确定适当的无风险折现率来解决。

在风险披露方面,引入养老福利金报表是一种积极的进步,它允许承担职业养老基金投资风险的会员能够更好地了解自己承担的风险以及他们根据自己的投资选择或雇主代表他们所做的投资选择(内定投资选项)可以预期的最终养老金权益。

欧盟内部缺乏适当的养老基金偿付能力监管机制,从而导致了保险公司投保人和待遇确定型养老金计划会员之间的不公平待遇。养老金承诺和保险合同之间的差别并不能证明这种不公平待遇的合理性。待遇确定型养老金计划的参与者理应有权知道他们的养老基金是否面临风险、是否存在资金缺口以及如何解决这个问题。说到底,这就是一个保护消费者的问题。由于待遇确定型养老金计划缺乏适当的信息披露规定,因此,它们的参与者目前无法在欧盟层面保护自己。2015年5月,欧洲保险与职业养老金管理局开始推行养老基金压力测试制度,并辅之以可采用完整资产负债表的方式进行定量评价的做法,因此有助于更加深入地了解在欧盟层面引入以风险为基础的养老基金偿付能力监管制度可能产生的结果。

术语表

  CEIOPS(Committee of European Insurance and Occupational Pensions Supervisors):欧洲保险与职业养老金监督官委员会

  EAA(European Economic Area):欧洲经济区

  EBA(European Banking Authority):欧洲银行管理局

  EC(European Commission):欧盟委员会

  ECON(Economic and Monetary Affairs Committee of the European Parliament):欧洲议会经济与货币事务委员会

  EIOPA(European Insurance and Occupational Pensions Authority):欧洲保险与职业养老金管理局

  ESMA(European Securities and Markets Authority):欧盟证券与市场管理局

  EMPL(Employment and Social Affairs Committee of the European Parliament):欧洲议会就业与社会事务委员会

  ESRB(European Systemic Risk Board):欧洲系统风险委员会

  FEMM(Women's Rights and Gender Equality Committee of the European Parliament):欧洲议会妇女权利与性别平等委员会

  IORP(Institutions for Occupational Retirement Provision):职业退休准备金机构

  JURI(Legal Affairs Committee of the European Parliament):欧洲议会法律事务委员会

  MCR(Minimum Capital Requirement):最低资本要求

  Omnibus Ⅱ(Directive 2014/51/EU of Apr. 16,2014 amending the Solvency Ⅱ Framework Directive):欧盟 2014 年 4 月 16 日关于修订偿付能力监管标准Ⅱ框架指令的第 2014/51 号指令

QIS(Quantitative Impact Study):定量影响力测试

SCR(Solvency Capital Requirement):偿付能力资本要求

SFCR(Solvency and Financial Conditions Report):偿债能力与财务状况报告

Solvency Ⅱ Framework Directive(Directive 2009/138/EC of Nov. 25, 2009 establishing a new risk-based solvency regime for insurance and reinsurance undertakings in the EU):欧洲委员会 2009 年 11 月 25 日关于为欧盟境内保险和再保险企业设立新的以风险为基础的偿付能力监管机制的第 2009/138 号指令

参考文献

Actuarial Association of Europe (2015). *Clarity Before Solvency: A Discussion Paper on the Application of Market Consistency to Pension Funds in Europe.* Brussels: Actuarial Association of Europe. <http://actuary.eu/documents/AAE-Clarity-before-Solvency-19-05-2015-FINAL.pdf>.

CEIOPS (2009a). *Lessons Learned from the Crisis.* CEIOPS-SEC-107/08. Frankfurt: CEIOPS. <https://eiopa.europa.eu/CEIOPS-Archive/Documents/Reports/CEIOPS-SEC-107-08-Lessons-learned-from-the-crisis-SII-and-beyond.pdf#search=filename%3ACEIOPS-SEC-107-08-Lessons-learned-from-the-crisis-SII-and-beyond.pdf>.

CEIOPS (2009b). *Protocol Relating to the Collaboration of the Relevant Competent Authorities of the Member States of the European Union in Particular in the Application of the Directive 2003/41/EC of the European Parliament and of the Council of 3 June 2003 on the Activities and Supervision of Institutions for Occupational Retirement Provision (IORPs) Operating Cross-Border Activity.* CEIOPS-DOC-08-06 Rev1. Frankfurt: CEIOPS. <https://eiopa.europa.eu/CEIOPS-Archive/Documents/Protocols/CEIOPS-Revised-Budapest-protocol.pdf>.

EIOPA (2011). *Report on Reporting Requirements to Supervisory Authorities.* CEIOPS-OP-68-10 Rev5. Frankfurt: EIOPA. <https://eiopa.europa.eu/Publications/Reports/OP-68-Reporting-Requirements-final.pdf>.

EIOPA (2012). *EIOPA's Advice to the European Commission on the Review of the IORP Directive 2003/41/EC.* EIOPA-BOS-12/015. Frankfurt: EIOPA. <https://eiopa.europa.eu/Publications/Consultations/EIOPA-BOS-12-015_EIOPA_s_Advice_to_the_European_Commission_on_the_review_of_the_IORP_Directive.pdf>.

EIOPA (2013). *Report on QIS on IORPs.* EIOPA-BoS-13/124. Frankfurt: EIOPA. <https://eiopa.europa.eu/Publications/Quantitative%20impact%20studies/EIOPA-BoS-13-124_-_Report_on_QIS_on_IORPs-20130704.pdf>.

EIOPA (2014). *Consultation Paper on Further Work on Solvency of IORPs.* CP-14-040. Frankfurt: EIOPA. <https://eiopa.europa.eu/Pages/Consultations/Consultation-

Paper-on-Further-Work-on-Solvency-of-IORPs-%28CP-14040%29.aspx>.

EIOPA (2015). *2015 Market Development Report on Occupational Pensions and Cross-Border IORPs*. EIOPA-BoS-15/144. Frankfurt: EIOPA. <https://eiopa.europa.eu/Publications/Reports/15.2_EIOPA_BoS_15-144_Market%20development%20report%202015.pdf>.

European Commission (1999). *Implementing the Framework for Financial Markets: Action Plan*. COM(1999)232, May 11, 1999. Brussels: European Commission. <http://ec.europa.eu/internal_market/finances/docs/actionplan/index/action_en.pdf>.

European Commission (2007). *Proposal for a Directive of the European Parliament and of the Council on the Taking-up and Pursuit of the Business of Insurance and Reinsurance (Solvency II)*. <http://ec.europa.eu/finance/insurance/solvency/solvency2index_en.htm>.

European Commission (2010). *Green Paper: Towards Adequate, Sustainable and Safe European Pension Systems*. Brussels: European Commission. <http://ec.europa.eu/finance/pensions/iorp/index_en.htm>.

European Commission (2011). *Proposal for a Directive of the European Parliament and of the Council Amending Directives 2003/71/EC and 2009/138/EC and Regulations (EC) N° 1060/2009, (EU) N° 1094/2010 and (EU) N° 1095/2010 in Respect of the Powers of the European Supervisory Authority (European Insurance and Occupational Pensions Authority) and the European Supervisory Authority (European Securities and Markets Authority)*. <http://ec.europa.eu/finance/insurance/index_en.html>.

European Commission (2012a). *White Paper: An Agenda for Adequate, Safe and Sustainable Pensions*. Brussels: European Commission. <http://ec.europa.eu/finance/pensions/iorp/index_en.htm>.

European Commission (2012b). *Public Hearing on the Revision of the Directive on Institutions for Occupational Retirement Provision (IORP II Proposal)*. Brussels: European Commission. <http://ec.europa.eu/finance/pensions/iorp/index_en.htm>.

European Commission (2014a). *Commission Delegated Regulation (EU) 2015/35 of 10 October 2014 Supplementing Directive 2009/138/EC of the European Parliament and of the Council on the Taking-up and Pursuit of the Business of Insurance and Reinsurance (Solvency II)*. <http://ec.europa.eu/finance/insurance/solvency/solvency2/index_en.htm>.

European Commission (2014b). *Proposal for a Directive of the European Parliament and of the Council on the Activities and Supervision of Institutions for Occupational Retirement Provision (Recast)*. COM/2014/0167 final of March 27, 2014. <http://ec.europa.eu/finance/pensions/iorp/index_en.htm>.

European Commission (2014c). *Commission Staff Working Document: Executive Summary of the Impact Assessment Accompanying the Document 'Proposal for a Directive of the European Parliament and of the Council Amending Directive 2003/41/EC on the Activities and Supervision of Institutions for Occupational Retirement Provision,' IORP II*. SWD (2014) 102 final. <http://eur-lex.europa.eu/legal-content/EN/TXT/PDF/?uri=CELEX:52014SC0102&from=EN>.

European Community (2003). *Directive 2003/41/EC of the European Parliament and of the Council of 3 June 2003 on the Activities and Supervision of Institutions for Occupational Retirement Provision*. <http://ec.europa.eu/finance/pensions/index_en.htm>.

European Economic Community (1991). *Council Directive (91674/EEC) of 19 December 1991 on the Annual Accounts and Consolidated Accounts of Insurance Undertakings*. <http://ec.europa.eu/finance/accounting/legal_framework/insurance_

accounts/index_en.htm>.
European Union (2007). *Treaty of Lisbon Amending the Treaty on European Union and the Treaty Establishing the European Community, Signed at Lisbon, 13 December 2007.* <http://eur-lex.europa.eu/legal_content/EN/TXT/?uri=CELEX:12007L/TXT>.
European Union (2009). *Directive 2009/138/EC of the European Parliament and of the Council of 25 November 2009 on the Taking-up and Pursuit of the Business of Insurance and Reinsurance (Solvency II).* <http://ec.europa.eu/finance/insurance/solvency/solvency2/index_en.htm>.
European Union (2010a). *Regulation (EU) N° 1094/2010 of the European Parliament and of the Council of 24 November 2010 Establishing a European Supervisory Authority (European Insurance and Occupational Pensions Authority), amending Decision N° 716/2009/EC and Repealing Commission Decision 2009/79/EC.* <http://ec.europa.eu/finance/insurance/index_en.htm>.
European Union (2010b). *Commission Regulation (EU) No. 583/2010 of 1 July 2010 Implementing Directive 2009/65/EC of the European Parliament and of the Council as Regards Key Investor Information and Conditions to be Met When Providing Key Investor Information and or the Prospectus in a Durable Medium Other than Paper or by Means of a Website.* <http://eur.lex.europa.eu/legal-content/EN/TXT/?uri=CELEX>.
European Union (2014). *Directive 2014/51/EU of the European Parliament and of the Council of 16 April 2014 Amending Directives 2003/71/EC and 2009/138/EC and Regulations (EC) N° 1060/2009, (EU) N° 1094/2010 and (EU) N° 1095/2010 in Respect of the Powers of the European Supervisory Authority (European Insurance and Occupational Pensions Authority) and the European Supervisory Authority (European Securities and Markets Authority).* <http://ec.europa.eu/finance/insurance/solvency/solvency2/index_en.htm>.
Lamfalussy (2001). *Final Report of the Committee of Wise Men on the Regulation of European Securities Markets.* Brussels: Committee of Wise Men. <http://ec.europa.eu/internal_market/securities/docs/lamfalussy/wisemen/final-report-wise-men_en.pdf>.
Pensions Europe (2015). *Position Paper on EIOPA Consultation Paper on Further Work on Solvency of IORPs of 17 February 2015.* Brussels: PensionsEurope. <http://www.pensionseurope.eu/system/files/PensionsEurope%20Position%20paper%20solvency%20on%20IORPs%20-17-02-2015.pdf>.
Sandström, A. (2011). *Handbook of Solvency for Actuaries and Risk Managers: Theory and Practice.* London and New York: Chapman & Hall.
Sharma, P., ed. (2002). *Prudential Supervision of Insurance Undertakings.* Report by the Conference of Insurance Supervisory Authorities of the member states of the European Union. <http://ec.europa.eu/internal-market/insurance/docs/solvency/impactassess/annex-c02_en.pdf>.
Yermo, J. and C. Severinson (2010). *The Impact of the Financial Crisis on Defined Benefit Pension Plans and the Need for Countercyclical Funding Regulations,* OECD Working Papers on Finance, Insurance and Private Pensions No. 3. Paris, France: Organisation for Economic Co-operation and Development. <http://www.oecd-ilibrary.org/finance-and-investment/the-impact-of-the-financial-crisis-on-defined-benefit-plans-and-the-need-for-counter-cyclical-funding-regulations_5km91p3jszxw-en>.

第六章　养老金、风险和具有全球系统重要性的金融机构

布莱恩·里德(Brian Reid)
丹·沃特斯(Dan Waters)

2008～2010年的金融危机结束后,全球的政策制定机构实施了一些过去70年来最彻底的金融监管改革。在根本性的政策巨变中,全球监管机构明确把监控、减轻和管理系统风险纳入了它们的监管使命或受命完成的任务。全球政策制定机构最初把重点放在解决银行业的系统风险上,但近年来,它们已经把注意力扩大到了保险公司、资产管理公司和养老基金等非银行金融中介机构。

本章对全球围绕系统风险问题的讨论进行了概述,具体来说,着重关注为养老金计划提供投资产品和服务的养老基金和资产管理公司是不是系统风险源头的问题。本章的第一节简要描述了系统风险以及政策制定部门为了识别和监控风险来源而设立的机构。鉴于监管机构往往侧重于关注银行及其在2008～2010年金融危机中扮演的重要角色,因此,本章的第二部分讨论了银行的运营模式,解释了银行容易受到严重的金融冲击的原因以及银行的运营模式如何影响监管机构关于金融业其他部门特别是养老金和资产管理部门的系统风险问题的思考。本章的最后一节介绍几种论述养老金及其投资的基金如何给金融系统带来风险的理论。

如何定义系统风险?

金融机构是风险管理机构,它们不但要对自己持有或代客管理的资产面临

的风险进行管理,而且还要为股东、存款人、养老金领取者以及其他对银行或银行产品有需要的人士承担义务。如果资产价格下跌,金融机构可能无法完全承担这样的义务。影响金融机构没有足够的资产履行其义务的因素可能是一些只影响对破产的金融机构持有直接债权的个人或实体的特殊因素,也可能是一些在一家金融机构破产对经济造成更大危害的情况下影响金融体系的系统因素。

例如,待遇确定型养老基金可能没有足够的资产来履行其未来要对退休会员应尽的义务。如果养老金计划的发起人对自己发起的计划缴费不足,或者资产回报不足,那么就会出现资金短缺的问题。如果养老金计划的发起人不愿或无力弥补资金缺口,那么计划参与者和已经领取养老金的退休会员就达不到养老金计划承诺他们的退休收入水平,从而给他们造成经济损失。

经合组织(OECD,2015)强调指出,在经历了长期低利率以后,待遇确定型养老基金可能面临无法履行自己义务的风险。该组织还表示,由于经济下滑,美国和欧洲的中央银行一直维持低利率来刺激经济缓慢增长,因此,养老基金在可预见的将来可能要面对低利率环境。按照当前的缴费水平,在低利率和缴费固定时期,如果根据会员收入的一定比例规定养老金缴费,那么,许多待遇确定型养老基金就有可能无法履行自己的义务。如果养老基金减少养老金支出,那么可能会降低当前和未来养老金领取者的生活水平。如果养老金计划发起人选择增加缴费来支持养老基金,那么这样做的成本可能会影响基金发起公司的利润,并且会加重目前缴费供养养老基金的员工或纳税资助养老基金的纳税人的经济负担。

资金来源不足的待遇确定型养老基金可能会使目前缴费和领取养老金的会员以及计划发起人面临一定的风险,但这样的养老基金不太可能导致金融体系本身停止运行。在评估具有系统重要性的机构的风险时,监管机构往往是关注单家金融机构公司或金融机构集团的破产如何产生连锁效应殃及更多的金融和非金融企业。这个系统风险概念最接近于阿查里亚等人(Acharya et al.,2012)和塔鲁洛(Tarullo,2009)给系统风险下的定义。这几位作者把系统风险定义为一家公司或公司集团倒闭并摧毁金融体系使资金从投资者流向借款人的能力,从而对规模更大的经济造成损害的风险。

在2007年夏天金融危机开始时,就出现过一个这样定义的系统风险和它导致经济崩溃的实例。那次金融危机始于资产支持型商业票据(ABCP)市场,这种商业票据的发行人利用这些短期债务为信用卡应收账款、汽车贷款和其他中期信贷融资。在那场金融危机爆发之前，一些资产支持型商业票据计划把抵押贷款和由抵押贷款支持的证券聚合在一起，并用商业票据为它们融资。由于美国房价开始下跌，住房抵押贷款的违约率不断上升，因此，一些融资项目遭受了损失。那些向其中的一些项目提供信贷支持的银行承受了它们资产负债表上出现的损失（Acharya and Schnabl, 2010），但其他项目没有得到银行信贷的支持，因此无力兑付资产支持型商业票据。在几家资产支持型商业票据发行机构倒闭后，贷款机构迅速从其他类似的发行机构撤出（Covitz et al., 2013）。

资产支持型商业票据业务规模的迅速收缩，导致为消费和投资融资的资金供给减少，而信贷收缩导致规模更大的美国经济陷入衰退。一年后，也就是在2008年9月雷曼兄弟公司（Lehman Brothers）破产后，商业票据市场再次大幅下挫。投资者认为，雷曼兄弟公司的破产会提高金融票据发行机构的违约可能性（kacperzyk and Schnabl, 2009）；而金融票据发行机构会相应减少了对银行和金融公司的短期信贷供应，对这些金融中介机构的信贷紧缩产生了导致更多金融机构倒闭的可能性，从而进一步损害规模更大的经济。这些事件促使美联储做出了几项紧急信贷安排，包括两项针对商业票据市场的安排，以支持短期信贷流向金融和非金融机构（Duygan-Bump et al., 2013）。

如我们的例子所示，系统风险的定义非常宽泛，系统风险的监控和监管并没有明确的界限。从历史上看，中央银行一直履行着监控和降低银行系统面临的风险的职能，但随着非银行金融中介机构的发展，各国政府授予监管机构更大的监测金融系统的权力，以便它们发现新出现的风险和应对风险的方法。

美国主要是依据《多德-弗兰克法案》(Dodd-Frank Act)设立金融稳定监督委员会（FSOC）来识别危及美国金融稳定的风险，规范市场行为，并对金融稳定受到的新威胁做出反应。美国金融稳定监督委员会有10个由金融监管机构代表担任的有投票权的成员，并由美国财政部长担任主任。金融稳定监督委员会把认定非银行机构为具有系统重要性的金融机构，作为它监测和维护金融稳定的一种手段，金融稳定监督委员会采用的认定标准是一家机构是否会因其严重的财务困难，或者因为它的业务性质、范围、规模、集中度以及业务相互关联性或这些因素的混合而对美国金融稳定构成威胁。任何非银行金融机构一旦被认定为具有系统重要性的机构，即使它们的主要监管机构是美联储以外的另一家联邦金融监管机构，也要受到美联储加强的审慎监管和联合监管。此外，按照《多德-弗兰克法案》的规定,具有系统重要性的金融机构要受到以风险为基础的资本要求的约束,并且应该缴费参加破产清算基金。

欧洲议会通过成立欧洲系统风险委员会(European Systemic Risk Board,ESRB)来协调和监督欧盟内部的风险,①而且还把监测和监督系统风险的权力扩大授予给了负责评估金融风险并致力于维护欧盟金融体系稳定的欧洲证券与市场管理局(European Securities and Markets Authority,ESMA)。②

2009年,20国集团成立了金融稳定委员会(Financial Stability Board,FSB),把它作为金融稳定论坛(Financial Stability Forum,FSF)的继任机构。金融稳定论坛成立于20世纪90年代,它的职责是改善各国和国际金融监管机构之间的协调与合作。此后不久,国际证监会组织(International Organization of Securities Commissions,IOSCO)公布了修订后的证券监管目标和原则,其中包括一项建议证券监管机构制定或参与制定系统风险监测、减轻和管理程序的原则(IOSCO,2010)。在国际上,金融稳定委员会已经在扮演识别全球性系统风险来源的角色。

系统风险:把监测范围从银行扩大到非银行金融机构

随着政策制定机构扩大对系统风险的监测范围,并且把非银行金融机构也包括在内,他们通过了解银行引成系统风险的方式掌握了很多相关信息。最初的一些考察银行和非银行金融机构之间关系的研究发现了一些银行和非银行中介信用机构的相似之处,因此开始把非银行机构称为"影子银行",并且把它们统称为"影子银行业"。例如,波扎尔等(Pozsar et al.,2010)详细介绍了影子银行业务,解释了非银行金融机构如何在借款人和贷款人之间扮演信用中介的角色以及它们如何与银行和更大的金融系统相互关联的问题。此后不久,金融稳定委员会(FSB,2011a)发布了一份关于非银行金融机构和市场可能存在的系统风险的咨询报告,报告提到了类似于银行来源的系统风险的非银行金融机构来源的系统风险,并把非银行金融机构称为"影子银行"。

---

① 想了解更多有关欧洲系统风险委员会使命和任务的信息,请访问 https://www.esrb.europa.eu。

② 想了解更多有关欧洲证券与市场管理局使命和任务的信息,请访问 http://www.esma.europa.eu/。

影子银行业是一个宽泛的术语，不同的政策制定机构都对它下了不同的定义。结果，一些养老基金及其活动也被纳入影子银行业的范畴，因此可以把它们作为系统风险的来源来分析。譬如说，虽然待遇确定型养老基金通常被排除在狭义的影子银行业之外，但它们往往被认定为从事影子银行业务，如进行证券借贷（融券）或投资于影子银行发行的资产支持证券。此外，金融稳定委员会（FSB，2012）和国际货币基金组织（IMF，2014）甚至采用更加宽泛的影子银行业定义，把待遇确定型养老金计划、它们的投资活动和它们投资的基金也包括在内。

缴费确定型养老金计划投资的产品，如共同基金和其他（通过允许计划参与者在基金之间转移资产为投资者提供日常流动性的）集合型投资产品，也被包括在影子银行产品中。事实上，包括国际货币基金组织在内的一些政策制定机构已经把此类基金包括在它们定义的广义影子银行中（IMF，2015）。一些投资于固定收益证券或新兴市场的集合产品尤其令人担心，监管机构，甚至一些市场参与者，都强调指出了投资者迅速从一种资产类别转向另一种资产类别的风险，因为投资者这样做有可能会迫使这些基金的管理公司迅速出售证券。如果这些证券是在缺乏流动性的市场上进行交易，那么，资产流动可能会导致价格急剧下跌，进而导致许多金融公司在资产价格回归其基本价值之前暂时无法履行自己的义务。这些场景勾勒出这样一种情境：养老金计划或它们投资的产品对整个经济带来了风险，从而有可能导致金融系统停止运行。

这些关于本质上类似于银行挤兑的单向交易的担心，再次表明金融监管机构在审查系统风险时继续严重依赖银行的运营模式。然而，资本市场金融中介细分市场以及在这个细分市场上运营的金融机构，如养老基金和资产管理公司，与银行金融中介细分市场和在这个细分市场上运营的银行机构有着根本的区别。下面，我们解释其中的原因。

银行运营模式

由于银行资产和负债之间的相互作用，因此，银行比较容易陷入困境，并成为系统风险的来源。银行开展贷款和投资有价证券等的资产业务，但这些资产价值涨跌无常。银行通过发行短期和中期债券以及吸收存款来为自己的资产业务融资。银行的这些借款或负债有明确的名义价值，从而产生对银行的一定债权。鉴于银行资产的价值可能会发生变化，而负债却不会变化，银行持有的资本可帮助银行承受资产价值的变动,并有助于银行保护存款人和债权人免受损失。然而,如果银行没有足够的资本来承受资产价值的大幅下跌,那么,银行的债权人和没有投保的存款人就会蒙受损失。这些风险、银行有限的损失承受能力以及银行负债性质之间的相互作用,导致银行在金融和经济冲击面前显得特别脆弱。

当资产价格发生变化时,银行严重依赖负债业务为资产业务融资,这也会放大对银行资本的影响。一种衡量资产回报被放大程度的指标是资产负债杠杆率。该比率的计算方法是拿银行资产负债表上的资产除以其资本。10 倍的杠杆率就意味着:银行资产价值下降 1%,就会导致银行的自有资本减少 10%。美国最大几家银行的平均资产负债杠杆率是 9 倍。

由于银行只有有限的资本可用来承担亏损,因此,在资产价格大幅下跌、金融市场资金紧张时,未投保存款人和其他贷款人倾向于撤回向银行提供的资金。这种情况在 2008 年尤为严重,当时向银行提供短期资金的投资者无法确定欧美大银行的偿付能力,因此减少了对银行的资金供应。对银行收紧信贷供应在以下两个方面产生了明显的影响:一是银行不得不要对自己所欠的无担保债务支付较高的利息;二是商业票据余额总体收缩。例如,以美元计价的商业票据的利率在 2008 年 9 月 15 日雷曼兄弟公司破产那天大幅上升,并一直保持到美联储做出两种融资安排为商业票据市场提供近 3 500 亿美元的融资资金为止。

利率快速上涨,有可能给银行造成很多问题。首先,由于银行的许多资产业务赚的是固定利息,短期利率急剧上涨会导致银行融资成本的上升快于银行投资收益的增长。如果利息成本超过利息收入,银行就会遭受损失,从而减少银行的资本金。其次,利率上升也会导致银行的固定利率资产的价值下降,从而有可能给银行造成潜在的损失。最后,利率上升可能会削弱银行担保借款的能力。银行经常会用债券和其他资产给某些类别的借款做抵押,而贷款人通常会要求对用于担保贷款的资产进行重新定价或按市值计价,通常是每天计算贷款担保资产的价值。如果利率上涨而债券价格下跌,那么,银行必须追加抵押品来进行担保借款。如果债券价格大幅下跌,那么,银行可能不再有足够的抵押物(按当前市场价格计算)来为其投资融资所需的资金做担保。

由于银行的很大一部分资产和负债缺乏流动性,从而意味着银行很难在不发生价值损失的情况下出售它们持有的部分证券,因此,对银行来说,投资和利率风险会进一步加剧。如果银行的借款人迅速归还贷款,或者存款人迅速提走自己的存款,那么,银行可能就无法通过以足够高的利息迅速发放贷款,或者以足够高的价格迅速出售证券来弥补其负债的固定价值。如果银行不得不以低于估值的价格出售资产,那么,银行就得用自有资本来消化这些已发生的损失,从而减少银行用于保护其未投保贷款人和存款人的缓冲资本。银行借款的短期性质,加上银行的存款人和其他资金提供者可以随时迅速收回他们的资金,从而导致银行在资金紧张时无法为自己融资。因此,按甩卖价出售资产造成的螺旋形下跌就会接踵而至,从而迫使银行接受亏损,并进一步减少银行的自有资本,这一切会导致贷款人尽可能在银行破产之前收回更多的资金。这种经历通常被称为"挤兑",有可能导致银行迅速倒闭。

银行的投资、利息和流动性风险之间的相互作用会在投资和系统风险之间建立一种关键的联系,并且有助于解释次贷危机在2008~2010年的金融危机期间有可能导致美国和欧洲大批银行倒闭的原因。虽然次贷余额相对较小,但这些贷款都由与银行有关联但自有资本太少而无力承受亏损的"(资产负债)表外"实体发放(Acharya and Richardson,2009)。随着雷曼兄弟公司和另外一些金融机构的倒闭,部分由抵押贷款支持的证券价格急剧下跌,并且威胁到了其他银行和金融机构的生存。

自2008年以来,金融监管机构采取各种措施支持银行的(资产负债)表内业务。虽然银行的资本状况比金融危机前有所改善,但由于银行固有的业务结构以及在运营过程中必须承担的利息、投资和流动性风险,因此,银行抵御资产价值损失的能力仍然有限。此外,银行部门的资产和负债无法与金融市场其他部门的波动隔绝开来,因此,金融监管机构一直在分析金融市场其他部门的系统风险,包括养老基金、资产管理公司和其他非银行金融中介机构的系统风险(Haldane,2014;Carney,2014;Tarullo,2015)。

养老基金和银行之间的结构性差异

待遇确定型养老基金的业务结构在两个重要方面与银行不同。待遇确定型养老基金通常不会使用大量的借入资金为自己融资,因此,养老基金投资组合的损失不会被放大,也不会导致养老基金无力偿还债务。更重要的是,待遇确定型养老基金的退休会员不能要求养老基金提前履行基金对他们应尽的义务。因此,待遇确定型养老基金不会面临养老金计划参与者迅速从基金撤资的风险。

与待遇确定型养老金计划一样，缴费确定型养老金计划并不使用财务杠杆，但确实赋予计划参与者在不同投资选择之间转移资产甚至把资产转移到计划外的能力。为了适应这种养老金计划的可赎回特点，这种养老金计划的投资基金通常逐日估值。计划参与人可凭借自己对投资基金持有的主张权用基金资产来换取现金，因此，虽然缴费确定型养老金计划参与者持有的是随要随付型主张权，但必须一次性全额赎回。

虽然待遇确定型和缴费确定型养老金计划在业务结构上不同于银行，但它们确实严重依赖其他类型的金融机构和产品，而政策制定机构已经因为系统风险对这些金融机构和产品进行监察。待遇确定型或缴费确定型养老金计划不是使用集合投资工具就是使用单立账户代表计划受益人进行投资。待遇确定型养老金计划主要使用受益人单立账户或集体投资基金进行投资。虽然一些大型缴费确定型养老金计划也可能使用分立账户来为计划的资产进行投资，但缴费确定型计划通常使用共同基金或集体投资基金来进行投资。计划发起人通常会委托资产管理公司提供账户资产配置策略和风险状况的指导，或者根据计划文件赋予的授权选择共同基金或集体投资基金。但在这两种情况下，即使负责管理养老基金资产的资产管理公司破产，也不会对养老基金产生任何影响。

资产管理公司和银行之间的根本区别

政策制定机构从开始关注资产管理问题以寻找系统风险的来源以来，就把自己掌握的银行知识应用于资产管理公司及其产品，但是，资产管理公司及其提供的产品和服务与银行及其提供的产品和服务不同。资产管理公司在投资者和借款人之间充当资金中介，但与银行不同，通常只承担很少或根本不承担投资风险，而投资者雇用或求助于资产管理公司来为自己构建证券投资组合，但他们明白自己——而不是资产管理公司——要对投资盈亏负责。[①] 投资者与资产管理公司之间的这种代理关系把基金的业绩对资产管理公司资产负债表的影响限制在管理费波动幅度以内，而且还把资产管理公司自身与客户的财务

---

① 根据美国联邦证券法，"证券"的定义比较宽泛。根据美国《1940年投资公司法》（*the Investment Company Act of 1940*）和《1933年证券法》（*Securities Act of 1933*），证券主要包括票据、股票、债券、公司债券、负债证明、权益证明或任何利润分享协议的参与凭证。

状况隔绝了开来。例如,如果一家资产管理公司无法继续运营,那么就有严格的托管规定来保护客户的资产,并允许客户把自己的资产转移到另一家资产管理公司。[①]

资产管理公司关注的产品可分为集合投资工具(基金)和单立账户两大类。这两种产品的相似之处在于,资产管理公司负责监督投资组合的构建,并根据客户的授权进行投资决策。不过,这两种产品之间有一个关键的区别:在基金(或集合投资工具)的情况下,基金拥有证券,投资者拥有基金一定比例的权益;而在单立账户的情况下,投资者直接拥有证券。但无论在哪种情况下,资产管理公司都不拥有或持有资产,而不像银行那样自己持有资产并承担投资风险。在资产管理业,所有的投资风险,包括亏损风险,都直接由投资者承担。

资产管理公司产品和银行产品之间的另一个区别是投资者对基金或单立账户享有的主张权。譬如说,就像前文已经讨论过的那样,缴费确定型养老金计划参与者对养老基金持有的主张权并不像他们对银行账户持有的主张权那样是固定的。资产管理公司根据当前的证券价格对投资者持有的基金份额或单立账户中的资产进行估值,并在当日收盘时根据市场收盘价确定它们的价格。当资产价格下跌时,投资者对基金或单立账户资产的主张权也会等量减少。

对资产管理公司和基金引发系统风险的担心

虽然监管机构承认资产管理公司的产品和服务结构不同于银行,因此,资产管理公司的风险状况也不同于银行,但同样表达了对资产管理业引发系统风险的担心(FSOC,2014)。监管机构的担心可以分为两大类。第一类涉及由资产管理公司引发的风险。对于这种基于实体的风险,监管机构可以认定某只基金或某家资产管理公司具有系统重要性,并加大对它们监管的力度。第二类风险包括资产管理公司产品或业务造成的风险。对于这种产品或业务风险,监管机构可以认定某些金融产品或业务具有系统风险性,并对它们进行更加严格的监管或者干脆就明令禁止。

[①] 关于基金托管原则的一般介绍,请参阅 IOSCO(2014)。

监管机构对资产管理公司的担心

监管机构对资产管理公司的担心主要集中在这类公司的偿付能力及其维系自己提供的服务和基金运营的能力上。具体而言，监管机构担心，如果有资产管理公司破产，就有可能导致金融市场混乱，原因可能是投资者撤走投在破产公司产品上的资金，也可能是客户不能顺利地把自己的资产及其管理委托给其他资产管理公司。这些担心导致金融稳定委员会提出了一套旨在识别有可能被认定为具有系统重要性的全球非银行非保险金融机构的投资基金和资产管理公司的指标(FSB,2015)。银行和保险公司拥有的资产管理公司，即使它们的母公司已经被认定为具有全球系统重要性的公司，也仍可被视为可被认定为具有系统重要性的非银行非保险金融机构的对象。

金融稳定委员会建议对资产管理公司进行以下两种阈值测试：资产负债表总资产 1 000 亿美元和受托管理资产 1 万亿美元。如果一家资产管理公司的总资产和受托管理的资产都超过这两个阈值，那么，金融稳定委员会就会根据自己对这家公司倘若陷入困境或倒闭是否会扰乱全球金融市场的评判考虑把它列入具有全球系统重要性的金融机构的名单。金融稳定委员会建议考虑的因素包括资产管理公司因交易对手而面临的敞口风险、资产管理公司倘若被迫清算自己受托管理的资产会对金融系统产生的间接影响以及资产管理公司所提供的关键服务的性质和找到替代品的可能性。

监管机构对基金的担心

除了可能把资产管理公司认定为具有系统重要性的非金融非保险金融机构之外，金融稳定委员会还提出了两个用于初步考虑是否应把某些由资产管理公司运营的基金认定为具有系统重要性的阈值指标。第一个阈值指标是任何资产超过 1000 亿美元的基金；第二个包含元素较少的阈值指标是基金的总体规模和基金在它投资的市场上做成的交易量合并达到 2 000 亿美元。监管机构之所以建议把达到这两个阈值指标的基金认定为具有系统重要性的金融机构，是因为它们担心这些基金可能会给金融体系造成潜在的系统风险。监管机构对产品和业务的担心主要分为信用/违约风险、杠杆风险和流动性风险等三个方面。监管机构担心的性质已经随着时间的推移发生了变化，但原始模型的元素仍然是公共话语的一个组成部分(IMF,2014)。

信用/违约风险

信用/违约风险是变化最大的风险。最初,银行监管机构担心资产管理公司创造"信用风险已变"的投资产品。这里所说的"信用风险已变"是指实际信用风险不是由投资者承担,或者投资者觉得他们投资的资产风险要比实际小(FSB,2011b)。这些担心在很大程度上是由养老金计划发起人支持货币市场基金引起的。然而,监管机构也认识到基金和单立账户投资者[如养老基金和401(k)计划参与者]要承担他们投资的基金的信用风险,因此得出结论:债券和股票基金的信用风险变化并不是资产管理行业风险的一个重要来源。

杠杆风险

监管机构的第二个担心是资产管理公司提供的产品或服务利用财务杠杆的程度。对共同基金、交易所交易基金(ETF)和可转让证券集合投资计划利用财务杠杆的程度有严格的限制。例如,美国共同基金和交易所交易基金每借入1美元资金就必须持有3美元的资产,而使用这类投资产品的待遇确定型养老金计划也只能使用有限的杠杆比率。

资产管理产品可以采用多种方式进行杠杆化。例如,基金可以从银行贷款,并把贷款投在基金资产上,从而放大非债券持有者的盈亏。或者,基金可以通过证券借贷的方式来融券。例如,待遇确定型养老金计划可以融出证券,并把融出证券的收益再投资于类似的证券,从而增加基金的回报。基金也可以通过采用衍生产品来进行另一种形式的杠杆化,也就是通过衍生产品交易来增加投资组合的风险,而不是对冲风险。如果根据投资组合持有的抵押品与衍生品头寸本身具有相似的风险特征,那么,情况就尤其如此。然而,根据美国证券交易委员会(SEC)对共同基金和其他受监管的集合投资机构的规定,这些形式的融券受到了限制。其他类型的资产管理产品,如对冲基金,可能会更多地使用杠杆,而待遇确定型养老金计划有资格对这些基金进行投资。

在实践中,大多数受监管的基金,甚至其他类型的投资产品,它们的杠杆化水平与银行相比处于较低的水平。例如,美国最大的共同基金和交易所交易基金的平均杠杆率(权益资本占资产负债表中的总资产的比例)为1.04。相比之下,银行严重依赖债务为其表内业务融资,美国最大银行的平均杠杆率为9。这就意味着,对于受监管的基金,甚至是对冲基金,资产管理产品可以经历价格的大幅波动，但不会导致基金或单立账户的资产少于它们的借款。

流动性风险

流动性风险是监管机构担心资产管理公司可能对金融稳定造成潜在系统风险的第三种风险（FSB，2011b；FSOC，2014）。许多类型的基金有一个显著的特点，那就是它们每天都会回购投资者持有的份额，这也被称为"逐日赎回"。监管机构担心这种行为——加上某些基金持有的一些证券——可能造成流动性风险。具体而言，监管机构假设，如果投资者在金融市场承受压力时出售债券基金的权益，那么，基金有可能无法执行投资者的指令并出售他们的资产，或者投资者的行为可能会导致债券市场价格大幅下跌（OFR，2013）。

费洛里等人（Feroli et al.，2014）认为，这种"羊群效应"会扭曲市场，导致证券价格高于或低于证券的基本价值。由于被迫出售证券有可能导致证券价格跌破前一天的价格，因此，基金可能无法按它前一天确定的价格出售它持有的证券。因此，撤离基金的投资者可能获得好于投资组合经理出售资产时能获得的价格，从而导致基金的剩余投资者要消化价差。在这种情况下，先于其他投资者撤离基金的投资者有可能具有某种优势，特别是在市场资金紧张时期。这种优势通常被称为"先动优势"，有些监管机构认为，这种优势可能会导致投资者大量撤离基金，从而加剧市场低迷的程度。

柯林斯和布兰迪尔（Collins and Plantier，2014）表示，这并不是什么新问题，因为自20世纪20年代以来，特别是在基金度过快速成长期后，这个问题已经出现过多次。他们认为，没有证据表明基金出售证券会对市场价格产生实质性的影响。虽然资金流与基金回报正相关，但因果关系的方向对于用于实证检验的识别性假设十分敏感。此外，他俩还指出，如果直接持有大量证券的投资者试图一次性出售他们持有的证券，那么也有可能导致价格下跌。

国际货币基金组织（IMF，2015）和金融稳定监管委员会（FSOC，2014）等监管机构反驳称，基金投资者与他们直接持有证券相比，在市场紧张时期更有可能出售他们持有的基金份额。因此，这两个机构试图更好地弄明，投资集合工具的方式怎么会比直接持有证券的投资方式导致更大的系统风险。例如，金融稳定监管委员会（FSOC，2014）认为有两个由成本转移造成系统风险的潜在来源，即基金通过出售证券来满足投资者赎回要求要承担的交易成本和流动性成本。因此，有监管机构探讨了两个关于这两种成本转移怎么会成为系统风险来源的问题。

关于投资者撤离和流动性成本的理论假设

先动优势与交易成本

关于投资者撤离和流动性成本的第一种理论假设是,实际交易成本是由留在有资金流出的基金内的投资者承担的。基金的成本和投资损益由投资者按比例分担或分享。但如果基金投资者撤离基金,而基金管理公司(或基金经理)必须出售基金持有的证券才能满足投资者的赎回要求,那么留下没走的基金投资者就可能要承担较大份额的交易成本。因此,如果一个投资者提早撤离一个随后经历了更多赎回要求并出售更多投资资产满足赎回要求的基金,那么这个提早撤离或第一个撤离基金的投资者可能比那些仍留下没走的投资者承担较少的基金成本,因此有可能享受先动优势。

但是,美国的基金经理有能力管理这些成本,因此不会让留下来的投资者处于劣势。首先,基金经理必须使用远期定价和合理估价方法,每日按市值计算基金资产组合的价值,才能避免可预测的价格变动。许多基金经理被要求要么使用他们可以出售证券的价格(即所谓的"买方出价"),要么使用"买方出价"和"卖方要价"之间的中间价。"卖方要价"是基金经理可以购买证券的价格。使用买方出价或中间价就能把部分交易成本转嫁给撤离基金的投资者,因为这种定价方法对基金份额的估值接近基金在为满足赎回要求必须出售资产的情况下能够获得的收益。基金管理成本的另一种方法是,在对投资基金后的一定时间里撤离基金的投资者收取赎回费。此外,大多数基金还保留了在持有特大份额的投资者希望迅速撤离基金时可用实物来赎回投资者持有的基金份额的权利。这样,投资者撤离基金就不能获得现金,而是获得一些证券。如果养老金计划发起人没有提前足够的时间告知基金经理,他发起的养老金计划要求撤离基金,那么共同基金或集体投资基金等集合产品基金通常可以选择用实物赎回养老金计划持有的基金份额。

欧盟的基金管理公司(或基金经理)还有其他方法来限制投资者流动对留下没走的投资者造成的影响。欧盟的可转让证券集体投资计划基金获准采用波幅定价法,也就是基金根据市场价格以及当天基金有资金净流入还是净流出来确定价格的方法。两个价格之间的价差可以波动,并能反映调节某日基金投资者流动的成本。欧盟的可转让证券集体投资计划基金还可以收取份额稀释费，也就是投资者在进入或撤离基金时为补偿其他基金份额持有人而要支付的费用。最后，欧盟的可转让证券集体投资计划基金还可以采用收取"门票"的方式来限制任何时候的撤离。

这些和其他方法都有助于最大限度地降低满足基金份额持有人赎回要求的成本。有一种指标可用来衡量这些方法的有效性，那就是指数基金的跟踪误差，也就是指数基金的收益与指数基金跟踪的指数的总收益之间的差额。如果正像监管机构假设的那样，投资者流动会导致基金进行交易，并产生交易或流动性成本，那么，有资金流出的指数基金应该有较大的跟踪误差。

图 6.1 对美国债券指数基金与此类基金月度新增现金净流入的跟踪误差进行了图示，并且分析了债券基金需求大幅增加的 2010 年 1 月～2014 年 12 月这个时期的月度数据。图中的目标指数是巴克莱美国债券综合指数。如果国际货币基金组织和金融稳定监管委员会等监管机构的上述假设是正确的，那么，图 6.1 中数据应该显示基金的资金流动与跟踪误差之间的紧密相关性。如图所示，无论是从图上还是统计意义上看，两者都没有这种相关性。事实上，在左上象限中有许多表示债券指数基金有资金流出，而基金投资者回报率相对于基准指数上升的情况的观察值，而这些情况恰恰与假设情况相反。即使只考察这些债券指数基金有资金流出且跟踪误差为负的那几个月（见左下象限），基金的资金流量与基金的跟踪误差之间也没有任何关系。

基金的月度现金流与跟踪误差之间缺乏任何有意义的相关性，这表明基金经理能够并实际使用金融工具来管理现金流量的影响。因此，这个结果使得上述监管机构的理论假设（即有资金流出的基金的投资者要承担实际交易成本）不能成立。不过，这并不意味着所有的基金经理都以相同的程度或效率使用管理现金流量影响的工具，但却确实表明，需要做更多的研究来探究目前可供基金经理使用的交易技术是否足以限制交易成本对基金业绩的影响。

先动优势和流动性资产管理

关于投资者撤离和交易成本的第二种理论假设是，基金经理为了避免交易成本的发生，最先可能会试图出售基金持有的流动性最大的资产，并在自己的投资组合中留下流动性较小、难以估值的证券。如果有更多的投资者撤离基金，那么，继续留在基金的投资者未来就有可能承担较高的清算和交易成本。

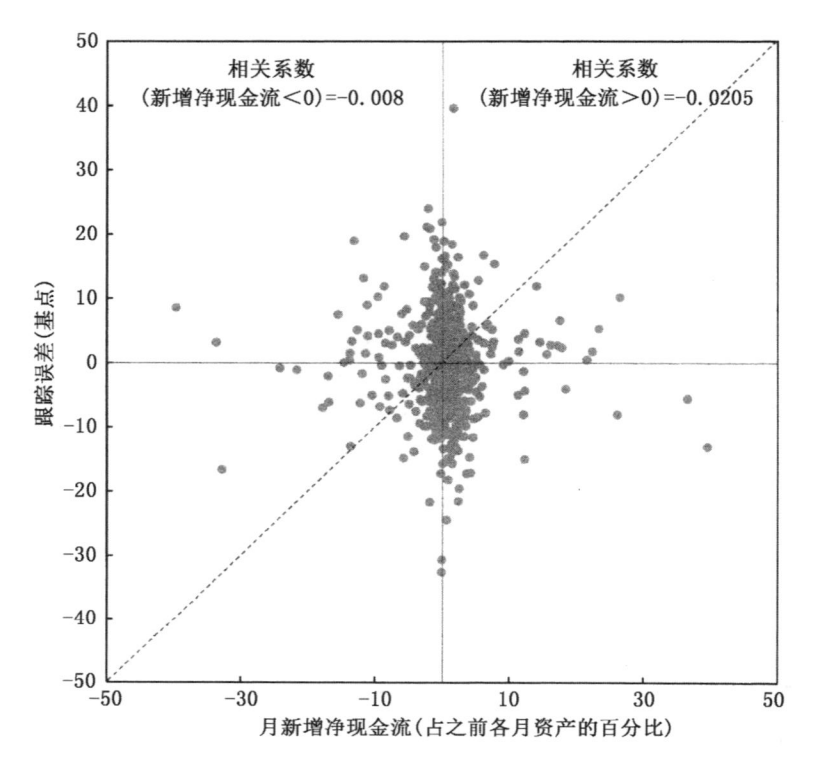

注:跟踪误差是指基金总回报与基金基准指数总回报的差。图中的债券指数基金要么跟踪巴克莱美国债券综合指数的总回报指数,要么跟踪巴克莱美国浮动收益债券综合指数调整后的总回报指数。

资料来源:转自 ICI(2015)。

图 6.1　债券指数基金资金流动与跟踪误差无关(2010 年 1 月～2014 年 12 月)

这种利用最具流动性的资产来满足投资者撤离的理论有时被称为资产管理"瀑布"理论("waterfall" theory of asset management)。

或者,如果资产管理公司不想改变投资组合的基本结构,那么就可以同时出售流动性和非流动性证券,以应对投资者撤离。如上所述,共同基金和集体投资基金都有必须遵循的投资指令。因此,假设资产管理公司会首先出售流动性最大的资产来应对投资者流动,这很快就会导致基金偏离它必须遵循的投资指令。

图 6.2 对 2000～2014 年 15 年高收益债券基金的行业平均现金比例变动进行了图示。总体而言,高收益债券基金的现金余额平均占基金资产的

6.26%。在这 15 年里，现金比例略有变化，但从未跌破占基金总资产 3.8% 的比例。最值得注意的是，高收益债券基金的现金比例在最近现金净流出期间并没有明显下降。例如，在 2008 年的金融危机期间，高收益债券基金的现金比例从 2008 年 8 月的 6.29% 上升到了 2008 年 12 月的 11.89%，这与理论假设的"瀑布"场景完全相反。

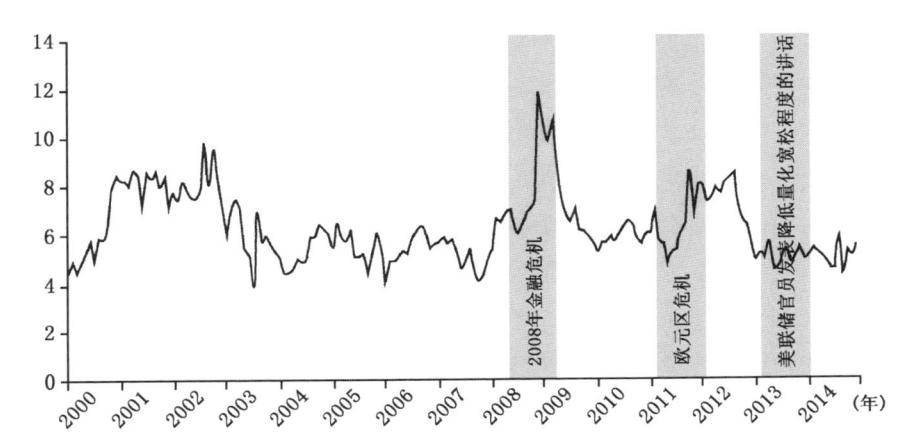

注：数据不包括被认定为浮动利率债券基金的高收益债券基金。
资料来源：转引自 ICI(2015)。

图 6.2　高收益债券基金"现金"比例：现金占基金资产的百分比(2000 年 1 月～2014 年 12 月)

又如，2013 年 5 月和 6 月美国长期利率大幅上涨，反映了货币政策的预期变化。2013 年 6 月，高收益债券基金净流出资金总计占基金总资产的 4.4%，这个比例不算高，但用历史标准来衡量就算是很高了。不过，高收益债券基金的现金比例从 2013 年 5 月的 4.44% 小幅上升到了 2013 年 6 月的 4.53%，现金比例的这种变化也不同于投资组合管理瀑布理论假设的场景。

表 6.1 列示了高收益债券基金的统计分析结果。该表利用每只基金的月度数据显示了高收益基金现金比例变化与新增净现金流的回归分析结果。如果瀑布理论是正确的（即投资者撤离基金倾向于掏空基金的现金持有量），那么，"斜率"系数（在表中用"β"表示）应该为正，且明显大于零。同样，从 R^2 理应相当大的意义上讲，回归分析应该是"很好"地与数据契合。表 6.1 列示了许多不同时期的结果，用下列方法为每个时期提供了三个回归分析数据：(1)某个给定时期的所有观察结果（所有新增净现金流量）；(2)新增净现金流为正（新增净现金流≥0）的观察结果；(3)新增净现金流为负（新增净现金流<0）的观察结果。

表 6.1　高收益债券基金新增净现金流对其现金比例只产生很小的影响

时　期		α(标准差)	β(标准差)	R^2
		回归结果		
2000~2006 年	全部新增净现金流	−0.06(0.07)	**0.13(0.01)**	0.015
	大于等于零的新增净现金流	0.23(0.13)	**0.09(0.02)**	0.007
	小于零的新增净现金流	−0.05(0.10)	**0.18(0.02)**	0.015
2007~2009 年	全部新增净现金流	−0.07(0.12)	**0.14(0.01)**	0.029
	大于等于零的新增净现金流	−0.10(0.21)	**0.14(0.02)**	0.035
	小于零的新增净现金流	0.16(0.17)	**0.22(0.05)**	0.013
2010~2014 年	全部新增净现金流	−0.11(0.08)	**0.20(0.01)**	0.067
	大于等于零的新增净现金流	−0.20(0.13)	**0.22(0.01)**	0.071
	小于零的新增净现金流	−0.16(0.10)	**0.16(0.02)**	0.031
2000~2014 年	全部新增净现金流	−0.08(0.05)	**0.17(0.01)**	0.036
	大于等于零的新增净现金流	−0.05(0.09)	**0.16(0.01)**	0.035
	小于零的新增净现金流	−0.05(0.07)	**0.18(0.01)**	0.019
2008 年 9 月~11 月	全部新增净现金流	−0.07(0.39)	**0.17(0.06)**	0.005
	大于等于零的新增净现金流	0.45(1.06)	0.13(0.09)	0.032
	小于零的新增净现金流	−0.14(0.57)	0.19(0.16)	0.007
2013 年 6 月	全部新增净现金流	0.15(0.42)	0.01(0.05)	0.000
	大于等于零的新增净现金流	−0.08(1.54)	0.13(0.19)	0.029
	零的新增净现金流	−0.21(0.50)	−0.04(0.06)	0.006

注：考察期内基金现金占其资产的百分比变动幅度＝新增净现金流的 α＋β。本表的数据没有包括投资于其他共同基金的共同基金、可变年金基金、任何净资产总额少于 1 000 万美元的基金、专为频繁交易设计的基金、被认定为浮动利率债券基金的基金以及任何月度发生合并或清算的基金的数据。加粗的系数值表示具有 5% 的统计显著性。

资料来源：转引自 ICI(2015)。

如表 6.1 所示，回归分析结果只为瀑布理论提供了很少的支持。斜率系数(β)明显小于 1.0，大多小于 0.20。从表面上看，这表明，随着基金有净现金流入或流出，单个基金的现金比例确实会小幅上升或下降。例如，2000~2014 年期间，新增净现金流＜0 的 β 是 0.18，这个数值表明，一只基金期初月现金比例为 4%，在经历了 7% 的净现金流出后，到期末月现金比例为 2.75%，仍然远高于零。①

基金的新增净现金流与基金现金比例之间缺乏有意义的关系，这一点通过考察不同的金融危机时期得到了支持。例如，在金融危机最严重的 2008 年 9 月～11 月期间，没有任何证据能够证明高收益债券基金的新增净现金流与它的现金比例之间存在任何关系；2013 年 6 月的"削减恐慌"（Taper Tantrum，指美联储降低量化宽松程度引发的恐慌。——译者注）时期也是如此，因为这个月的高收益债券基金有大量的资金流出，但没有对基金的现金头寸产生明显的影响。

为了举一个说明净现金流和现金比例之间缺乏相关性的直观例子，图 6.3 对 2013 年 6 月每只样本高收益债券基金的净现金流与现金比例变动进行了图示。如果资产管理瀑布理论是正确的，那么，图中的观察值应该主要分布在 45 度（虚）线附近。换句话说，根据资产管理瀑布理论，资金流出会掏空基金的现金余额，而资金流入会增加基金的现金余额。事实上，图中的观察值基本上都是随机分布在纵轴和横轴附近，这表明基金的新增净现金流与基金现金头寸的变化之间没有任何统计关系。即使我们只关注那些 2013 年 6 月有资金流出的高收益债券基金（有些高收益债券基金确实有资金流入），也无法观察到资产管理瀑布理论假设的那种关系。

简而言之，即便是市场低迷时期的数据也不支持基金现金外流导致基金现金余额消耗殆尽、损害基金未撤离投资者利益的观点。这种观点是一些监管机构开政策处方的关键依据，因此，监管机构必须更好地了解基金经理如何运作自己管理的基金，特别是在市场低迷时期。

---

① 从形式上看，研究结果还表明，基金的新增净现金流与现金比例变化之间的相关性具有显著的统计学意义。但在回归跨度长达数年的情况下，这在一定程度上有可能是大样本的人为提示。例如，回归分析 2000～2014 年"小于 0 的新增净现金流"的结果具有非常显著的统计学意义（标准误很小，只有 0.01），毫无疑问，造成这个结果的部分原因是回归使用了 9 527 个观察值。因此，"回归系数具有显著的统计学意义"并不是反映基金现金比例与新增净现金流相关性强弱的最好指标。不过，更重要的是，这两者的关系并不完全与数据契合（这个多年期的 R^2 平均约为 0.03，即约 3%）。事实上，两者之间几乎完全没有任何关系，这与资产管理"瀑布"理论的假设完全不同，但符合基金"在坚持自身投资目标的同时谨慎管理自己的投资组合，以应对投资者的进入和退出"这一现实。

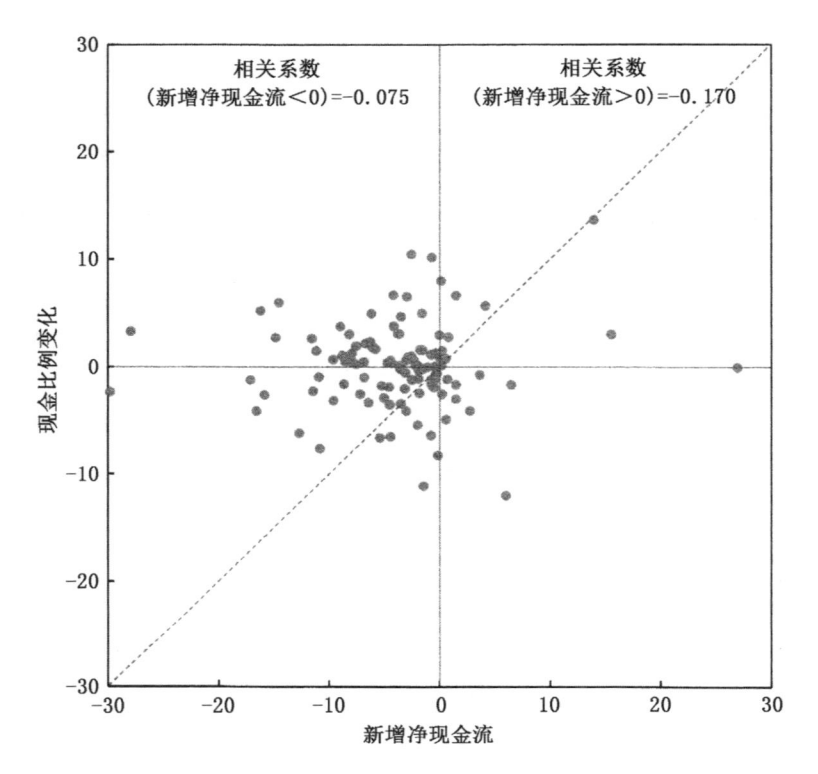

注：本图使用的数据不包括投资于其他共同基金的共同基金、可变年金基金、2013年6月总净资产在1 000万美元以下的基金、为频繁交易设计的基金、被认定为浮动利率基金的基金以及任何该月发生合并或清算事件的基金的数据。

资料来源：转引自 ICI(2015)。

图 6.3　高收益债券基金现金比例变化与它们的新增净现金流无关：
本期现金余额占上期总净资产的百分比(2013年6月)

基金在市场紧张时期的现金流：历史经验

虽然监管机构从理论上对投资者为什么可能会迅速抛售他们持有的基金份额，从而给金融体系造成风险这个问题表示了关心，但历史经验几乎不支持以下理论假设：股票和债券基金资金流出有可能多到足以引发系统风险的程度。尽管这两种基金都经历过资金流出时期，但用基金的资金流出量占基金现有资产的比例或占市场交易的比例来衡量，资金流出量并不是很大。例如，

2008年秋季,股票和债券基金的资金流出量只占它们总资产的小部分。正如柯林斯和布兰迪尔(Collins and Plantier,2014)所解释的那样,造成这种结果的一个原因就是股票和债券基金持有的资产有很大一部分是散户投资者的资产,而这类投资者的行动往往比较迟缓。

股票和债券基金没有大量的资金流出,这表明,要么是先动优势的经济价值并不大,要么是先动的成本大于收益。先动优势假说假定,基金连续数天抛售它们持有的证券对市场的影响会大到足以富有意义地刺激投资者努力把握市场时机。由于多种原因,这种假定高度不确定。例如,某个投资者可能根据当天市场下跌的行情决定赎回自己持有的基金份额,但第二天却发现市场反弹。因此,这个想赎回基金份额的投资者实际上是在试图把握市场机会,而这是一种长期以来金融学者和理财顾问一直告诫基金投资者不要采取的行为。有些投资者还必然会考虑税收问题,例如,想赎回基金份额的投资者可能会因为资本利得而要在当期履行纳税义务。此外,投资者试图通过采取这种行为(为了避免市场影响或其他基金交易成本而赎回基金份额)获利的次数受到频繁交易的成本或者基金或401(k)计划规定的限制。

例如,美国100只最大的共同基金都在招股说明书中明确表示,它们会对频繁交易进行监控,而且不是通过强制实施明确的控制来限制这种活动,就是禁止频繁交易者进入。此外,如果基金投资者能够正确预测头天的基金赎回情况对市场的影响,那么对冲基金和其他机构交易员也能做到这一点。但是,机构交易员有一个明显的优势,那就是能够在交易日的任何时间执行交易(甚至是通过衍生品市场在交易日之前执行交易)。因此,机构交易员能在401(k)计划或个人退休账户(IRA)项下持有共同基金的投资者按市场收盘价格执行指令之前就套利抵消任何市场影响。

另一个造成基金资金流出不稳定但却没有被观察到的原因是,退休账户项下的投资者投资期限较长,往往不会大量交易,即便在市场紧张时期也是如此。自2008年秋季以来,美国投资公司协会(Investment Company Institute,ICI)利用数据保管公司的数据进行的调查表明,即使在金融危机最严重的时候,401(k)计划项下的投资者也不太可能大幅度改变他们的资产配置,或停止401(k)计划项下的缴费(Holden and Schrass,2015)。如图6.4所示,缴费确定型养老金计划和个人养老金账户在2008年第四季度有少量的资金流出,总额略高于500亿美元;这些流出资金只占缴费确定型养老金计划和个人养老金账户资产的1.5%。

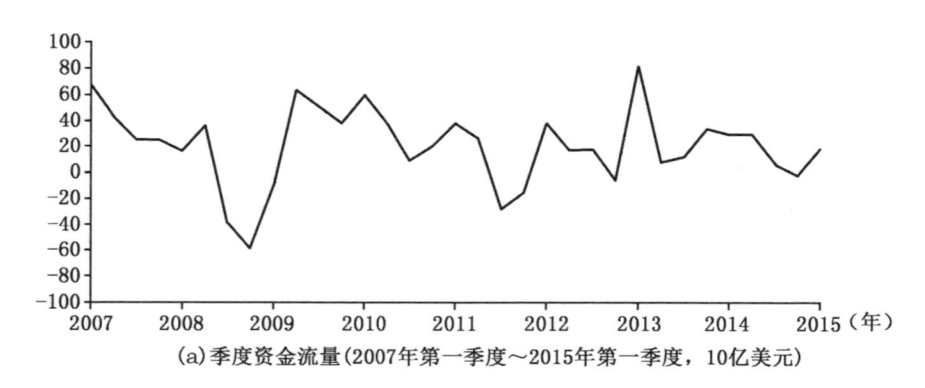

(a) 季度资金流量(2007年第一季度～2015年第一季度，10亿美元)

(b) 资金流量占上季度末资产的百分比(2007年第一季度～2015年第一季度)

资料来源：本章作者编制。

图6.4　缴费确定型养老金计划和个人退休账户流向长期共同基金的资金

造成即使在市场紧张时期资金流动也趋于平缓的最后一个原因是，大多数投资者在进行缴费确定型养老金计划外的投资时，都会求助于理财顾问和经纪人。在市场紧张时期，理财顾问可能会劝阻他们的客户不要想把握市场时机，不要买进和卖出基金份额。不过，在过去的几年里，一些投资咨询公司已经开始试用被称为"智能顾问"的自动化在线咨询服务。智能顾问能为参加缴费确定型养老金计划以及开立个人养老金储蓄账户和应税储蓄账户的客户提供资产配置和投资自动再平衡或调整服务。由于这些都是新的服务，还没有经历过市场紧张时期的考验，因此，目前还不清楚这些服务的绩效如何，也不知道这些服务项目是否能够通过调整减少投资组合中近期价格下跌的资产类别来产生羊群效应，或者通过把投资者的投资组合调整为价格下跌的资产类别来帮助稳定市场。

全球基金出现大规模资金流出的次数并不多,其中一次发生在 2008 年 10 月,当时欧洲债券基金的资金流出总额接近基金资产的 10%。当时,欧盟各国政府的监管机构正试图阻止欧洲银行可能遭遇的挤提,并为银行新吸收的存款提供新的担保,而且是不设存款担保上限的无限额担保,从而促使欧洲债券基金的投资者出售他们持有的基金份额,并把资金存入银行。不过,这并不是基金结构性虚弱的证据,而是表明,在市场紧张时期,如果政策反应不当,就有可能造成不稳定。

结束语

就理解系统风险的来源及其在银行业以外传导的问题而言,政策制定和监管机构还处在初期阶段。虽然它们已经把注意力转向养老金和资产管理行业,但仍严重依赖它们对银行如何导致系统风险的理解。虽然养老基金和资产管理公司在结构和风险状况方面与银行有着根本的区别,但是,有些监管机构对养老基金开展的业务以及资产管理公司及其产品和服务表示了担心。有些政策制定机构提出了一些理论假设,认为资产管理公司和它们管理的基金有可能成为系统风险的源头。有关基金和投资者行为的历史和经验证据几乎都不支持这些理论假设。尽管如此,像金融稳定委员会这样的全球监管机构已经非常接近于把资产管理公司和它们管理的基金——甚至可能是大型养老基金——认定为具有全球系统重要性的金融机构。这对养老金计划参与者的影响以及在美国以外造成的监管后果目前还不清楚,但在美国造成的影响要清楚得多。如果金融稳定监督委员会选择把某些基金或资产管理公司认定为具有系统重要性的金融机构,那么就有可能导致一小部分基金和它们的投资者(包括养老金计划参与者)因为它们或他们投资的基金被认定为具有系统重要性的金融机构(或者未来某个具有系统重要性的金融机构倒闭)而承担巨大的成本。这样的成本可能会大大阻碍养老基金求助于任何被认定为具有系统重要性的金融机构的基金或资产管理公司。

参考文献

Acharya, V. V. and M. Richardson (2009). 'Causes of the Financial Crisis,' *Critical Review*, 21(2–3): 195–210.

Acharya, V. and P. Schnabl (2010). 'Do Global Banks Spread Global Imbalances? The Case of Asset-Backed Commercial Paper during the Financial Crisis of 2007–09,' *IMF Economic Review*, 58: 37–73.

Acharya, V., R. Engle, and M. Richardson (2012). 'Capital Shortfall: A New Approach to Ranking and Regulating Systemic Risks,' *American Economic Review: Papers and Proceedings*, 102(3): 59–64. <http://dx.doi.org/10.1257/aer.102.3.59>.

Carney, M. (2014). 'The Future of Financial Reform,' speech presented at the 2014 Monetary Authority of Singapore Lecture, Singapore. <http://www.financialstabilityboard.org/wp-content/uploads/The-future-of-financial-reform.pdf>.

Collins, S. and C. L. Plantier (2014). *Are Bond Mutual Fund Flows Destabilizing? Examining the Evidence from the 'Taper Tantrum'*. Working Paper. Washington, DC: Investment Company Institute. <http://dx.doi.org/10.2139/ssrn.2510666>.

Covitz, D., N. Liang, and G. A. Suarez (2013). 'The Evolution of a Financial Crisis: Collapse of the Asset-Backed Commercial Paper Market,' *Journal of Finance*, 68: 815–48.

Duygan-Bump, B., P. Parkinson, E. Rosengren, G. A. Suarez, and P. Willen (2013). 'How Effective were the Federal Reserve Emergency Liquidity Facilities? Evidence from the Asset-Backed Commercial Paper Money Market Mutual Fund Liquidity Facility,' *Journal of Finance*, 68(2): 715–37.

Feroli, M., A. Kashyap, K. Schoenholtz, and H. S. Shin (2014). 'Market Tantrums and Monetary Policy,' paper presented at the 2014 Monetary Policy Forum, New York.

Financial Stability Board (FSB) (2011a). *Shadow Banking: Scoping the Issues*. Basel: FSB. <http://www.financialstabilityboard.org/wp-content/uploads/r_110412a.pdf>.

Financial Stability Board (FSB) (2011b). *Shadow Banking: Strengthening Oversight and Regulation: Recommendations of the Financial Stability Board*. Basel: FSB. <http://www.financialstabilityboard.org/wp-content/uploads/r_111027a.pdf?page_moved=1>.

Financial Stability Board (FSB) (2012). *Global Shadow Banking Monitoring Report 2012*. Basel: FSB. <http://www.financialstabilityboard.org/wp-content/uploads/r_121118c.pdf>.

Financial Stability Board (FSB) (2015). *Consultative Document (2nd) Assessment Methodologies for Identifying Non-Bank, Non-Insurer Global Systemically Important Financial Institutions*. Basel: FSB. <http://www.financialstabilityboard.org/wp-content/uploads/2nd-Con-Doc-on-NBNI-G-SIFI-methodologies.pdf>.

Financial Stability Oversight Council (FSOC) (2014). *Notice Seeking Comment on Asset Management Products and Activities*. FSOC-2014-0001. Washington, DC: FSOC.

Haldane, A. (2014). 'The Age of Asset Management,' speech presented at the London Business School, London. <http://www.bankofengland.co.uk/publications/Documents/speeches/2014/speech723.pdf>.

Holden, S. and D. Schrass (2015). *Defined Contribution Plan Participants' Activities, 2014*. ICI Research Report. Washington, DC: Investment Company Institute. <http://www.ici.org/pdf/ppr_14_rec_survey.pdf>.

International Monetary Fund (IMF) (2014). *Global Financial Stability Report—Risk Taking, Liquidity, and Shadow Banking: Curbing Excess While Promoting Growth*. Washington, DC: IMF.

International Monetary Fund (IMF) (2015). *Navigating Monetary Policy Challenges and Managing Risks*. Washington, DC: IMF. <http://www.imf.org/external/pubs/ft/gfsr/2015/01/pdf/text.pdf>.

International Organization of Securities Commissions (IOSCO) (2010). *Global Securities Regulators Adopt New Principles and Increase Focus on Systemic Risk*. Madrid: IOSCO. <https://www.iosco.org/news/pdf/IOSCONEWS188.pdf>.

International Organization of Securities Commissions (IOSCO) (2014). *Consultation Report: Principles Regarding the Custody of Collective Investment Scheme Assets*. Madrid: IOSCO. <http://www.iosco.org/library/pubdocs/pdf/IOSCOPD454.pdf>.

Investment Company Institute (ICI) (2015). Comment letter from Paul Schott Stevens to the Financial Stability Oversight Council. Washington, DC: ICI. <https://www.ici.org/pdf/15_ici_fsoc_ltr.pdf>.

Kacperczyk, M. and P. Schnabl (2009). 'When Safe Proved Risky: Commercial Paper during the Financial Crisis of 2007–2009,' *Journal of Economic Perspectives*, 24(1): 29–50.

Office of Financial Research (OFR) (2013). *Asset Management and Financial Stability*. Washington, DC: OFR. <http://financialresearch.gov/reports/files/ofr_asset_management_and_financial_stability.pdf>.

Organisation for Economic Co-operation and Development (2015). *OECD Business and Finance Outlook 2015*. Paris: OECD Publishing. <http://dx.doi.org/10.1787/9789264234291-en>.

Pozsar, Z, T. Adrian, A. Ashcraft, and H. Boesky (2010). *Shadow Banking*. Federal Reserve Bank of New York Staff Reports, 458. New York: Federal Reserve. <http://www.newyorkfed.org/research/staff_reports/sr458.pdf>.

Tarullo, D. K. (2009). 'Regulatory Restructuring,' Testimony before the Committee on Banking, Housing, and Urban Affairs, US Senate, Washington, DC, July 23.

Tarullo, D. K. (2015). 'Advancing Macroprudential Policy Objectives,' speech presented at 'Evaluating Macroprudential Tools: Complementarities and Conflicts,' Washington, DC.

第二编

退休储蓄和退休理财产品开发

第七章 世界各地养老储蓄的决定因素

阿斯利·德米尔古克-肯特（Asli Demirgüc-Kunt）
莱奥拉·克拉佩尔（Leora Klapper）
乔治斯·A. 帕诺斯（Georgios A. Panos）

  为老年人提供经济福利的计划在世界各地都遇到了压力，而2008年的金融危机耗尽了公共资金，从而使得政府疲于应对人口老龄化、低出生率和非正规安全保障弱化等导致的养老费用上涨的问题(Ellis et al.,2014)。这场危机不但同时威胁到了老年人和年轻人——这一点已得到证实——而且还将危及子孙后代，他们将要不成比例地承担直接或间接照料上几代人的成本(Gratton,1996;Fridson,2015)。

  虽然社会越来越关心老年人的安全保障问题，但关于正规和非正规自愿养老储蓄的决定因素，只能获得有限的信息。本章旨在利用新的微观经济数据，对全球和跨地域养老储蓄问题进行详细的描述性分析，并且还要利用个人、国家宏观经济和国家养老金制度的特征数据着重对决定养老储蓄的因素进行实证分析。据我们所知，这是第一份使用详细的全球微观数据来研究世界各地养老储蓄的文献。

  2014年的全球金融包容性指数(Global Findex)数据揭示了成年人储蓄和借贷的方式和原因，而且还显示了成年人在遭遇意外冲击后的财务复原力(Demirgü-Kunt et al.,2015)。2014年，全球56%的成年人表示在过去的12个月里存过钱。经合组织高收入经济体(OECD[H])以及东亚和太平洋地区的成年人最有可能存钱，他们中有71%的人说自己有储蓄；其次是撒哈拉以南非洲地区，60%的成年人声称自己有储蓄。在其他地区，这个比例位于30%~40%之间。2014年的全球金融包容性指数调查还发现了全球成年人存钱的三个具体原因。虽然不同地区之间存在显著的差别，但全球近 25% 的成年人声称，在过去的一年里已经在为养老储蓄；差不多相同比例的成年人表示他们是为教育存钱，而 14% 的成年人则表示他们存钱是为了开办、扩大或经营企业。进行养老储蓄的成年人的比例在不同经济体之间也存在很大的差别：这个比例在经合组织高收入经济体是 39.7%；在东亚和太平洋地区（以下简称"东亚太平洋地区"，EAP）是 36.6%；在欧洲和中亚地区（以下简称"欧洲中亚地区"，ECA）是 11.8%；在拉丁美洲和加勒比地区（以下简称"拉美加勒比地区"，LAC）是 10.6%；在撒哈拉以南非洲地区是 9.8%；在南亚地区是 9.1%；而在中东和北非地区（以下称"中东北非地区"，MENA）则是 7%。

我们的研究结果显示，虽然在发展中国家，养老储蓄存在较大的性别差异，而且养老储蓄者在受教育程度和就业状况方面也是大相径庭，但总体而言，养老储蓄只有很小的性别差异。除了东亚太平洋地区外，所有其他地区都呈现出"受教育程度越高，养老储蓄越多"的格局。除南亚外，其他地区有工作的成年人远比失业的成年人更有可能为养老储蓄。在养老储蓄的年龄分布方面，36～45 岁年龄组的养老储蓄急剧增加，但拉美加勒比、中东北非、南亚和撒哈拉以南非洲地区大幅度增加养老储蓄的成年人年龄更大。不同收入成年人群的养老储蓄也存在明显的差异，占成年人 1% 的最富有人群远比其他成年人群有可能为养老储蓄，而占成年人口 1% 的最贫穷人群则远比其他成年人群不可能为养老储蓄。

有金融机构账户或移动货币账户的成年人为养老储蓄的可能性要比没有这两种账户的成年人高出 40%～50%。此外，我们的经验估计也显示，为养老储蓄的可能性与金融包容性、国民的一般储蓄倾向、国家的法律渊源和教育水平之间存在非常显著的关系。与法国法渊源国家的居民相比，英国法渊源国家的居民更有可能为养老储蓄，也就是说，英国法渊源对养老储蓄的影响要比法国法渊源大 15%～20%。一般储蓄率较高国家的居民更有可能为养老储蓄，这与陈（音译，Chen，2013）提出的文化因素显著影响居民储蓄倾向的观点相呼应。此外，人均国内生产总值与养老储蓄正相关，而利率和存款保险对养老储蓄的影响并不显著。我们还发现了能证明以下观点的证据：按照根据存款保险状况编制的安全保障/道德风险指数，有助于增强对金融体系信任的制度安排有助于提高养老储蓄率（Demirgüç-Kunt et al.，2014）。

最后，我们的实证分析结果显示，养老储蓄与养老福利金中度负相关，但与养老金覆盖率正相关,并与养老保险缴费金额和比例正相关。此外,我们还发现,在我们考察的大部分地区,住房负担能力指数与养老储蓄正相关,但在撒哈拉以南非洲地区,两者的相关性并不显著。我们对撒哈拉以南非洲地区养老储蓄情况的解释与波特巴等人(Poterba et al.,1995)的解释相吻,他们的研究表明在养老保险制度规定和缴费率(以及住房负担能力项下其他形式的理财储蓄)与养老储蓄之间几乎不存在替代关系。

下一节对已有文献进行回顾,再下一节介绍相关数据,并对世界各地的养老储蓄进行描述性统计分析。然后,在此基础上,我们从实证策略和结果估计两个方面介绍我们利用有关个体特征、宏观经济特征和养老金制度特征的数据集进行的养老储蓄实证分析。

现有文献回顾

早有研究表明,即使是在养老金制度相对健全的发达国家,退休人员也会遭遇各种经济困难。伯恩海姆等人(Bernheim et al.,2001)对美国的研究表明,美国成年人在临近退休时会迅速减少消费,而在退休后会则会更加节省开支。巴达西等人(Bardasi et al.,2000)在研究了英国的数据以后报告称,平均而言,英国成年人的生活水平在退休前几年急剧下降,并在退休后继续下降,[①]而女性同期的生活水平下降速度比男性更快。根据彭桑和克莱因(Bonsang and Klein,2011)的研究,德国成年人对当前家庭收入的满意度在退休后大幅下降,而对空闲时间的满意度在退休后则有所上升。总体而言,退休对生活满意度产生负面影响,非自愿退休会对生活满意度产生较大的影响,而自愿退休的影响并不显著。

老年人的高贫困会加剧由退休造成的负面经济影响。在美国,克拉克和奎因(Clark and Quinn,1999)报告称,老年人占近贫人群的比例仍然太高。此外,某些美国老年人仍然面临着重大经济贫困风险,尽管他们的平均生活水平与他们的父辈相比有了显著的提高(Sahelhaus and Manchester,1995)。克里斯特尔和谢伊(Crystal and Shea,1990)也研究表明,老年人之间的资源分布甚至比其他人群成员之间的资源分布更加不平等。

---

① 查尔斯(Charles,2002)等有关退休和生活水平的研究确实提出了相反的观点。

有些学者研究了经济衰退后相关部门对上述各种挑战做出的政策反应。加拉索(Galasso,2008)对社会保障缴费率和退休年龄的政治决定因素进行了模拟,并得出了这样的结论:无论政治约束如何,每个国家都有可能提高退休年龄。但在安德森(Andersen,2008)看来,把养老福利金和退休年龄与寿命挂钩并不能保证社会保障体系的财务自生能力。波特巴(Poterha,2014)认识到了这个问题,因此建议个人应该为确定自己的退休生活安全负更大的责任。①

按照帕普克(Papke,2004)的观点,允许参与者挑选投资选项可以增加他们的退休储蓄。但是,卢萨尔迪(Lusardi,2003)报告称,我们对家庭如何制定储蓄计划以及如何收集信息来做出储蓄决定知之甚少。美国联邦储备委员会(Board of Governors of the Federal Reserve System,2014)进行的一项家庭调查表明,近一半的受访者回答说他们几乎没有或根本没有考虑过为养老储蓄的问题。在回答自己曾经考虑过这个问题的受访者中,很多人不是回答他们并没有退休的打算,就是表示他们希望为筹集养老费用一直工作到退休,也有人并不知道如何为自己的退休做准备。② 近1/3的受访者没有为退休储蓄或准备养老金。经济衰退加剧了退休规划面临的挑战,导致许多受访者推迟了自己的退休规划。③

企业也从待遇确定型养老金计划转向缴费确定型养老金计划,而雇员必须决定把多少钱投入他们的退休基金以及如何配置他们的养老财富。但是,也有人运用行为经济学和金融学文献④来批评缴费确定型养老金计划。例如,班克斯和奥德菲尔德(Banks and Oldfield,2007)报告称,老年人与其他群体相比存在更大的认知、性别和受教育程度差别。因此,他们不太可能有储蓄账户、持有公司股票或拥有私人养老金。卢萨尔迪和米切尔(Lusardi and Mitchell,2011,2014)报告称,金融素养是决定不同年龄组群体是否进行退休规划的一个重要因素,而老年人群受金融素养不足的影响最大。

---

① 作者回顾了设计退休保障公共政策必须同时认识到家庭养老储蓄的异质性和不同政策工具服务的政策目标的多重性。

② 同样,"退休前景"(Future of Retirement)在调查了英国1 050名受访者和15个国家16 000多名受访者后报告称,英国近2/5(39%)的已退休受访者表示,他们并没有为过上舒适的退休生活做好充分的准备或者根本没有做过准备。

③ 此外,1/3的回复者表示,由于预期医疗费用太高,他们在前一年放弃了某种形式的治疗。毫不奇怪,对于那些没有存款、经济拮据或没有保险的人来说,不寻求治疗的决定较为普遍。

④ 关于在养老储蓄领域进行的探索和出现的偏见的详细研究,请参阅 Benartzi 和 Thaler(2007)。其他涉及有关因素的退休规划策略研究还有 Ameriks 和 Zelcles(2004)以及 Brown(2007)。

陈(Chen,2013)最近通过研究发现了影响储蓄和退休规划行为的文化因素,例如,说话从语态上把未来和现在联系在一起的人会存较多的钱,并且退休后会有更多的财富。此外,迪费洛和塞斯(Duflo and Saez,2002)报告了同群效应会驱动退休规划参与决策。迪费洛和塞斯(2003)发现了准实验证据,这些证据表明,个人关于为养老存多少钱的决策会受到所处环境微小变化的影响,而且网络效应也会影响参与决策。贝纳茨和泰勒(Benartzi and Thaler,2007)提出了一种"自动加入"(automatic enrollment)原则(而不是受教育程度)影响养老储蓄计划决策的方法。这种方法考虑了"急性"自动加入、合理的内定选项以及提高储蓄率和自动调整投资组合的机会。这样的设计可以帮助不太老练的投资者,同时又能让经验丰富的参与者保持灵活性。

政府推行三支柱养老保障制度(第一支柱是公共管理的强制参与并设定老年人减贫有限目标的养老金制度,第二支柱是私人管理的强制储蓄制度,而第三支柱则是自愿储蓄),[①]对老年人的经济保障以及经济增长最为有利。第一支柱用于满足再分配,第二和第三支柱涉及储蓄,而全部三个支柱则共同承保许多老年风险。[②] 把保险功能扩展到所有三个支柱,有望为老年人提供更好的收入保障,并能提供比任一单一支柱更大的保险作用。巴尔德斯—普列托(Valdes-Prieto,2002a,2002b)考察了一种被定义为采取激励措施促进自愿养老储蓄的"三支柱"计划的潜在成本和效益。自愿储蓄具有比较容易获得和调动资金以及防止潜在的劳动力市场扭曲的好处。不过,自愿储蓄计划可能会产生社会成本,特别是在涉及财政激励的情况下。[③]

为了制定旨在改善老年人财务状况的措施,并在退休规划中注入自控元

---

① 关于国际养老保险制度的综述,请参阅 Holzmann(2012)以及 Pallares-Miralles 等(2012)。

② 三支柱养老保障制度的基本原理是,通过把再分配功能与储蓄功能分离开来,公共支柱养老保障以及为支撑公共养老保障所必需的工资税的规模可以保持相对较低的水平,从而避免许多与公共支柱养老保障占主导地位相关的阻碍经济增长的问题(World Bank,1994)。

③ 这样的激励措施包括免税和补贴,并可能要调整财政政策,从而有可能造成很高的社会成本,因为这样做会加剧扭曲。此外,与其他支柱的养老保障相比,这类计划的覆盖面和储蓄额可能有限或者较小,特别是穷人的覆盖面和储蓄额。巴尔德斯—普列托(Valdes-Prieto,2002a)认为,第三支柱的大部分财政激励措施都具有累退性,因为它们主要有利于收入较高的劳动者,而一般税率的提高在某种程度上会落在中低收入劳动者身上。关于社会保障激励措施和规定对劳动力市场扭曲的影响(如 Gruber and Wise,1998,2002;Coile,2015)、主观退休期望与未来工作行为强相关(如 Chan and Stevens,2004)、经济激励对退休选择的作用(如 Kingston,2000;Belloni and Alessie,2009)以及商业周期、金融市场和住房市场波动对退休选择的作用(如 Crawford and Lilien,1981;Coile and Levine,2010)等问题,现在已有大量的研究文献。

素,政策制定机构必须先了解世界范围内的养老储蓄模式。在下一节里,我们将采用二元衡量法来评估不同的养老储蓄模式,因为这种衡量方法能够反映个人在过去一年里是否为养老储蓄的信息。数据不足使我们无法测度养老储蓄总量。尽管如此,有关储蓄行为的研究取得了丰硕的成果,可为政策设计提供信息。

谁在为养老储蓄的数据

我们采用全球金融包容性指数数据库的数据,因为这些数据能告诉我们人们如何储蓄、借贷、付款和管理风险。[①] 全球金融包容性指数数据库是为不同经济体和不同时期的金融服务使用情况提供统一衡量标准的世界上最全面的数据库。该数据库与盖洛普公司(Gallup, Inc.)以及比尔和梅琳达·盖茨基金会(Bill and Melinda Gates Foundation)合作收集数据。该数据库在2014日历年度进行的调查是盖洛普世界民意调查(Gallup World Poll)的一个组成部分。自2005年以来,盖洛普世界民意调查采用随机抽取的国家层面代表性样本,对讲140多种语言的160多个经济体每个经济体约1 000人进行了跟踪调查。[②]

描述性统计分析

我们的分析采用了一个由143个经济体和147 692个18岁及以上个人构成的代表性样本。[③] 我们用二元变量(0/1)来表示回答"在过去的12个月里,你是否为养老存过钱?"的答案,图7.1是一张全球地图,[④]图7.2则表示全球按地区分类过去12个月为养老存过钱的成年人的百分比。全球成年人在过去12

[①] 可在http://datatopics.worldbank.org/financialinclusion&gt 上访问这个数据库。

[②] 这项调查是用每个被调查国家的主要语言进行的,目标人群是15岁及以上的全部平民非体制内人群(non-institutionalized population)。为确保每个经济体的样本具有全国代表性,调查者对数据进行了加权处理。最后的权重包括根据家庭规模修正不同选择概率的基本抽样权重以及修正抽样和未回答误差的分层后权重。分层后权重使用国家层面包括性别和年龄在内的人口统计数据,在数据可靠的情况下还使用了包括受教育程度或社会经济状况的人口统计数据。对中国和俄罗斯等大经济体,采用至少有4 000人的样本量。关于数据收集日期、样本量、被排除在调查外的人群和误差范围的详细国家信息可以在 http://go.worldbank.org/IGRTPI—IK660 上找到。

[③] 根据阿莱西等人(Alessie et al., 1999)的研究,我们没有把65岁以上的个体排除在样本之外。他们研究发现,除了达到高龄时,老年人几乎不会为养老处置资产。这几位作者发现,预防性储蓄、遗赠动机和健康是一些老年人没有按照生命周期模型预测的模式为养老处置资产的部分原因。

[④] 全部汇总统计数据都是国家加权平均数。

个月为养老存过钱的加权百分比是 24.8%，表现最好的国家依次是泰国（59.2%的成年人为养老储蓄）、德国（55.1%）、马来西亚（54.4%）、加拿大（51.7%）和新西兰（51.5%），而表现最差的国家分别是尼日尔（0.9%）、格鲁吉亚（0.9%）、也门共和国（1.4%）、约旦（1.9%）和亚美尼亚（2.1%）；表现最好的"地区"是经合组织高收入经济体国家，但一个值得注意的例外是身陷债务危机的希腊，9.3%的成年人为养老储蓄。

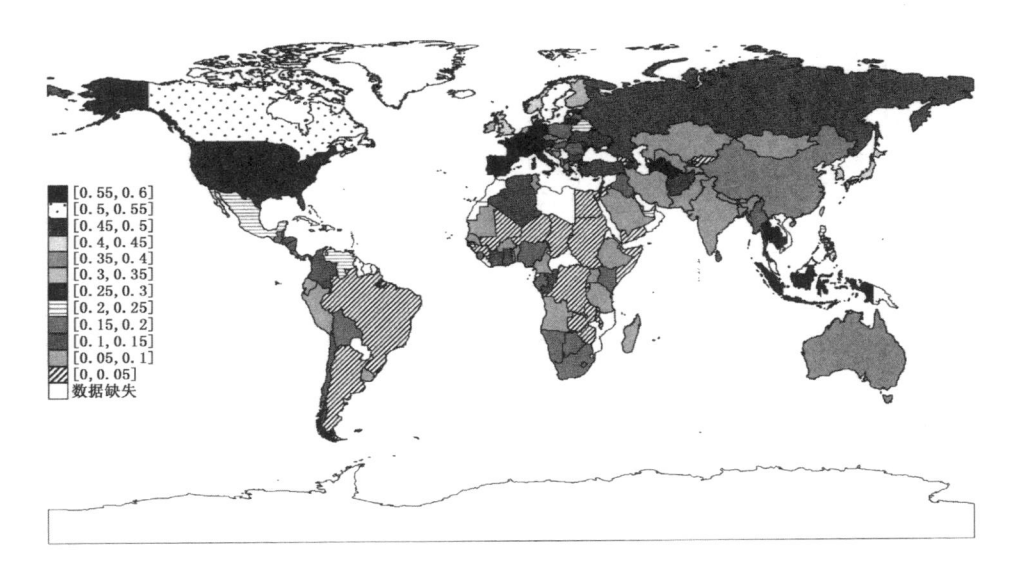

注：全球金融包容性指数数据库 2015 年的数据（加权百分比）

资料来源：转引自 Demirgüç-Kunt et al. (2015)。

图 7.1　世界各地在过去 12 个月里为养老存过钱的成年人分布

图 7.2 中的直方柱从在银行或正规金融机构有储蓄账户的角度对养老储蓄与金融包容性做了进一步的区分。我们可从图中看到，在全球有养老储蓄的成年人中，84.7%享受到了金融包容性，而剩下的 15.3%没有享受到金融包容性。欧洲中亚和中东北非等地区的低百分比可能表明，那里的成年人采用其他方式来为养老储蓄，如养牲畜、储存黄金和把钱塞在床垫下；但也可能表明，那里的成年人采用流动性较低的养老储蓄方式，如持有房产。

图 7.3 显示了世界不同地区成年人养老储蓄的性别分布状况。全球不同地区成年人养老储蓄的性别差幅是 2.5 个百分点（男女相差 10.5%），即全球 26%的成年男性为养老储蓄，而成年女性的这个百分比是 23.5%。值得注意的

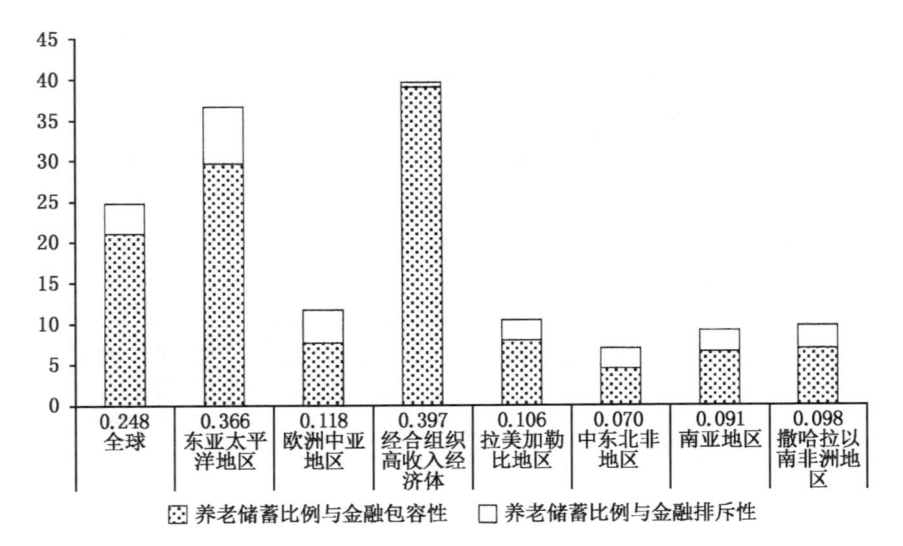

资料来源：本章作者根据 Demirgüç-Kunt et al.(2015)的文献改编。

图 7.2　按金融包容性和地区划分的全球成年人养老储蓄比例(%)

是，全球各地区成年人养老储蓄的性别差幅小于全球范围内有储蓄账户和无储蓄账户成年人的养老储蓄差幅(9个百分点)。这个差幅南亚地区最大，而拥有最高绝对养老储蓄率的东亚太平洋地区则最小。

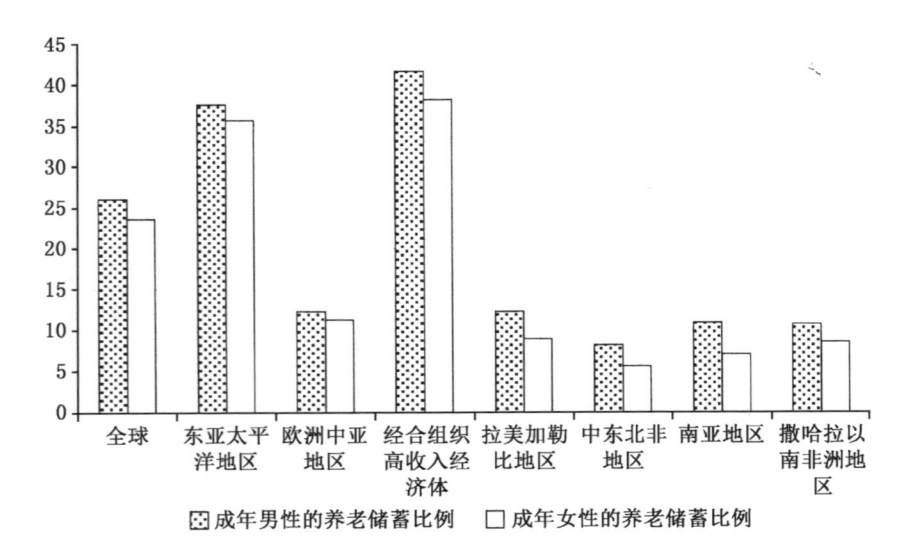

资料来源：本章作者根据 Demirgüç-Kunt et al.(2015)的文献改编。

图 7.3　按照性别和地区分类的世界不同地区养老储蓄比例(%)

图 7.4 表示受教育程度差别造成的成年人养老储蓄差别。与受过中等教育和受过初等(或更低)教育的成年人之间的养老储蓄差别相比,全球受过高等教育和受过中等教育的成年人之间的养老储蓄差别更大。具体来说,受过高等教育的成年人有 37.9% 为养老储蓄,而受过中等教育和初等或更低教育的成年人分别只有 27% 和 22.2% 为养老储蓄。与受过中等教育和受过初等或更低教育的成年人之间的养老储蓄差别相比,受过高等教育和受过中等教育成年人群体之间的养老储蓄差别似乎要大得多。这种情况在拉美加勒比地区非常明显,这个地区受过高等教育的成年人有 25.3% 为养老储蓄,而受过中等教育和初等或更低教育的成年人分别只有 11.9% 和 8.6% 为养老储蓄。

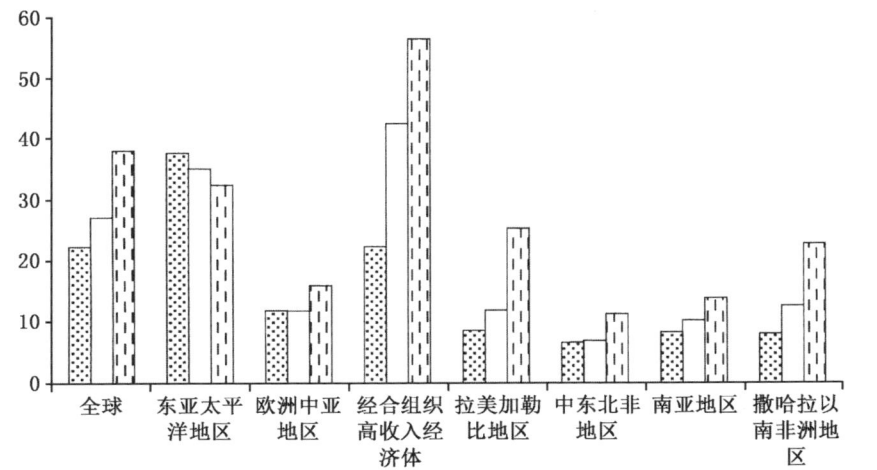

资料来源:本章作者根据 Demirgüç-Kunt et al. (2015) 的文献改编;http://www.worldbank.org/globalfindex。

图 7.4 全球按受教育程度和地区分类的成年人养老储蓄比例(%)

图 7.5 表示全球不同地区养老储蓄者的年龄分布。我们共区分了 18～25 岁、26～35 岁、36～45 岁、46～55 岁、56～65 岁和 65 岁以上 6 个年龄组。全球金融包容性指数数据库 2014 年的数据显示,18～25 岁的人群中有 10.1% 的人为养老储蓄,这个比例在 26～35 岁的人群中上升到了 21%,在 36～45 岁的人群中升到了 31%;在 46～55 岁的人群中有 33.3% 的人为养老存钱,在 56～65 岁的人群中有 36.9% 的人这样做;而 65 岁以上人群的这个比例与 56～65 岁的

人群相近,是 36.5%。在东亚太平洋地区,26～35 岁的人群中有 31.9%的人为养老储蓄,而 18～25 岁人群的这个比例几乎减半,只有 16.3%。相比之下,在欧洲中亚地区,18～25 岁人群的养老储蓄比例仅为 3.6%,而 26～35 岁和 36～45 岁人群的这个比例分别是 6.2%和 8.2%;45～55 岁人群的这个比例就跃升到了 14.2%,而 56～65 岁人群更有 20.8%的人在为养老储蓄。在欧洲中亚地区,65 岁以上人群的养老储蓄比例最高,达到了 29.6%,这表明养老储蓄到人生的晚年才达到顶峰。

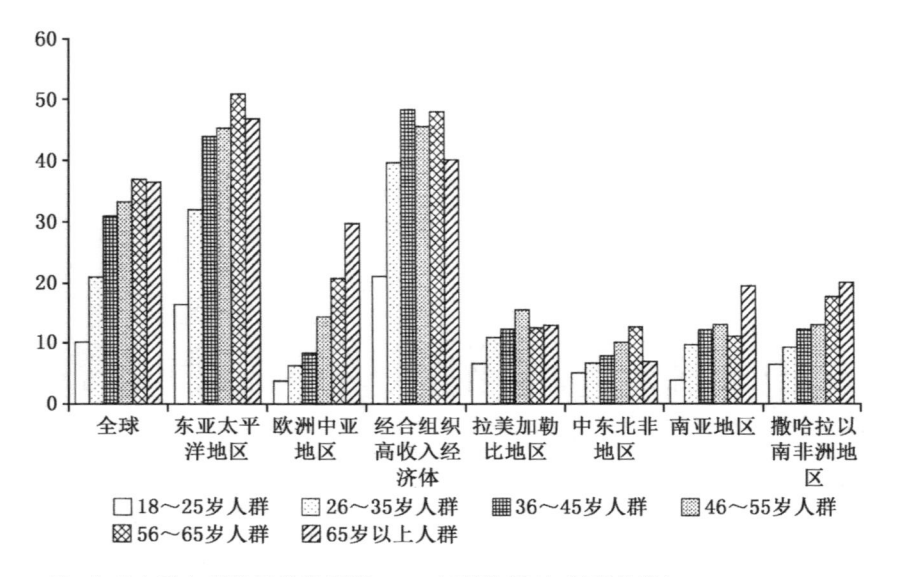

注:全球金融包容性指数数据库 2015 年的数据(加权平均数)。
资料来源:转引自 Demirgüç-Kunt et al. (2015)。

图 7.5　全球不同地区按年龄和地区分类的养老储蓄比例(%)

在经合组织高收入经济体国家,26～35 岁人群的养老储蓄急剧上升到了 39.6%,36～45 岁人群的这个比例上升到了 48.2%;46～55 岁和 56～65 岁人群的这个比例分别是 45.6%和 48%,而 65 岁以上人群的这个比例是 40%。值得注意的是,其他四个地区——拉美加勒比地区、中东北非地区、南亚地区和撒哈拉以南非洲地区——成年人的养老储蓄比例非常低,而且前几个年龄组的情况一直如此。

除了按年龄组区分的养老储蓄数据以外,我们也有全球和值得关注地区按婚姻和家庭状况分类的养老储蓄数据。图 7.6 表明,12.6%的单身人群为养老储蓄,已婚人群的这个比例是 29.3%,而丧偶/离异/分居人群的养老储蓄比例则是 25.9%。按家庭状况分类,有 15 岁以下子女要抚养的人群有 21.2%为养老储蓄,而无 15 岁以下要抚养子女的人群有 29.7%为养老储蓄。综观不同地区,已婚群体更有可能为养老储蓄。

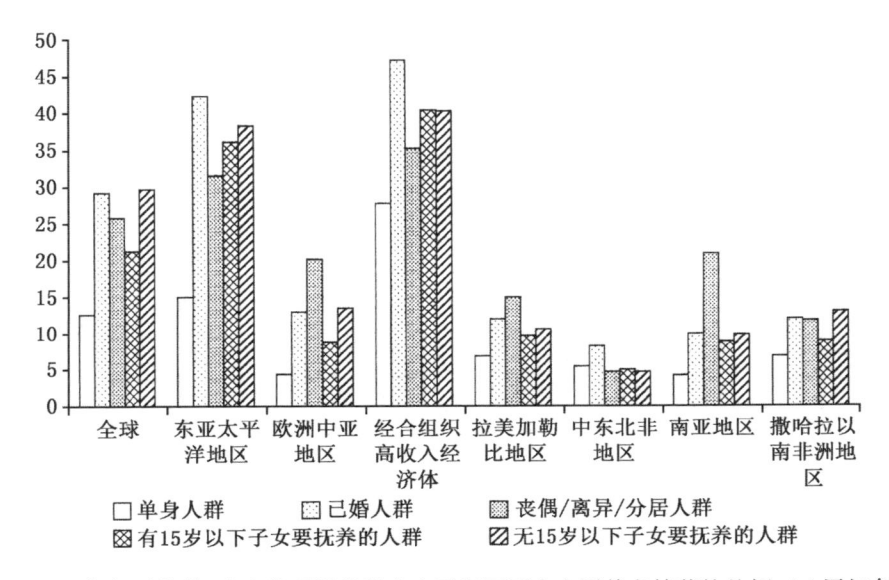

注:加权平均数;直方柱顶端的数字表示以下两个人群养老储蓄的差幅:(a)用红色表示的单身和已婚人群(用百分点和括号内的百分比表示);(b)有和无 15 岁以下子女要抚养的人群。

资料来源:根据 Demirgüç-Kunt et al. (2015)的文献改编。

图 7.6 全球不同地区按家庭状况和地区区分的成年人养老储蓄比例(%)

接下来,我们来考察按照家庭实际(除以购买力平价的)人均收入百分位数分的养老储蓄分布。图 7.7 中的百分位数是全球(而不是按国家计)的人均家庭收入分布。正如预期的那样,结果显示,不同收入百分位人群在为养老做好财务准备的程度上存在相当大的差别。从全球的角度看,收入最低的百分位人群中有 9.7%的成年人为养老储蓄,第二收入百分位人群中有 14.4%的成年人为养老储蓄,第三收入百分位人群中有 28.3%的成年人为养老储蓄,第四收入百分位人群中有 35.3%的成年人为养老储蓄,而收入最高的百分位人群中有 43.9%的成年人为养老储蓄。在经合组织高收入经济体国家,第四和第五收入百分位人群的养老储蓄比例非常高。东亚太平洋地区和欧洲中亚地区的数据也显示,除第三收入百分位人群外,其他收入百分位人群的养老储蓄比例要高得多。收入不平等似乎对拉丁美洲和中东北非地区成年人的养老储蓄影响最大,前四个收入百分位人群的养老储蓄比例处于低位,而最高收入百分位人群的养老储蓄比例很大。

注:全球金融包容性指数数据库 2015 年的数据(加权平均数)。
资料来源:转引自 Demirgüç-Kunt et al. (2015)。

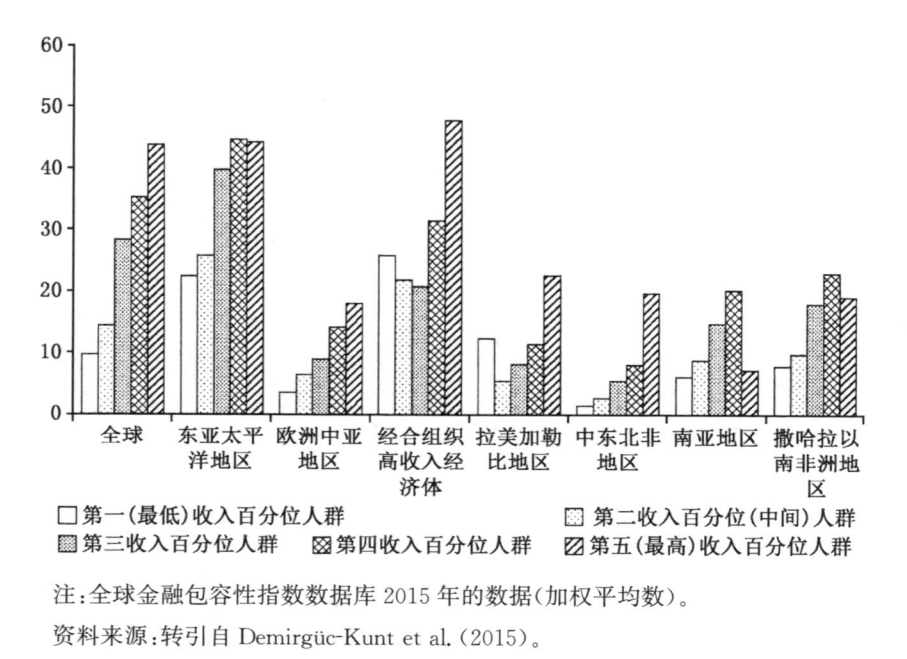

图 7.7 世界不同地区按家庭人均收入(全球排名)和地区划分的养老储蓄比例(%)

图 7.8a 给出了养老储蓄对人均国民生产总值对数的五阶局部多项式回归拟合线,①而图 7.8b 则给出了养老储蓄对(按国家计的)家庭人均收入百分位数的五阶局部多项式回归拟合线。图 7.8a 显示一种 400 美元与 3 000 美元的实际人均国内生产总值水平之间微凹的正相关关系,与这种关系相对应的分别是 8% 与 17% 之间的养老储蓄比例。然后,这种关系就变成了陡峭凸形,在人均实际国内生产总值约为 5 万美元时,养老储蓄比例就达到最大值,也就是略低于 50%;在人均实际国内生产总值超过 5 万美元时,养老储蓄就会下降到 40%~48% 之间。图 7.8b 描绘了各国养老储蓄与家庭人均收入不同百分位数之间差

---

① 人均实际国内生产总值和购买力平价(2011 年国际不变美元)的数据引自《世界发展指标》(World Development Indicators)。

不多是线性关系。在家庭人均收入最低的百分位上,养老储蓄比例约为13%;而在第97个百分位上,养老储蓄比例约为30%。

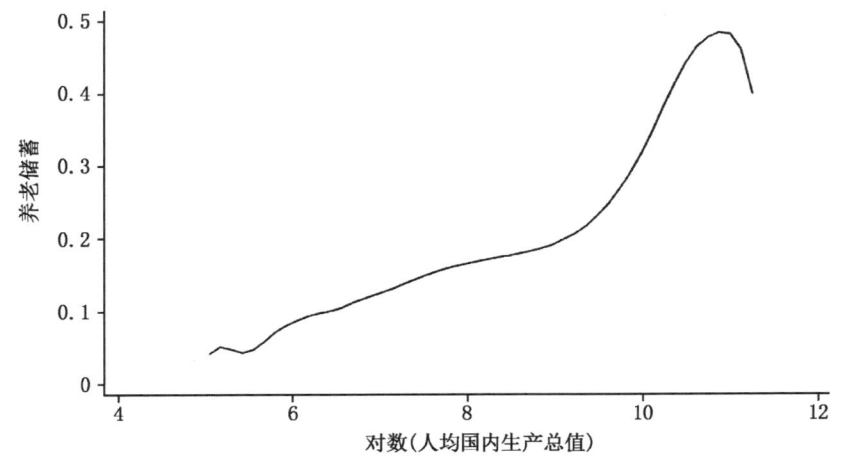

(a)养老储蓄对(人均国民生产总值)对数的五阶局部多项式回归拟合线

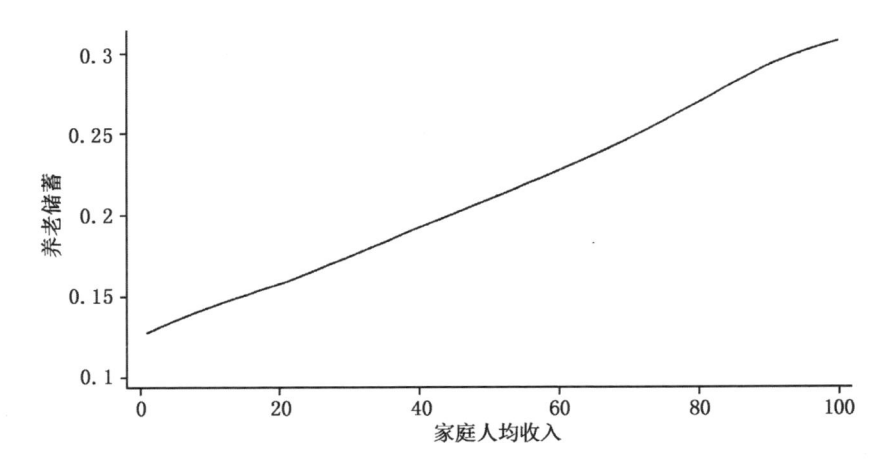

(b)养老储蓄对实际(除以购买力平价的)家庭均分收入百分位数(按国家排序)的局部(五阶)多项式回归拟合线

资料来源:本章作者根据全球金融包容性指数数据库2015年的数据绘制。

图7.8 按收入计算的养老储蓄概率

最后,在图7.9中,我们对自谋职业者、领薪雇员、失业者和非劳动力参与者等不同劳动力市场群体的养老储蓄比例进行了区分。成年就业者与成年非劳动力参与者之间的养老储蓄比例存在显著的差别。根据劳动力市场状况分类的全球养老储蓄加权数据显示,领薪雇员群体的养老储蓄比例为33%,自谋职业者群体的养老储蓄比例是27.4%,非劳动力市场参与者群体的养老储蓄比例为17.1%,而失业群体的养老储蓄比例则是11.2%。

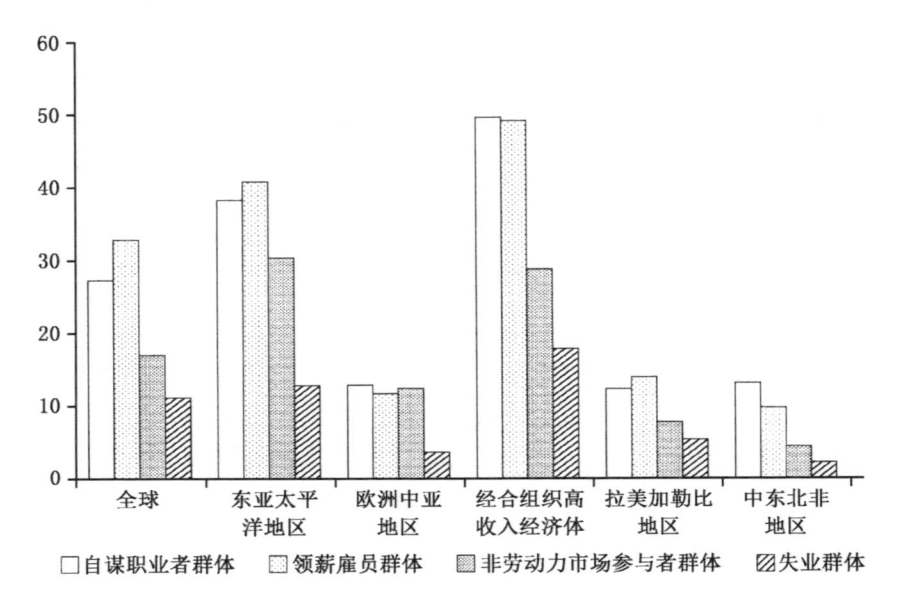

资料来源:本章作者采用全球金融包容性指数数据库2015年的数据(加权平均数)计算绘制。

图7.9 全球不同地区按劳动力市场状况和地区分类的养老储蓄比例(%)

实证分析

我们的实证分析分四个步骤进行。首先,我们拿养老储蓄概率对一组丰富的个体特征进行回归,其中包括性别、居住地(城市还是农村)、年龄(分五个年龄组)、受教育程度(分三个程度)、婚姻状况(分三种状况)、是否有经济不能独立的子女、人均家庭收入百分位(按国家区分)和劳动力市场状况(分四种状况)。我们在估计国家固定效应稳健性(分143组别)的同时还估计了主要特征的地区固定效应(分八组)。[1]

---

[1] 全球金融包容性指数数据库2014年共有146个国家的数据,利比里亚、巴拉圭和南苏丹由于缺少养老储蓄数据,因此没有包括在内。

其次，我们在扩展模型中引入了金融包容性(有银行或正规金融机构的账户)、有未还清的住房贷款(作为有房的代理变量)和国民一般储蓄(在过去一年里有过任何储蓄，作为形塑储蓄倾向的文化因素的代理变量)等控制变量。我们还根据金融包容性状况和储蓄类型(正规与非正规/半正规)估计了养老储蓄的多项式回归模型。[①]

再者，我们为把国家层面的宏观经济特征纳入模型而对模型进行了扩展。我们援引了《世界发展指标》(World Development Indicators, WDI)数据库的预期寿命对数、人均国内生产总值对数(2011年购买力平价的不变水平)、人均国内生产总值增长率、实际利率(如 James and Song, 2001)和《世界发展指标》法定权利指数等衡量指标。我们还在追加特征中引入了法律渊源(La Porta et al., 2008)、住房负担能力指数(作为可能有房的代理变量)[②]以及有明确存款保险的指标和安全保障/道德风险指数等控制变量(Demirgüç-Kunt et al., 2014)。

最后，除了个人和宏观经济变量外，我们还纳入了反映国家养老金制度特征的变量。我们利用两个数据来源的数据来反映养老金制度的特征。我们从"养老金观察/助老"(Pension Watch/HelpAge)社会养老金数据库[③]转引了(用国际购买力平价表示的)养老福利金、养老福利金占人均国内生产总值的比例、养老福利金占每天 1.25 美元贫困线划分标准的比例、养老金计划覆盖 60 岁以上人口的比例、养老金支出成本占国内生产总值的比例以及养老福利金领取年龄对数等指标的数据，并且援引了世界银行养老金数据库[④]包括养老保险缴费率和雇主/雇员缴费分摊比例在内的其他指标的数据。

[①] 在发展中国家，大约只有 4% 的成年人(1.6 亿人)没有银行账户，但通过储蓄俱乐部或家庭外个人进行储蓄，而在撒哈拉以南非洲地区，这个比例三倍于 4%。平均而言，在这个地区的经济体中，13% 的成年人没有银行储蓄账户，只采用半正规的方式为养老储蓄(Demirgüç-Kunt et al., 2015)。

[②] 住房负担能力指数引自全球最大的消费价格数据库 Numbeo(2015)。关于数据及其说明，请浏览网页：http://www.numbeo.com/property-investment/rankings_by_country Jsp? title=2014。

[③] 关于数据和详细说明，请浏览网页：http://:/www.pension-watch.net/pensions/about-social-pensions/about-social-pensions/social-pensionsclatabase。

[④] 数据由帕里亚雷斯—米拉莱斯等人(Pallares-Miralles et al., 2012)描述，可浏览网页：http://www.worldbank.org/en/topic/socialprotectionlabor/brief/pensions-data。

结果介绍与分析

我们对为养老储蓄的成年人和那些没有为养老储蓄的成年人[①]进行了比较,结果显示,为养老储蓄的成年人更可能是居住在城市地区、受过高等或中等教育、老年人群中的男性,而不太可能是年龄在18～35岁之间、单身或未婚、有15岁以下的子女要抚养、受过初等或更低教育的成年人。养老储蓄者收入较高,更多是领薪雇员,而较少是自谋职业者、失业者或非劳动力参与者。养老储蓄者也更有可能是金融包容性的受益者,并有未还清的住房抵押贷款。他们往往生活在一般储蓄率较高的国家和人均国内生产总值较高的国家,或者生活在国内生产总值增长率较低、法定权利指数较高和实际利率较低的国家。在法国法渊源的国家,为养老储蓄的人较少;而在英国或德国法渊源的国家,为养老储蓄的人较多。实施某种形式明确存款保险计划的国家的居民更有可能为养老储蓄,就如同那些生活在安全保障/道德风险指数较高的国家的居民一样。为养老储蓄的人也出现在预期寿命较长、领取养老福利金的规定年龄较大、养老福利金较高、养老保险覆盖面较广、养老金支出成本较高的国家。最后,他们更可能是养老保险缴费率高但雇主/雇员缴费分摊比例较低的国家的居民。

表7.1列示了全球不同地区养老储蓄概率决定因素的估计数,解释变量包含个体特征。所有的回归都显示了概率回归的边际效应,括号内是聚集在国家层面的稳健标准差。估计数采用国别权重进行加权。根据模型的预测概率和全部控制变量(第4栏)的具体定义进行回归得到的结果显示,养老储蓄的性别差是3.7%。在考虑了第5栏中的国家固定效应以后,养老储蓄的性别差基本没变。城乡之间的养老储蓄差别在所有特征中都不显著。回归结果还显示,受教育程度会导致养老储蓄出现显著的差异。与受过初等或更低教育的个体相比,受过高等教育的个体为养老储蓄的可能性要高出18.5%。此外,与受过初等或更低教育的个体相比,受过中等教育的个体为养老储蓄的可能性大约高出11.1%。

---

① 本章附录中的表7.A1和7.A2对世界不同地区养老储蓄分析中使用的主要变量进行了描述性统计。第1栏给出了各国汇总样本(147 692人)的加权平均数,而第2栏和第3栏分别给出了为养老储蓄的个体(占加权样本的24.8%,或30 395人)和没有为养老储蓄的个体(占加权样本的75.2%,或117 297人)各指标的平均数。第4栏还给出了检验这两个样本各指标均值差的平均差及其显著水平。加权平均差使用统计软件Stata中的parrmby和metaparm指令求得的不等方差计算,并对加权均值差进行了t检验。

表 7.1 同样显示了由年龄造成的巨大养老储蓄差别。例如,在第 4 栏中,与 18～25 岁的参照组相比,65 岁以上的群体为养老储蓄的可能性要高出 85.1%,56～65 岁人群高出 77.2%,46～55 岁人群高出 53.4%,36～45 岁人群高出 41.8%,而 26～35 岁人群则高出 21.8%;已婚人士为养老储蓄的可能性大约高出 13.7%,而有 15 岁以下子女要抚养的人群为养老储蓄的可能性仅略高于 18～25 岁的参照组(高出 4.8%)。此外,与(按国家分的)第三收入百分位上的个体相比,最高(第五)收入百分位上的个体为养老储蓄的可能性要高出 20.1%,第四收入百分位上的个体为养老储蓄的可能性要高出 9.5%,而第二收入百分位和最低(第一)收入百分位上的个体存钱养老的可能性则分别要低 14.8% 和 25.9%。[1]

表 7.1　　养老储蓄和金融包容性概率回归

	(1)	(2)	(3)	(4)	(5)
男性	0.009***	0.007**	0.006*	0.007**	0.007**
	[0.003]	[0.003]	[0.003]	[0.003]	[0.003]
居住在城市地区	0.001	−0.004	−0.004	−0.003	−0.005
	[0.007]	[0.006]	[0.006]	[0.005]	[0.004]
受过高等教育	0.046***	0.037***	0.035***	0.035***	0.039***
	[0.006]	[0.006]	[0.006]	[0.005]	[0.005]
受过中等教育	0.054***	0.032***	0.030***	0.021***	0.026***
	[0.008]	[0.006]	[0.006]	[0.005]	[0.005]
受过初等或更低水平的教育	[Ref.]	[Ref.]	[Ref.]	[Ref.]	[Ref.]
65 岁以上	0.179***	0.160***	0.162***	0.161***	0.159***
	[0.013]	[0.013]	[0.013]	[0.012]	[0.012]
56～65 岁	0.164***	0.149***	0.147***	0.146***	0.141
	[0.011]	[0.011]	[0.011]	[0.011]	[0.011]
46～55 岁	0.118***	0.105***	0.101***	0.101***	0.097***
	[0.010]	[0.010]	[0.010]	[0.009]	[0.009]
36～45 岁	0.098***	0.084***	0.079***	0.079***	0.075***
	[0.010]	[0.010]	[0.010]	[0.009]	[0.009]

[1] 值得注意的是,当使用家庭均分总收入百分位数,而不是按国家计算的百分位数(结果备索)时,收入变量的影响并没有太大的差别。

续表

	(1)	(2)	(3)	(4)	(5)
26～35岁	0.052***	0.040***	0.037***	0.038***	0.036***
	[0.007]	[0.007]	[0.007]	[0.007]	[0.007]
18～25岁	[Ref.]	[Ref.]	[Ref.]	[Ref.]	[Ref.]
已婚	0.031***	0.028***	0.023***	0.026***	0.029***
	[0.006]	[0.005]	[0.005]	[0.005]	[0.004]
丧偶/离异/分居	0.004	0.004	0.002	0.01	0.016***
	[0.008]	[0.007]	[0.007]	[0.006]	[0.006]
单身	[Ref.]	[Ref.]	[Ref.]	[Re[]	[Ref.]
有15岁以下的子女要抚养	−0.001	0.006	0.003	0.009*	0.009**
	[0.006]	[0.006]	[0.006]	[0.005]	[0.005]
按国家分列的家庭人均收入:	0.040***	0.034***	0.033***	0.038***	0.036***
	[0.006]	[0.006]	[0.005]	[0.005]	[0.005]
第四百分位	0.019***	0.016***	0.016***	0.018***	0.017***
	[0.005]	[0.005]	[0.005]	[0.005]	[0.005]
第三百分位	[Ref.]	[Ref.]	[Ref.]	[Ref.]	[Ref.]
第二百分位	−0.030***	−0.028***	−0.027***	−0.028***	−0.027***
	[0.005]	[0.005]	[0.005]	[0.005]	[0.005]
最低百分位	−0.051***	−0.048***	−0.046***	−0.049***	−0.046***
	[0.007]	[0.007]	[0.007]	[0.007]	[0.007]
自谋职业者	0.053***	0.048***	0.046***	0.046***	0.050***
	[0.007]	[0.007]	[0.007]	[0.006)	[0.005]
领薪雇员	0.079***	0.061***	0.057***	0.058***	0.059***
	[0.010]	[0.010]	[0.009]	[0.007]	[0.006]
失业者	−0.024**	−0.026**	−0.025**	−0.017*	−0.016**
	[0.011]	[0.011]	[0.011]	[0.009]	[0.008]
非劳动力参与者	[Ref.]	[Ref.]	[Ref,]	[Ref.]	[Ref.]
有某种储蓄账户	—	0.120***	0.115***	0.101***	0.108***
		[0.009]	[0.009]	[0.007]	[0.006]
有未还清的住房抵押贷款	—	—	0.052***	0.043***	0.045***
			[0.007]	[0.006]	[0.005]

续表

	(1)	(2)	(3)	(4)	(5)
去年存过钱	—	—	—	0.463***	—
[国家平均数]				[0.040]	
国家有限元	—	—	—	—	+
预测概率	0.189 1	0.189 2	0.189 2	0.189 1	0.189 1
观察值数量	147 690	147 690	147 690	147 690	147 690
伪 R^2	0.150	0.168	0.171	0.195	0.214
对数似然值	−61 069.5	−59 769.9	−59 562.2	−57 870.6	−56 473.4
似然比 χ^2	1 922.4***	1 948.3***	2 116.5***	3 593.3***	5 195.2***

注：* 表示 $P<0.10$；** 表示 $P<0.05$；*** 表示 $P<0.01$。

资料来源：本章作者根据全球金融包容性指数数据库2015年的数据（加权平均数）计算编制。

按职业群体分，与非劳动力参与者群体相比，自谋职业者群体成为养老储蓄者的可能性要高出24.3%，领薪雇员群体成为养老储蓄者的可能性大约高出30.7%，而失业群体成为养老储蓄者的可能性大约要低9%。在全球范围内，金融包容性受益群体中大约有53.4%的个体更有可能成为养老储蓄者，而抵押贷款尚未还清者群体中大约有22.9%的个体更有可能成为养老储蓄者。在我们的全球样本中，我们把买房作为一种养老保障的替代手段，因此，有买房抵押贷款没有还清，似乎并不会降低为养老储蓄的可能性。[①]

国家特有的一般储蓄率对个人为养老储蓄的概率产生很大的影响。这个结论支持了其他研究者关于文化因素影响个体对未来事件注意力的观点（Chen，2013）。如果在第5栏中排除65岁以上的人群，或者把国家特有的固定效应（不包括国家特有的一般储蓄率变量）考虑进去，那么，估计值就没有实质性的差别。

表7.2列示了根据金融包容性的个人受益状态以及储蓄（正规和非正规）类型区分的养老储蓄多项式概率模型的估计值。A1~A3各栏中的结果报告了以下个体边际效应：(1)为养老储蓄，并在银行或其他金融机构开立账户；(2)为养老储蓄，但在正规金融机构没有账户（即以其他方式储蓄，如储存黄金、其他资产，或者把它们放在家里）；(3)不为养老储蓄。结果证实，男性总体上更有可

---

① 事实上，有为数有限的经验研究（如Ermisch and Jenkins，1999）支持退休后调小住房。

能为养老储蓄;在金融包容性受益群体和遭遇金融排斥的群体中,男性分别比女性多4.4%(和6.6%)的可能性为养老储蓄。受过教育和居住在城市的个体都更有可能得益于金融包容性,并为养老储蓄。老年人和已婚人士也更有可能为养老储蓄,并得益于金融包容性,而遭遇金融排斥的个体只有在45岁左右才会为养老储蓄。B1~B3各栏分别报告了以下个体的估计值:(1)为养老储蓄,并且在过去12个月里在正规金融机构账户为养老存过钱;(2)为养老储蓄,并且在过去12个月里,通过非正规或半正规的方式,通过非正规的储蓄俱乐部或家庭以外的人(没有在正规金融机构存钱)为养老存过钱;(3)没有为养老储蓄。结果显示,男性要比女性高4.8%的可能性采用正规方式为养老储蓄;丧偶/离异/分居以及有15岁以下子女要抚养的个体分别有4.2%和3.2%的可能性采用非正规和半正规的方式为养老储蓄。收入信息缺失的个体是最有可能进行非正规养老储蓄的收入群体,他们不太可能在正规的金融机构开立账户进行养老储蓄。

表7.2　　　　　　　　养老储蓄和金融包容多项式概率回归

	(A)养老储蓄与金融包容性			(B)养老储蓄与储蓄类型		
	(1)	(2)	(3)	(1)	(2)	(3)
	金融包容性	金融排斥性	无养老储蓄	正规养老储蓄	非正规养老储蓄	无养老储蓄
男性	0.007***	0.002*	−0.009***	0.005***	−0.001	−0.004**
	[0.002]	[0.001]	[0.002]	[0.002]	[0.001]	[0.002]
居住在城市地区	0.007***	−0.005***	−0.001	0.04**	0.002**	−0.006***
	[0.002]	[0.001]	[0.002]	[0.002]	[0.001]	[0.002]
受过高等教育	0.045***	−0.009***	−0 037***	0.040***	0.003**	−0.043***
	[0.003]	[0.002]	[0.003]	[0.002]	[0.001]	[0.003]
受过中等教育	0.070***	−0.010***	−0.060***	0.050***	0.008***	−0.060***
	[0.003]	[0.001]	[0.003]	[0.003]	[0.001]	[0.003]
年龄:65岁以上	0.155***	0.028***	−0.182***	0.111***	0.018***	−0.129***
	[0.005]	[0.002]	[0.005]	[0.004]	[0.002]	[0.005]
年龄:56~65岁	0.149***	0.018***	−0.166***	0.112***	0.014***	−0.127***
	[0.004]	[0.002]	[0.005]	[0.004]	[0.002]	[0.004]
年龄:46~55岁	0.111***	0.008***	−0.119***	0.087***	0.011***	−0.098***
	[0.004]	[0.002]	[0.005]	[0.004]	[0.002]	[0.004]

续表

	(A)养老储蓄与金融包容性			(B)养老储蓄与储蓄类型		
	(1)	(2)	(3)	(1)	(2)	(3)
	金融包容性	金融排斥性	无养老储蓄	正规养老储蓄	非正规养老储蓄	无养老储蓄
年龄:36～45岁	0.099***	0.001	−0.101***	0.077***	0.009***	−0.087***
	[0.004]	[0.002]	[0.004]	[0.004]	[0.002]	[0.004]
年龄:26～35岁	0.057***	−0.002	−0.055***	0.043***	0.006***	−0.048***
	[0.004]	[0.002]	[0.004]	[0.004]	[0.002]	[0.004]
已婚	0.028***	0.003	−0.031***	0.022***	0.004***	−0.026***
	[0.003]	[0.002]	[0.003]	[0.003]	[0.001]	[0.003]
丧偶/离异/分居	−0.001	0.005**	−0.003	−0.007**	0.004**	0.003
	[0.004]	[0.002]	[0.005]	[0.004]	[0.002]	[0.004]
有15岁以下子女要抚养	−0.007***	0.004***	0.003	0.001	0.003***	−0.04*
	[0.003]	[0.001]	[0.003]	[0.002]	[0.001]	[0.003]
家庭人均收入	0.035***	0.003	−0.038***	0.026***	0.009***	−0.034***
按国家分列的收入百分位:	[0.003]	[0.002]	[0.004]	[0.003]	[0.001]	[0.003]
第四百分位	0.014***	0.004***	−0.018***	0.012***	0.006***	−0.017***
	[0.003]	[0.002]	[0.004]	[0.003]	[0.001]	[0.003]
第二百分位	−0.029***	−0.001	0.030***	−0.024***	−0.005***	0.029***
	[0.003]	[0.002]	[0.004]	[0.003]	[0.002]	[0.003]
最低百分位	−0.048***	−0.004**	0.051***	−0.045***	−0.009***	0.054***
	[0.004]	[0.002]	[0.004]	[0.004]	[0.003]	[0.004]
自谋职业者	0.043***	0.009***	−0.052***	0.031	***	0.013***
	[0.003]	[0.001]	[0.003]	[0.003]	[0.001]	[0.003]
领薪雇员	0.077***	−0.001	−0.076***	0.053***	0.017***	−0.069***
	[0.003]	[0.001]	[0.003]	[0.002]	[0.001]	[0.003]
失业者	−0.024***	−0.001	0.025***	−0.031***	−0.001	0.032***
	[0.006]	[0.003]	[0.006]	[0.005]	[0.002]	[0.005]
预测概率	0.1587	0.0303	0.8110	0.1042	0.0942	0.8016
观察值数量	147 690			137 511		
F统计量	−70 074.8			−49 240.6		

续表

	(A)养老储蓄与金融包容性			(B)养老储蓄与储蓄类型		
	(1)	(2)	(3)	(1)	(2)	(3)
	金融包容性	金融排斥性	无养老储蓄	正规养老储蓄	非正规养老储蓄	无养老储蓄
似然比χ^2	17 431.1***			14,947.7***		

注:本表给出了通过多项概率回归得到的边际效应数据,括号中是稳健标准差。稳健标准差聚集在国家层面。星号表示以下不同的显著水平:* 表示 $P<0.10$;** 表示 $P<0.05$;*** 表示 $P<0.01$。

资料来源:本章作者根据全球金融包容性指数数据库 2015 年的数据(加权平均数)计算编制。

表 7.3 报告了采用纳入国家宏观经济变量的模型回归得到的估计值。在这张表中,我们可以看到,与生活在法国法渊源国家的人相比,生活在英国法渊源国家的人存钱养老的可能性要高出 18.5%～29.6%。与生活在法国或德国法渊源地区的人相比,生活在有其他法律渊源国家(斯堪的纳维亚或社会主义国家)的人更有可能为养老储蓄,这些国家法律渊源影响的力度与英国法渊源相似。人均国内生产总值与为养老储蓄的概率正相关,人均国内生产总值每增加一个标准差,为养老储蓄的概率就提高约 20%。所有其他纳入模型的宏观经济变量对全部样本国家的养老储蓄只产生微不足道的影响,但安全保障/道德风险指数是一个值得注意的例外,因为这个变量与养老储蓄的概率正相关:这个指标增加一个标准差,就能使养老储蓄的概率提高 4.6%。我们把这最后的结果解释为支持这样一种观点:能提升金融体系可信度的制度环境也会激励养老储蓄。

我们在把国家养老金制度特征纳入模型(见表 7.4)以后发现,比较慷慨的养老金计划通常与养老储蓄呈不显著(且负)的相关关系。不过,较高的缴费率和雇主/雇员分摊比例两者都与养老储蓄概率显著正相关。这后一个结果比较直观,但我们对前者的解释与波特巴等人(Poterba et al.,1995)一致,即在常规的养老储蓄和其他形式的传统理财储蓄之间几乎没有替代性。

表 7.3　养老储蓄与国家宏观经济特征的概率回归

	(1)	(2)	(3)	(4)	(5)	(6)	(7)	(8)
预期寿命对数	−0.002	−0.071	−0.004	−0.015	0.003	0.009	0.011	0.040
德国法渊源国家的居民	0.004 [0.019]	0.003 [0.018]	0.003 [0.018]	0.001 [0.018]	−0.001 [0.018]	−0.002 [0.019]	−0.001 [0.020]	−0.003 [0.018]
其他法律渊源国家的居民	0.041** [0.020]	0.051*** [0.017]	0.049*** [0.017]	0.046*** [0.017]	0.045*** [0.017]	0.045*** [0.017]	0.045*** [0.017]	0.046*** [0.016]
(人均国内生产总值)对数	—	0.039*** [0.010]	0.039*** [0.009]	0.041*** [0.009]	0.043*** [0.010]	0.041*** [0.011]	0.041*** [0.011]	0.040*** [0.010]
——2011年不变美元的购买力平价								
人均国内生产总值增长率	—	—	0.005 [0.003]	0.005 [0.003]	0.004 [0.003]	0.004 [0.003]	0.004 [0.003]	0.005 [0.003]
《世界发展指标》法定权利指数	—	—	—	0.002 [0.002]	0.002 [0.002]	0.002 [0.002]	0.002 [0.002]	0.001 [0.002]
住房承担能力指数	—	—	—	—	−0.002 [0.009]	−0.002 [0.009]	−0.002 [0.009]	−0.004 [0.009]
住房承担能力指数数据缺失	—	—	—	—	0.014 [0.027]	0.015 [0.026]	0.015 [0.028]	0.01 [0.026]
实际利率	—	—	—	—	—	−0.001 [0.001]	−0.001 [0.001]	−0.001 [0.001]
存款保险哑变量	—	—	—	—	—	—	0.003 [0.018]	—
道德风险指数	—	—	—	—	—	—	—	0.008** [0.004]
有某种储蓄账户	0.110*** [0.009]	0.099*** [0.009]	0.101*** [0.008]	0.101*** [0.008]	0.102*** [0.009]	0.102*** [0.009]	0.102*** [0.009]	0.100*** [0.009]
有未还清的住房抵押贷款	0.049*** [0.007]	0.046*** [0.007]	0.046*** [0.007]	0.045*** [0.007]	0.045*** [0.007]	0.046*** [0.007]	0.046*** [0.007]	0.046*** [0.007]
个体特征	+	+	+	+	+	+	+	+
预测概率	0.1892	0.1896	0.1895	0.1895	0.1895	0.1895	0.1895	0.1732
观察值数量	147 690	141 655	141 655	141 655	141 655	141 655	141 655	85 817
伪R^2	0.175	0.180	0.180	0.181	0.181	0.181	0.181	0.192
对数似然值	−59 296.8	−56 621.9	−56 558.2	−56 547.0	−56 534.5	−56 530.1	−56 529.5	−39 463.8

注：* 表示 $P<0.10$；** 表示 $P<0.05$；*** 表示 $P<0.01$。

资料来源：本章作者根据全球金融包容性指数数据库2015年的数据（加权平均数）计算编制。

表 7.4　养老储蓄与国家养老金制度特征：概率回归

	(1)	(2)	(3)	(4)	(5)	(6)	(7)	(8)
用购买力平价表示的养老福利金对数	−0.004 [0.003]	—	—	—	—	—	—	—
养老福利金占人均国内生产总值的百分比	—	−0.095 [0.086]	—	—	—	—	—	—
养老福利金占每天1.25美元贫困线标准的百分比	—	—	−0.001 [0.001]	—	—	—	—	—
养老金支出成本占国内生产总值的百分比	—	—	—	−0.046*** [0.011]	—	—	—	—
参加养老保险的60岁以上老人占总人口的百分比	—	—	—	−0.003 [0.006]	−0.005 [0.003]	−0.009 [0.004]	−0.002	−0.009**
养老福利金领取年龄对数	—	—	—	—	0.029 [0.023]	0.027 [0.023]	0.043* [0.025]	0.052** [0.024]
养老保险缴费率	—	—	—	—	—	0.004 [0.011]	—	—
雇主/雇员缴费分摊比例	—	—	—	—	—	—	0.172** [0.067]	0.006*** [0.002]
有某种储蓄账户	0.102*** [0.009]	0.107*** [0.009]	0.102*** [0.009]	0.130*** [0.011]	0.102*** [0.009]	0.102*** [0.009]	0.111*** [0.009]	0.116*** [0.008]
有未还清的住房抵押贷款	0.048*** [0.007]	0.049*** [0.006]	0.049*** [0.007]	0.061*** [0.009]	0.048*** [0.007]	0.048*** [0.007]	0.050*** [0.007]	0.045*** [0.006]
预测概率	0.1873	0.1874	0.1873	0.2501	0.1874	0.1874	0.1898	0.1879
观察值数量	133 146	133 146	133 146	57 345	133 146	133 146	106 929	133 146
伪R^2	0.187	0.185	0.187	0.173	0.188	0.188	0.192	0.186
对数似然值	−52 368.4	−52 533.6	−52 381.0	−26 895.4	−52 348.3	−52 345.7	−41 992.8	−54 728.1

注：* 表示 $P<0.10$；** 表示 $P<0.05$；*** 表示 $P<0.01$。

资料来源：本章作者根据全球金融包容性指数数据库2015年的数据（加权平均数）计算编制。

由于按地区分列的主要变量的影响可能因国家组别而异，表 7.5 按地区列出了全球不同地区养老储蓄决定因素的估计值。在这张表中，我们看到，在经合组织高收入经济体、拉美加勒比地区和南亚地区，预期寿命延长与养老储蓄概率正相关，但预期寿命延长在经合组织高收入经济体的影响力要大得多，而在东亚太平洋地区、欧洲中亚地区和中东北非地区则为负。在中东北非地区和撒哈拉以南非洲地区，人均国内生产总值增加和人均国内生产总值增长率上涨两者都与养老储蓄正相关，但在经合组织高收入经济体对养老储蓄没有显著的影响（在其他地区既有正影响，又有负影响）。在东亚太平洋地区、经合组织高收入经济体、拉美加勒比地区以及中东北非地区法定权利指数较高的国家，为养老储蓄的可能性较大。在撒哈拉以南非洲地区，实际利率上涨与养老储蓄正相关，但在欧洲中亚地区却负相关。在大多数地区，住房负担能力指数越高，养老储蓄就越多，但撒哈拉以南非洲地区除外，那里没有这种相关性。

我们还按地区考察了全球不同地区其他与养老储蓄相关的因素。我们的结果（见本章附录表 7.A3）表明，存款保险计划在欧洲中亚地区与养老储蓄正相关，而在中东北非地区却与养老储蓄负相关。此外，在中东北非地区国家，养老福利金增加只与养老储蓄呈负相关关系。养老保险缴费率在东亚太平洋地区与养老储蓄只有负相关性。总之，我们的结果在很大程度上证实了那种认为常规养老储蓄和其他形式的传统理财储蓄之间只有有限替代性的观点。

结束语

全球性养老危机已经近在眼前，各政策制定机构正争相更好地了解成年人如何在经济上为养老做准备。本章利用大量的新微观数据，率先对全球和国家组别的养老储蓄模式进行了详细的考察。我们发现，全球有 24.8% 的成年人在为养老储蓄，但地区差异很大：经合组织高收入经济体和东亚太平洋地区的这个比例超过 35%，欧洲中亚地区的这个比例是 11.8%，拉美加勒比地区 10.6%，撒哈拉以南非洲、南亚和中东北非地区低于 10%。我们还发现，养老储蓄的性别差总的来说比较小，但在发展中国家比较大。大多数地区呈现出受过高等教育的成年人养老储蓄较多的格局，但东亚太平洋地区是唯一的例外。在除南亚以外的所有其他地区，就业成年人比失业成年人更有可能为养老储蓄。

表 7.5　养老储蓄与地区差别:概率回归

	东亚太平洋 (1)	欧洲中亚 (2)	经合组织高收入经济体 (3)	拉美加勒比 (4)	中东北非 (5)	南亚 (6)	撒哈拉以南非洲 (7)
预期寿命对数	-3.724*** [0.208]	-1.739*** [0.359]	1.987*** [0.750]	0.862*** [0.328]	-2.489*** [0.112]	0.268** [0.118]	0.038 [0.061]
英国法渊源	-0.127*** [0.021]	—	-0.076 [0.057]	-0.153*** [0.047]	—	-0.128*** [0.011]	0.015 [0.013]
德国法渊源	0.621*** [0.034]	-0.088*** [0.021]	0.066 [0.043]	—	—	—	—
其他法律渊源	—	-0.052 [0.045]	0.016 [0.038]	—	-0.062*** [0.013]	0.007 [0.011]	0.027*** [0.005]
(人均国内生产总值对数——2011年不变美元的购买力平价	-0.277*** [0.013]	0.046** [0.020]	0.042 [0.060]	-0.038* [0.021]	1.142*** [0.035]	-0.001 [0.012]	0.008*** [0.001]
人均国内生产总值增长率	-0.143*** [0.009]	-0.012** [0.006]	0.008 [0.014]	-0.002 [0.002]	0.021*** [0.006]	-0.022*** [0.003]	-0.002 [0.003]
《世界发展指标》法定权利指数	0.005*** [0.002]	-0.007** [0.003]	0.018*** [0.007]	0.013*** [0.002]	0.141*** [0.018]	-0.011*** [0.003]	0.001 [0.001]
实际利率	—	-0.009*** [0.002]	0.001 [0.009]	-0.001 [0.001]	-0.028*** [0.001]	—	0.001 [0.001]
住房承担能力指数	0.583*** [0.017]	0.133*** [0.036]	0.039* [0.020]	0.113*** [0.014]	0.619*** [0.088]	0.037*** [0.010]	0.001 [0.010]
有未还清的住房抵押贷款	0.035*** [0.012]	0.016 [0.012]	0.052*** [0.012]	0.033*** [0.012]	0.022 [0.014]	0.058 [0.038]	0.054*** [0.008]
有某种储蓄账户	0.138*** [0.023]	0.056*** [0.007]	0.101*** [0.021]	0.115*** [0.008]	0.051*** [0.006]	0.087*** [0.015]	0.096*** [0.006]

续表

	东亚太平洋(1)	欧洲中亚(2)	经合组织高收入经济体(3)	拉美加勒比(4)	中东北非(5)	南亚(6)	撒哈拉以南非洲(7)
男性	-0.003 [0.010]	0.006 [0.004]	0.008 [0.007]	0.026*** [0.007]	-0.006 [0.011]	-0.007 [0.016]	0.006 [0.004]
住在城市地区	-0.040** [0.020]	0.004 [0.007]	-0.029*** [0.010]	-0.002 [0.009]	0.005 [0.007]	0.011 [0.016]	0.013** [0.006]
受过高等教育	0.014 [0.042]	0.032*** [0.012]	0.058*** [0.009]	0.032*** [0.012]	0.028*** [0.006]	0.013 [0.012]	0.033*** [0.009]
受过中等教育	0.026* [0.015]	0.001 [0.011]	0.065*** [0.014]	0.025*** [0.009]	-0.001 [0.003]	0.024* [0.012]	0.014** [0.006]
年龄:65岁以上	0.267*** [0.063]	0.175*** [0.026]	0.206*** [0.031]	0.101*** [0.024]	0.083*** [0.011]	0.096*** [0.013]	0.099*** [0.011]
年龄:56~65岁	0.251*** [0.077]	0.132*** [0.029]	0.228*** [0.026]	0.087*** [0.017]	0.083*** [0.008]	0.073*** [0.018]	0.078*** [0.011]
年龄:46~55岁	0.189*** [0.051]	0.078*** [0.026]	0.169*** [0.023]	0.071*** [0.016]	0.054*** [0.004]	0.052*** [0.015]	0.049*** [0.011]
年龄:36~45岁	0.156*** [0.055]	0.037 [0.026]	0.145*** [0.024]	0.061*** [0.015]	0.024* [0.013]	0.054*** [0.011]	0.027*** [0.008]
年龄:26~35岁	0.071** [0.032]	-0.003 [0.019]	0.079*** [0.021]	0.033** [0.014]	0.001 [0.010]	0.028 [0.018]	0.01 [0.008]
已婚	0.066*** [0.023]	0.040*** [0.009]	0.055*** [0.011]	0.014* [0.008]	-0.004 [0.013]	0.027*** [0.010]	0.023*** [0.007]
丧偶/离异/分居	0.005 [0.029]	0.034*** [0.010]	-0.009 [0.013]	0.021 [0.020]	-0.013* [0.008]	0.064*** [0.023]	0.017** [0.008]

续表

	东亚太平洋 (1)	欧洲中亚 (2)	经合组织高收入经济体 (3)	拉美加勒比 (4)	中东北非 (5)	南亚 (6)	撒哈拉以南非洲 (7)
单身有15岁以下子女要抚养	[Ref.] 0.030** [0.012]	[Ref.] −0.023 [0.015]	[Ref.] 0.025*** [0.009]	[Ref.] −0.004 [0.008]	[Ref.] 0.019 [0.013]	[Ref.] 0.006 [0.011]	[Ref.] 0.008* [0.005]
家庭人均收入按国家分列的收入百分位:	0.016** [0.007]	0.024** [0.012]	0.050*** [0.013]	0.049*** [0.010]	0.024*** [0.004]	0.02 [0.015]	0.040*** [0.006]
第四百分位	−0.006 [0.004]	0.007 [0.011]	0.030** [0.014]	0.027*** [0.013]	0.013** [0.006]	0.003 [0.009]	0.024*** [0.006]
第二百分位	−0.087*** [0.018]	0.001 [0.013]	−0.056*** [0.012]	−0.019** [0.009]	−0.016** [0.007]	−0.017* [0.010]	0.001 [0.008]
最低百分位	−0.143*** [0.036]	−0.025** [0.012]	−0.083*** [0.012]	−0.010 [0.011]	−0.033*** [0.013]	−0.030*** [0.010]	−0.01 [0.007]
自谋职业者	0.059*** [0.023]	0.025** [0.013]	0.104*** [0.019]	0.043*** [0.007]	0.043*** [0.010]	0.038*** [0.012]	0.029*** [0.006]
领薪雇员	0.073*** [0.016]	0.002 [0.010]	0.124*** [0.013]	0.040*** [0.016]	0.025*** [0.008]	0.067*** [0.014]	0.061*** [0.008]
失业者	−0.019 [0.057]	−0.003 [0.020]	−0.039* [0.021]	−0.014 [0.012]	−0.028* [0.017]	0.060** [0.024]	−0.016* [0.009]
非劳动力参与者	[Ref.]	[Ref.]	[Ref.]	[Ref.]	[Ref.]	[Ref.]	[Ref.]
预测概率	0.3470	0.1129	0.3627	0.1399	0.0667	0.0916	0.0901
观察值数量	11 184	21 040	30 119	15 536	9 069	9 132	33 042
伪 R^2	0.139	0.153	0.115	0.128	0.170	0.133	0.216
似然比 χ^2	−6 505.2	−6 281.5	−17 458.3	−5 485.0	−1 844.9	−2 426.4	−7 844.8

注:* 表示 $P<0.10$;** 表示 $P<0.05$;*** 表示 $P<0.01$。

资料来源:本章作者根据全球金融包容性指数数据库 2015 年的数据(加权平均数)计算编制。

36～45岁年龄组成年人的养老储蓄也急剧增加。我们还发现了收入造成的养老储蓄差别：处于最高收入百分位的成年人更有可能为养老储蓄，而处于最低收入百分位的成年人则不太可能为养老储蓄。在银行或金融机构开有账户的成年人为养老储蓄的可能性要高出40%～50%。

在国家层面，我们还发现了养老储蓄与国民一般储蓄倾向、英国法渊源和人均国内生产总值之间存在显著的正相关关系。制度安排在能够提高金融体系可信度的同时也有助于提高为养老储蓄的概率。最后，我们发现养老储蓄的概率与养老保险覆盖范围、缴费额和缴费率之间存在显著的正相关性。在除撒哈拉以南非洲以外的其他地区，经济适用房供给的增加与为养老储蓄正相关。我们把这解释为能证明养老保险制度规定和缴款率、其他形式的理财储蓄与养老储蓄之间几乎没有替代性的证据。

附录

表 7.A1　　按地区分列的统计概要

		东亚太平洋	欧洲中亚	经合组织高收入经济体	拉美加勒比	中东北非	南亚	撒哈拉以南非洲
男性	(%)	49.2	47.7	48.5	48.6	49.8	50.3	49.2
居住在城市地区	(%)	31.4	35.7	44.7	38.7	62.0	14.9	23.1
受过高等教育	(%)	10.2	13.9	21.1	12.2	8.1	3.4	3.0
受过中等教育	(%)	49.3	72.2	82.5	63.2	53.1	37.1	34.3
受过初等或更低的教育	(%)	50.4	27.3	15.8	36.5	46.7	62.9	65.3
年龄：65岁以上	(%)	7.0	11.9	17.5	8.2	3.8	5.9	5.0
年龄：56～65岁	(%)	11.1	12.7	15.6	9.0	7.3	9.5	6.6
年龄：46～55岁	(%)	16.0	16.1	17.6	13.0	11.9	11.1	10.3
年龄：36～45岁	(%)	20.8	17.5	17.2	17.3	17.5	16.6	16.4
年龄：26～35岁	(%)	21.8	18.3	15.7	22.5	23.9	23.4	24.7
年龄：18～25岁	(%)	17.5	16.3	12.0	22.0	26.9	25.3	25.9
已婚	(%)	69.5	60.3	57.6	51.8	54.3	67.8	51.3
丧偶/离异/分居	(%)	5.7	13.3	12.9	10.3	4.6	6.4	10.6
单身	(%)	24.8	26.4	29.6	38.0	41.1	25.8	38.1
有15岁以下的子女要抚养	(%)	48.9	40.4	28.8	38.9	45.9	69.6	66.3
按国家分列的家庭人均收入百分位：	(%)	13.2	12.6	15.0	10.8	10.9	15.0	12.0
第四百分位	(%)	18.5	15.2	16.9	12.0	13.7	17.6	15.1
第三百分位	(%)	19.9	17.5	18.7	13.2	15.0	20.0	17.5

续表

		东亚太平洋	欧洲中亚	经合组织高收入经济体	拉美加勒比	中东北非	南亚	撒哈拉以南非洲
第二百分位	(%)	18.5	18.9	20.8	14.6	18.1	22.2	19.7
最低百分位	(%)	22.6	21.6	25.2	16.0	20.2	25.2	21.1
无百分位数据	(%)	7.3	14.3	3.4	33.3	22.2	0.0	14.7
自谋职业者	(%)	38.8	17.7	10.5	23.1	16.7	27.9	38.8
领薪雇员	(%)	28.9	32.2	45.3	30.2	21.5	19.1	18.2
失业者	(%)	29.9	43.2	38.7	37.8	51.0	48.0	34.0
非劳动力参与者	(%)	2.5	6.9	5.6	8.9	10.7	5.0	8.9
有某种储蓄账户	(%)	62.4	45.8	93.5	44.5	33.0	40.6	30.0
	(%)	67.0	37.1	70.1	47.4	38.6	39.1	58.0
去年存过钱 (国家平均数)								
有未还清的住房抵押贷款	(%)	9.9	11.2	27.6	10.4	9.6	5.4	5.2
(除以购买力平价的人均国内生产总值)对数		9.15	9.23	10.51	9.15	9.22	8.37	7.89
人均国内生产总值增长率		6.47	4.42	0.76	3.65	1.71	5.27	5.22
《世界发展指标》法定权利指数		4.43	5.90	5.87	4.49	1.23	5.54	5.15
法律渊源：英国	(%)	14.6	0.0	20.0	6.1	0.0	89.1	38.2
法律渊源：法国	(%)	29.2	71.3	30.1	93.9	89.0	11.0	55.9
法律渊源：德国	(%)	48.8	24.0	26.6	0.0	0.0	0.0	0.0
法律渊源：其他	(%)	7.4	4.8	23.3	0.0	11.0	0.0	5.9
实际利率		3.96	8.10	1.12	5.56	3.94	5.08	5.09
实际利率缺失	(%)	15.9	19.0	59.9	12.1	22.7	11.5	55.9
存款保险	(%)	47.2	95.3	90.0	69.7	44.1	77.9	32.4
安全保障/道德风险指数[†]		0.59	0.81	1.07	−2.32	−0.07	−0.52	−0.34
预期寿命		72.68	72.50	80.68	74.16	72.19	67.66	57.90
用美元购买力平价表示的养老福利金		34.13	86.84	614.85	144.21	62.00	9.25	95.86
养老福利金占人均国内生产总值的比例[†]	(%)	4.2	11.7	20.3	13.5	21.0	4.7	14.9
养老福利金占每天1.25美元贫困线标准的比例[†]		90.0	228.6	1 617.2	379.2	162.0	24.9	252.1
养老金支出成本占国内生产总值的百分比[†]		0.09	1.07	1.48	0.27	0.06	0.10	0.70
参加养老保险的60岁以上老人占总人口的百分比[†]	(%)	31.1	33.4	30.6	25.4	10.0	20.7	65.5
养老金领取年龄[†]		62.29	62.16	64.85	64.38	60.00	62.77	62.14
雇主/雇员缴费分摊比例[†]		1.91	7.63	1.94	2.70	3.33	3.03	4.01
养老保险缴费率	(%)	16.9	26.6	28.3	23.0	24.0	26.6	16.9

注：标有"[†]"的变量观察值不全。关于地区的定义，请参阅本章上文。

资料来源：本章作者根据全球金融包容性指数数据库2015年的数据(加权平均数)计算编制。

表 7.A2 养老储蓄状况统计概览

	（1）所有国家	（2）为养老储蓄	（3）没为养老储蓄	（4）差额	［显著水平］
观察值数量	147 692	30 395	117 297		
男性	49.0%	52.3%	48.3%	0.0397	***
居住在城市地区	37.3%	41.8%	36.2%	0.0561	***
受过高等教育	12.4%	21.8%	10.2%	0.1160	***
受过中等教育	59.9%	73.0%	56.9%	0.1614	***
受过初等或更低的教育	39.4%	26.2%	42.5%	−0.1626	***
年龄：65 岁以上	9.8%	14.6%	8.7%	0.0590	***
年龄：56～65 岁	10.7%	16.8%	9.2%	0.0756	***
年龄：46～55 岁	14.1%	19.1%	13.0%	0.0610	***
年龄：36～45 岁	17.5%	20.7%	16.8%	0.0387	***
年龄：26～35 岁	21.0%	17.8%	21.8%	−0.0399	***
年龄：18～25 岁	19.4%	9.3%	21.8%	−0.1241	***
已婚	57.7%	68.8%	55.1%	0.1370	***
丧偶/离异/分居	10.5%	11.4%	10.3%	0.0116	***
单身	31.8%	19.8%	34.6%	−0.1486	***
有 15 岁以下的子女要抚养	45.6%	36.8%	47.7%	−0.1094	***
按国家分列的家庭人均收入百分位：	12.8%	18.6%	11.5%	0.0711	***
第四百分位	15.4%	19.4%	14.4%	0.0493	***
第三百分位	17.3%	18.9%	16.9%	0.0203	***
第二百分位	18.9%	16.4%	19.5%	−0.0312	***
最低百分位	21.4%	15.6%	22.8%	−0.0715	***
无百分位数据	14.2%	11.1%	15.0%	−0.0380	***
自谋职业者	23.3%	22.3%	23.5%	−0.0114	***
领薪雇员	30.1%	43.5%	26.9%	0.1657	***
失业者	39.8%	31.3%	41.8%	−0.1053	***

续表

	(1) 所有国家	(2) 为养老储蓄	(3) 没为养老储蓄	(4) 差额	[显著水平]
非劳动力参与者	6.9%	2.9%	7.8%	−0.0490	***
有某种储蓄账户	55.5%	83.9%	48.8%	0.3509	***
去年存过钱(国家平均数)	54.6%	64.4%	52.3%	0.1212	***
有未还清的住房抵押贷款	13.2%	25.0%	10.5%	0.1453	***
(除以购买力平价的人居国内生产总值)对数	9.22	9.80	9.08	0.7150	***
人均国内生产总值增长率	3.75	3.22	3.88	−0.6596	***
《世界发展指标》法定权利指数	5.00	5.39	4.91	0.4846	***
法律渊源:英国	24.4%	27.4%	23.7%	0.0366	***
法律渊源:法国	52.8%	37.1%	56.4%	0.0412	***
法律渊源:德国	14.7%	22.5%	12.9%	0.0963	***
法律渊源:其他	8.1%	13.0%	7.0%	−0.1926	***
实际利率	4.34	3.15	4.62	−1.4614	***
存款保险	66.5%	73.3%	64.9%	−0.0014	**
道德风险指数†	0.17	0.71	0.03	0.6808	***
预期寿命	71.11	75.11	70.19	4.9177	***
用美元购买力平价表示的养老福利金†	256.36	353.02	227.06	125.9557	***
养老福利金占人均国内生产总值的比例†	13.7%	14.3%	13.5%	0.0075	***
养老福利金占每天1.25美元贫困线标准的比例†	674.4%	928.6%	597.3%	331.3	***
养老金支出成本占国内生产总值的百分比†	0.68%	0.89%	0.61%	0.2808	***
参加养老保险的60岁以上老人占总人口的百分比†	31.1%	34.1%	30.1%	0.0403	***
养老金领取年龄†	63.52	63.59	63.50	0.0960	***
雇主/雇员缴费分摊比例†	3.42	2.94	3.53	−0.5902	***

续表

	（1）所有国家	（2）为养老储蓄	（3）没为养老储蓄	（4）差额	［显著水平］
养老保险缴费率†	23.5%	24.6%	23.3%	0.0136	***

注：本表的第1～3栏中是加权平均值，第4栏中的加权均值差及其显著水平是用统计软件 Stata 中的 parrmby 和 metaparm 指令求得的不等方差进行加权均值差 t 检验求得。标有"†"的变量观察值不全。星号表示以下显著水平：* 表示 $P<0.10$；** 表示 $P<0.05$；*** 表示 $P<0.01$。

资料来源：本章作者根据全球金融包容性指数数据库 2015 年的数据（加权平均数）计算编制。

表 7.A3　　养老储蓄和地区差异的附加模型：概率回归

	东亚太平洋	欧洲中亚	经合组织高收入经济体	拉美加勒比	中东北非	南亚	撒哈拉以南非洲
A：按地区分列的养老储蓄与存款保险							
	(1)	(2)	(3)	(4)	(5)	(6)	(7)
存款保险哑变量	—	0.176***	−0.031	−0.004	−0.212***	—	0.006
		[0.027]	[0.053]	[0.018]	[0.005]		[0.008]
预测概率	0.3470	0.1129	0.3627	0.1399	0.0667	0.0916	0.0901
观察值数量	11 184	21 040	30 119	15 536	9 069	9 132	33 042
伪 R^2	0.139	0.145	0.115	0.127	0.170	0.133	0.215
B：按地区分列的养老储蓄与养老保险制度特征							
	(9)	(10)	(12)	(13)	(14)	(15)	(16)
用美元购买力平价表示的养老福利金对数	0.026*	2.626***	−0.004	0.011***	−0.082***	−0.031	0.012***
	[0.015]	[0.053]	[0.010]	[0.001]	[0.004]	[0.078]	[0.004]
参加养老保险的60岁以上老人占总人口的百分比	0.091	216.423***	0.003	−0.320***	—	0.304	−0.042
	[0.103]	[6.358]	[0.059]	[0.029]	[0.614]	[0.035]	
缴费率(%)	−0.195***	25.968***	0.709***	1.147***	5.905***	0.090	0.144
	[0.070]	[0.535]	[0.163]	[0.088]	[0.267]	[0.350]	[0.099]
预测概率	0.3753	0.1294	0.3557	0.1393	0.0702	0.0969	0.0908
观察值数量	5 000	14 036	26 114	14 528	8 069	6 112	27 040
伪 R^2	0.141	0.148	0.12	0.136	0.168	0.18	0.225

注：* 表示 $P<0.10$；** 表示 $P<0.05$；*** 表示 $P<0.01$。

资料来源：本章作者根据全球金融包容性指数数据库 2015 年的数据（加权平均数）计算编制。

参考文献

Alessie, R., A. Lusardi, and A. Kapteyn (1999). 'Saving after Retirement: Evidence from Three Different Surveys,' *Labour Economics*, 6: 277–310.

Ameriks, J. and S. P. Zeldes (2004). *How do Household Portfolio Shares Vary with Age?* Working Paper. New York: Columbia University. <https://www0.gsb.columbia.edu/mygsb/faculty/research/pubfiles/16/Ameriks_Zeldes_age_Sept_2004d.pdf>.

Andersen, T. M. (2008). 'Increasing Longevity and Social Security Reforms: A Legislative Procedure Approach,' *Journal of Public Economics*, 92(3): 633–46.

Banks, J. and Z. Oldfield (2007). 'Understanding Pensions: Cognitive Function, Numerical Ability and Retirement Saving,' *Fiscal Studies*, 28(2): 143–70.

Bardasi, E., S. P. Jenkins, and J. A. Rigg (2000). *Retirement and the Economic Well-Being of the Elderly: A British Perspective*, ISER Working Paper No. 2000-33, Colchester: Institute for Social and Economic Research, University of Essex.

Belloni, M. and R. Alessie (2009). 'The Importance of Financial Incentives on Retirement Choices: New Evidence for Italy,' *Labour Economics*, 16(5): 578–88.

Benartzi, S. and R. H. Thaler (2007). 'Heuristics and Biases in Retirement Savings Behavior,' *Journal of Economic Perspectives*, 21(3): 81–104.

Bernheim, D. B., J. Skinner, and S. Weinberg (2001). 'What Accounts for the Variation in Retirement Wealth among U.S. Households?,' *American Economic Review*, 91(4): 832–57.

Board of Governors of the Federal Reserve System (2014). *Report on the Economic Well Being of U.S. Households in 2013*. Washington, DC: Federal Reserve Board. <http://www.federalreserve.gov/econresdata/2013-report-economic-well-being-us-households-201407.pdf>.

Bonsang, E. and T. J. Klein (2011). *Retirement and Subjective Well-Being*, IZA Discussion Paper No. 5536. Bonn: IZA.

Brown, J. R. (2007). *Rational and Behavioral Perspectives on the Role of Annuities in Retirement Planning*, NBER Working Paper, 13537. Cambridge, MA: National Bureau of Economic Research.

Chan, S. and A. H. Stevens (2004). 'Do Changes in Pension Incentives Affect Retirement? A Longitudinal Study of Subjective Retirement Expectations,' *Journal of Public Economics*, 88(7–8): 1307–33.

Charles, K. K. (2002). *Is Retirement Depressing? Labor Force Inactivity and Psychological Well-Being in Later Life*, NBER Working Paper, 9033. Cambridge, MA: National Bureau of Economic Research.

Chen, M. K. (2013). 'The Effect of Language on Economic Behavior: Evidence from Savings Rates, Health Behaviors, and Retirement Assets,' *American Economic Review*, 103(2): 690–731.

Clark, R. L. and J. F. Quinn (1999). *Reform of Retirement Programs and the Future Well-Being of the Elderly in America*, Boston College Working Papers in Economics, 423. Chestnut Hill, MA: Boston College.

Coile, C. C. (2015). *Disability Insurance Incentives and the Retirement Decision: Evidence from the U.S.*, NBER Working Paper, 20916. Cambridge, MA: National Bureau of Economic Research.

Coile, C. C. and P. B. Levine (2010). *Reconsidering Retirement: How Losses and Layoffs*

Affect Older Workers. Boston, MA: Brookings Institution Press.

Crawford, V. P. and D. M. Lilien (1981). 'Social Security and the Retirement Decision,' *Quarterly Journal of Economics*, 96(3): 505–29.

Crystal, S. and D. Shea (1990). 'The Economic Well-Being of the Elderly,' *Review of Income and Wealth*, 36(3): 227–47.

Demirgüç-Kunt, A., E. Kane, and L. Laeven (2014). *Deposit Insurance Database*, IMF Working Paper, 14/118. Washington, DC: International Monetary Fund.

Demirgüç-Kunt, A., L. Klapper, D. Singer, and P. Van Oudheusden (2015). *The Global Findex Database 2014*, World Bank Policy Research Working Paper, 7255. Washington, DC: World Bank.

Duflo, E. and E. Saez (2002). 'Participation and Investment Decisions in a Retirement Plan: The Influence of Colleagues' Choices,' *Journal of Public Economics*, 85(1): 121–48.

Duflo, E. and E. Saez (2003). 'The Role of Information and Social Interactions in Retirement Plan Decisions: Evidence from a Randomized Experiment,' *Quarterly Journal of Economics*, 118(3): 815–42.

Ellis, C. D., A. H. Munnell, and A. D. Eschtruth (2014). *Falling Short: The Coming Retirement Crisis and What to Do About It.* Oxford: Oxford University Press.

Ermisch, J. F. and S. P. Jenkins (1999). 'Retirement and Housing Adjustment in Later Life: Evidence from the British Household Panel Survey,' *Labour Economics*, 6(2): 311–33.

Fridson, M. S. (2015). 'Book Review: Falling Short: The Coming Retirement Crisis and What to Do about it,' *CFA Institute Book Reviews*, 10(1). <http://www.cfapubs.org/doi/full/10.2469/br.v10.n1.10>.

Galasso, V. (2008). 'Postponing Retirement: The Political Effect of Ageing,' *Journal of Public Economics*, 92(10–11): 2157–69.

Gratton, B. (1996). 'The Poverty of Impoverishment Theory: The Economic Well-Being of the Elderly, 1890–1950,' *Journal of Economic History*, 56(1): 39–61.

Gruber, J. and D. Wise (1998). 'Social Security and Retirement: An International Comparison,' *American Economic Review*, 88(2): 158–63.

Gruber, J. and D. Wise (2002). *Social Security Programs and Retirement around the World: Micro Estimation*, NBER Working Paper, 9407. Cambridge, MA: National Bureau of Economic Research.

Holzmann, R. (2012). '*Global Pension Systems and their Reform: Worldwide Drivers, Trends, and Challenges*, World Bank, Social Protection & Labor Discussion Paper, 1213. Washington, DC: World Bank.

HSBC (2013). *The Future of Retirement: Life After Work?* London: HSBC. <https://investments.hsbc.co.uk/myplan/files/resources/130/future-of-retirement-global-report.pdf>.

James, E. and X. Song (2001). *Annuities Markets around the World: Money's Worth and Risk Intermediation*, Center for Research on Pensions and Welfare Policies Working Paper, 16/01. Moncalieri, Italy: CeRP.

Kingston, G. H. (2000). 'Efficient Timing of Retirement,' *Review of Economic Dynamics*, 3(4): 831–40.

La Porta, R., F. Lopez-de-Silanes, and A. Shleifer (2008). 'The Economic Consequences of Legal Origins,' *Journal of Economic Literature*, 46(2): 285–332.

Lusardi, A. (2003). *Planning and Saving for Retirement*. Hanover, NH: Dartmouth College. <http://www.dartmouth.edu/~alusardi/Papers/Lusardi_pdf>.

Lusardi, A. and O. S. Mitchell (2011). 'Financial Literacy around the World: An Overview,' *Journal of Pension Economics and Finance*, 10(4): 497–508.

Lusardi, A. and O. S. Mitchell (2014). 'The Economic Consequences of Financial Literacy,' *Journal of Economic Literature*, 52(1): 5–44.

Numbeo (2015). 'Property Prices Index by Country 2014.' <http://www.numbeo.com/property-investment/rankings_by_country.jsp?title=2014>.

Pallares-Miralles, M., C. Romero, and E. Whitehouse (2012). *International Patterns of Pension Provision II: A Worldwide Overview of Facts and Figures*, World Bank: Social Protection & Labor Discussion Paper, 1211. Washington, DC: World Bank.

Papke, L. E. (2004). 'Individual Financial Decisions in Retirement Saving Plans: The Role of Participant-Direction,' *Journal of Public Economics*, 88(1–2): 39–61.

Poterba, J. M. (2014). 'Retirement Security in an Aging Population,' *American Economic Review*, 104(5): 1–30.

Poterba, J. M., S. F. Venti, and D. A. Wise (1995). 'Do 401(k) Contributions Crowd out Other Personal Saving?,' *Journal of Public Economics*, 58(1): 1–32.

Sabelhaus, J. and J. Manchester (1995). 'Baby Boomers and their Parents: How does their Economic Well-Being Compare in Middle Age?,' *Journal of Human Resources*, 30(4): 791–806.

Valdés-Prieto, S. (2002a). *Improving Programs that Mandate Savings for Old Age*, Background Paper for the Regional Study on Social Security Reform. Washington, DC: World Bank.

Valdés-Prieto, S. (2002b). *Justifying Mandated Savings for Old Age*, Background Paper for the Regional Study on Social Security Reform. Washington, DC: World Bank.

World Bank (1994). *Averting the Old Age Crisis*. Oxford: Oxford University Press.

第八章　何谓养老金替代率？
　　　　　如何计算养老金替代率？

安德鲁·G. 比格斯（Andrew G. Biggs）

　　养老金（或退休收入）替代率是常用的退休收入充足率衡量指标，家庭用它来估算自己的退休储蓄，而政策制定机构则用它来评估政府和私人养老保险向退休人群提供收入的效率。退休收入替代率表示退休后收入占退休前收入的百分比，因而可用来评估家庭在退休后维持退休前消费水平的能力。退休人员没有必要维持100%的退休收入替代率，因为他们在退休以后只要承担较轻的税负和较少的与工作相关的成本，而且通常已经还清了住房抵押贷款，并且已经完成退休储蓄。但不管怎样，退休收入替代率是一个直观的退休收入充足率衡量指标。

　　虽然退休收入替代率看似简单，但我们可以根据不同的退休收入充足率概念，采用不同的方法来计算退休收入替代率。据以计算退休收入替代率的不同概念和方法对于我们评估美国人的退休储蓄有重要的影响。2014年，社会保障受托人（Social Security Trustees）决定从他们的年度报告中取消列示不同终身收入水平程式化劳动者社保替代率（Social Security replacement rate）的表格，由此引发了对退休收入替代率计算方法的讨论（Social Security Trustees，2014）。之前的社会保障受托人年度报告公布的社保替代率数据反映了有多少政策制定机构在考虑退休政策的问题。但是，社会保障受托人在2013年警告称，"他们在报告中公布的社保替代率可能明显不同于通过比较社保福利金与这些代表性劳动者近期平均收入水平或其他更常见的退休前收入指标计算得出的百分比"(2013:143)。他们在2014年已经全部删除了这些数据,目前还不清楚他们会在什么时候以何种形式重新报告这方面的数据。

本章讨论三个关于退休收入替代率计算的问题。首先,笔者探讨了政策制定机构是否应该继续依靠假想的典型收入模式来说明退休收入替代率,或者他们是否应该求助于行政部门的数据以及输出结果虽然更加复杂但能产生更加贴近现实和差别很小的退休收入充足率观的微模拟模型。其次,笔者讨论了在计算退休收入替代率时应该如何表示退休前收入的问题。大多数分析人士都赞同,职业生涯平均收入是一个能比退休前一年收入更好地衡量退休前生活水平的指标。然而,由于分析人士对退休储蓄目的的看法不同,因此,他们在退休前收入应该根据生活费用的增长情况还是根据全国平均工资的增长情况来进行调整的问题上仍然存在分歧。最后,笔者研究了关于抚养子女如何影响父母为退休储蓄的问题。调整家庭规模和构成差别,会对所衡量的退休收入充足率产生显著的影响。事实上,有一些发现退休储蓄不足并不是太严重的问题的研究对家庭规模进行了调整,而一些认为退休储蓄不足是很严重的问题的研究并没有因为家庭有子女要抚养而进行调整。

最后,笔者运用社会保障和雇主资助的养老金计划的微模拟模型来说明不同的替代率计算方法的影响,使用政策模拟小组(Policy Simulation Group, PSG)模型来预测1940年出生人群成员的社保福利金和养老金收入。

虽然退休收入替代率是一个看似简单的概念,但分析人士要面对许多有关需要说明哪种退休前收入、退休前收入应该如何根据生活费用或生活水平的变化进行调整以及在计算退休收入替代率时应该如何把家庭规模和构成考虑进去的选择。这样的选择有许多看似合理的组合,例如,某个给定的退休收入水平可被说成完全不够或者过于慷慨,具体取决于计算退休收入替代率的方法。如何定义和计算退休收入替代率对于评估美国人的退休准备水平至关重要。换句话说,关于美国人退休保障的问题并不仅仅是"美国人退休后能有多少收入"的问题,而是"有多少退休收入才够用"的问题。笔者不可能在这里论述计算退休收入替代率的每一种可能选择组合,但将在下文介绍当前政策讨论的重点问题,并举例说明各种可能的结果。

程式化工资收入者与微模拟的使用

美国社会保障总署(US Social Security Administration, SSA)公布的社保

替代率数据,很可能是最著名的退休收入替代率数据,因为美国社会保障总署负责管理通常被称为"社会保险"的老年人与遗族保险(Old Age and Survivors Insurance)计划。美国社会保障总署是"对于平均工资收入者来说,社保福利金大约只占其退休前收入40%"这个著名统计信息的来源。此外,美国社会保障总署还表示,按照大多数理财顾问的说法,退休人员需要70%的退休前收入才能在退休后维持自己退休前的生活水平(SSA,2014)。由此得出的结论是,社保福利金大致提供一般个人退休后维持其退休前生活水平所需的收入的40/70或57%。[①]

美国社会保障总署发布的"中等工资收入者""低工资收入者"和"高工资收入者"的社保替代率数据是根据程式化的收入模式,而不是直接根据行政部门的数据计算得出的,因此,有必要了解这些程式化收入模式的历史沿革。美国社会保障总署最初使用所谓的"稳定收入者"(steady earner)来计算社保替代率,该署假设"稳定收入者"在他们工作寿命的每一年都能挣到占平均工资指数(Average Wage Index,AWI)一定百分比的收入。例如,中等稳定收入者总能赚到相当于平均工资指数100%的收入,低稳定收入者能赚到占平均工资指数45%的收入,而高稳定收入者则能赚到相当于平均工资指数160%的收入。退休收入替代率的计算方法是把正常退休年龄(当时是65岁)的社保福利金与退休前一年的名义收入进行比较。

但随着时间的推移,这些稳定的收入模式就变得明显不能与目前工资劳动者典型的倒U形年龄—收入曲线相匹配。就像穆奈尔和索托(Munnell and Soto,2005:8)指出的那样,这些稳定的收入模式"与现实几乎没有关系"。为了应对这种关切,美国社会保障总署在2011年推出了一种更具代表性的收入模式,即所谓的"分级收入者"(scaled earner)模式。美国社会保障总署根据行政管理数据规定了更多的年龄—收入等级,但每年对不同等级的收入水平进行调整,以便在同时改变计算方法的情况下仍使假想的分级收入者的社保替代率与使用之前的稳定收入者法计算的替代率相等。因此,虽然新的分级收入模式比以前的稳定收入模式更加贴近现实,但这种计算方法是为了维持以前采用稳定

[①] 这里的讨论转引自 比格斯等人(Biggs et al.,2015)的研究。

收入者法计算的结果而设计的。①

美国社会保障总署用新的"分级收入者"来说明按现行法律应该支付的社保福利金，如在社会保险受托人报告以及改变退休人员可享受的社保福利金的改革方案中就是这样做的。与这些情况有所改善的分级收入者有关的一个问题是，他们仍然不能明确代表典型收入者。譬如说，分级收入者被假定从21岁到65岁年年都要工作，而在现实生活中，大多数人在65岁之前至少要离开工作场所一段时间，并且往往在66岁的法定退休年龄之前领取社保福利金。根据低等级收入者标准，退休后有贫困风险的个人最有可能拥有较短的工作寿命，而不是较长的工作寿命。同样，即使是中等收入者的年收入也远远高于劳动力典型个体的年收入(Mitchell and Phillips, 2006)。

第二个问题是，这些程式化的工资收入者最可用来说明未婚工资收入者的社保福利金，因为大部分社保参加者都处于已婚、离异或丧偶状况。这一点很重要，因为家庭往往作为整体进行储蓄和消费决策，还因为很大一部社保福利金是支付给配偶和丧偶者的。2012年，约有23％的女性退休人员领取的社保福利金部分或全部是根据其配偶的收入记录计发的(SSA, 2013)。如果不考虑婚姻关系带来的社保福利金，那么，社保辅助福利的影响就会被低估。

这（即用程式化工资收入者的数据来计算社保替代率）并不是说，社保福利金的替代率从来就没有用过真实世界的数据来计算。尼克尔斯(Nichols, 1977)和格拉德(Grad, 1990)都使用社保行政管理数据来计算退休人员的社保替代率。近年来，对社保行政管理数据和微模拟数据的使用已经变得越来越普遍。美国社会保障总署残疾与退休政策办公室(Office of Disability and Retirement Policy, ODRP)使用一种被称为"短期收入建模"(Modeling Income in the Near Term, MINT)的微模拟模型作为它分析社保福利金的主要工具。美国国会预算局(Congressional Budget Office, CBO)使用"CBOLT"（国会预算局长期）模型，而美国国家审计总署(Government Accountability Office, GAO)则使用本章运用的PSG(Policy Simulation Group, 政策模拟小组)模型。最近，美国社会

---

① 除了分级收入模式外，美国社会保障总署的OACT模型还调整了计算社保替代率的方法。按照稳定收入者法，社保替代率表示社保福利金与申领福利金前一年的收入之间的关系。一旦采用分级收入者法，就可以通过比较社保福利金与退休前最高35年收入的平均值来计算这个替代率，而64岁前的收入根据经济总工资收入的增长幅度进行调整。这种计算替代率的新方法以及对退休前收入水平的调整，使得美国社会保障总署的OACT模型对低级、中级、高级工资收入者仍然采用以前用稳定收入者法计算的相同替代率。

保障总署首席精算师办公室(Office of the Chief Actuary)公布了根据该署数据计算的社保替代率数值。非政府机构的分析人士现在可以采用美国社会保障总署提供的公共用途收入和社保福利金数据。

数据越能反映现实情况,就越允许我们对劳动者个人持更加贴近现实的看法,也越能反映劳动者的工龄、年龄—收入状况、退休年龄以及其他影响社保福利金和退休收入的因素的差别。此外,微模拟数据可用来对家庭进行分析,计算劳动者收入在决定社保福利金方面的相互作用。这种方法更加准确地反映了女性退休人员这个社保辅助福利主要领取人群的收入替代率。

把个人组合成家庭的能力对于克服退休收入替代率作为退休收入充足率衡量指标的某些不足具有极其重要的意义。譬如说,在家照顾孩子的配偶在退休后有可能获得相对于她们自己收入而言非常高(甚或极高)的收入替代率,但她们自己的收入并不能代表她们在退休前享受到的生活水平。把夫妻合并为一个平等分享收入和社保福利金的家庭单位,就能更好地反映社会保障在家庭为退休做准备方面所起的作用,而在有养老金和其他退休储蓄的情况下也可以得出类似的结论。

在美国社会保障总署的数据或者微模拟模型变得越来越可利用的情况下,政策制定机构或分析人士似乎没有理由继续主要依赖程式化劳动者来计算退休人员的退休收入替代率,特别是因为微模拟模型允许比以前更加详细、细致入微地观察社会保障和退休收入问题,而且还允许潜在的社会保障改革更加精准地针对那些由于具有收入模式或其他非程式化全职收入模式典型特征而有可能按照当前的社保福利金计算公式无法获得很多社保福利金的人。

应该如何计算退休前收入?

退休收入替代率是退休收入占退休前收入的百分比。关于应该如何衡量计算退休收入替代率的分母,即退休前收入,一直存在争议。

传统上,我们把退休收入替代率表示为劳动者的退休收入占其退休前收入的百分比。美国社会保障总署就是用这种方法为它的程式化"稳定收入者"计算退休后的收入替代率。此外,传统的待遇确定型养老金计划仍然继续采用这种方法计算退休收入替代率,因为这种计划下的养老金待遇是按照某个最终退休前收入标准来计算的。

但是，现在有许多政策分析人士认为，退休收入替代率更应该按照某个期限较长的退休前收入的平均值来计算。年收入可能会出现很大的波动，因此有可能无法代表退休前收入在较长时期里提供的生活水平。

部分是由于社会保障受托人在他们的年度报告中删除了退休收入替代率数据，因此，最近有人热烈讨论应该如何计算退休前的职业生涯平均收入。美国社会保障总署采用劳动者退休第一年的社保福利金占退休前35年最高收入与整个经济平均工资增长幅度挂钩的平均收入的百分比来计算劳动者的退休收入替代率。这种所谓的"与工资挂钩"导致过去的名义收入增加，增加的幅度是个人满64岁那年的（美国社会保障总署的）平均工资指数占个人收入发生那年的平均工资指数的比例。

由于平均工资指数的上涨速度一般约比消费者价格指数快1个百分点，因此会导致较高的用以上方法衡量的退休前收入和较低的退休收入替代率，也就是导致用这种方法计算的退休收入替代率低于用名义收入或与经过通胀指数化的收入计算的退休收入替代率。经过工资指数化的终身平均收入一般都比经过通胀指数化的终身平均收入高1/5，从而导致用经过工资指数化的终身平均收入计算的退休收入替代率以相同的比例减小。美国退休研究中心（Center for Retirement Research，CRR）在编制它的全美退休风险指数（National Retirement Risk Index，NRRI）时采用了一种与美国社会保障总署计算总退休收入替代率的OACT法非常相似的方法，并得出结论称，大多数处于工作年龄的美国人在退休后都"有"低于退休收入目标水平的"风险"。[①]

支持采用"经过工资指数化的收入计算退休收入替代率"的理论假设是，退休家庭希望他们的生活水平与在职劳动者的生活水平同步提高。从字面上看，美国社会保障总署的程式化"中等收入者"的社保替代率等于他们退休后能领到的社保福利金除以他们退休前的平均工资指数，[②]也就是经过工资指数化的退休收入替代率实际上就是退休人员的收入与同期在职人员的收入之比。

---

① 请参阅 Munnell 等（2006）。

② 这一点可以采用2014年社会保障受托人报告表 V.C7 中的数据来证明，这个数据包括某年退休的假设分级收入者能领到的年社保福利金额以及这一年支付给在职人员的年薪。2014年退休的中等收入者每年能领到19 477美元的社保福利金，相当于2014年平均工资指数（46 787美元）的41.6%。克林曼和尼克尔斯（Clingman and Nichols，2004）采用拿能领到的经过工资指数化的社保福利金除以按工资指数化的职业生涯平均收入的方法计算得出了41.1%的中等收入者社保替代率，从而表明中等收入者退休那年的平均收入几乎与他退休那年的平均工资指数完全相等。

穆奈尔参加了美国退休研究中心全美退休风险指数的编制工作,他表示:"在确定全美退休风险指数的目标值时,我和我的同事们有意识地决定假设家庭都希望在父母工作寿命期间能够按照整个经济的工资增长速度提高自己的生活水平。这个假设反映了我们认为家庭不但关心自己的绝对生活水平,而且也关注自己的相对生活水平"(Munnell,2014)。我们可以把这看作是一种"攀比",一种让我们想起杜森贝利(Duesenberry,1949)或者距今更近的弗兰克(Frank,2005)的相对收入方法。

但是,有评论人士表示了自己的担心,他们认为,退休前收入与整个经济的工资增长幅度挂钩,而不是仅仅与价格涨幅挂钩,有可能会夸大家庭认为是适当的退休收入。斯图尔勒等人(Steuerle et al.,2000:1—2)观察注意到:"许多退休人员可能只满足于保持他们的购买力:他们希望能一直保持相同的购买力。如果真是这样的话,退休后的收入替代率就可以根据经通胀调整后的个人工资而不是工资增长幅度来计算。由于价格通常比工资涨得慢,因此会导致较低的既往工资和较高的收入替代率。"或者,就如美国国会预算局最近指出的那样,"让收入与价格挂钩,能更好地反映劳动者一生可获得的实际资源量,而让收入与工资挂钩则有可能会夸大劳动者一生能获得的资源量"(CBO,2014:16)。①

因此,一种看似更加合理的方法可能是拿退休人员社保福利金或退休总收入的购买力与他们退休前收入的购买力进行比较。这种方法更让人想起一个人人都试图年年保持差不多相同消费水平的简化版生命周期模型。例如,把这个生命周期模型应用于退休规划的"ESPlanner"[是美国一种顶级个人财务规划软件,由波士顿大学经济学家劳伦斯·科特里考夫(Laurence Kotlikoff)开发。——译者注]理财规划软件计算出个人或家庭在其一生中可维持的稳定、按通胀率调整的最高消费水平。② 用按通胀率调整后的退休前收入计算的退休收入替代率是用这个软件计算的替代率的一个简单近似值。③

这两种方法之间可能存在实质性的差别。例如,美国国会预算局(CBO,2014)最近预测,社保将为20世纪60年代出生的一般退休人员提供46%的与

---

① 还请参阅 MacDonald 和 Moore(2011)。
② 例如,还可参阅 Bernheim, et al.(2000),并访问 www.ESPlanner.com。
③ 在计算社保替代率时可采用某种考虑个人早期借贷约束的退休前收入简略指标。虽然从21岁到社保标准退休年龄之间的工作寿命长达45年,但比方说,通常根据35年最高收入的平均值来计算社保替代率。

工资挂钩的社保替代率或58%的与价格挂钩的社保替代率。[①]

无论是与价格挂钩的社保替代率还是与工资挂钩的社保替代率,都不能完全反映影响储蓄和消费的全部因素,因为它们都不能反映时间偏好、预防性储蓄、借贷约束和未来收入不确定性等因素。但考虑到社保替代率作为一种缺乏专业知识的储户和政策制定机构也都能掌握的简化版经验法则的作用,因此就不应该取消这两种计算方法。至少,公布采用与通胀挂钩和与工资挂钩的退休前收入计算的社保替代率数据,就像国会预算局(CBO,2014)所做的那样,可以让大家更加清楚地认识到这些定义性选择的重要性。

根据家庭规模和构成调整的社保替代率

另一个存在分歧的问题涉及在衡量退休收入充足率时应该如何把子女对父母养老储蓄需要的影响考虑进去。主张这种调整的理由是,有子女家庭不需要像无子女家庭那样为养老储蓄那么多的钱,因为前一种家庭的子女花费了父母在工作期间挣到的部分收入。斯金纳(Skinner)用幽默的语言解释了这个理由:

父母亲已经过惯了吃花生酱的日子,因为他们把退休前的大部分预算都用在了抚养子女上,所以积攒足够的钱在退休后继续过吃花生酱的日子并不难。相比之下,没有子女、退休前收入相同、过惯了吃鱼子酱和喝美酒的家庭必须积攒更多的资产,才能维持他们已经习惯了的生活方式(2007:69)。

在这种情况下,抚养子女的成本相当于偿还抵押贷款或为养老储蓄的成本:它们代表了父母亲在工作期间放弃的消费。父母退休以后,也不需要改变这些方面的消费习惯。简单地说,父母不需要改变他们从未有过的消费。值得注意的是,一些发现较高水平的退休储蓄充足率的研究,如盖尔等人(Gale et al.,2009)以及赫德和罗韦德尔(Hurd and Rohwedder,2011,2014),对家庭规模进行了调整。相比之下,美国退休研究中心的全美退休风险指数对单身和夫妻的目标替代率进行了调整,但没有根据退休人员是否有子女进行调整。全美退休风险指数的编制者们认为,一旦子女离开父母,父母就"接手"子女的消费

---

① 这些数据以及本节提供的其他数据都假定会继续支付预先确定的社保福利金。根据目前的预测,社会保障信托基金(Social Security Trust Funds)将在2030年左右消耗殆尽。依照现行法律,届时,社保福利金将全部减少25%左右。虽然没有观察人士预计会出现这样的结果,但这些问题表明,未来的社会保障福利水平是不确定的。

份额,并希望在退休后一直保持这种较高的生活水平。

这仍然是一个有待研究的开放领域,有些研究把注意力集中在家庭财富积累的问题上。例如,恩金等人(Engen et al.,1999)研究发现,高储蓄率和高人均财富家庭生育子女往往比低储蓄家庭少。同样,朔尔茨和瑟哈德里(Scholz and Seshadri,2007)研究表明,有子女家庭比其他条件相似的无子女家庭拥有较少的人均财富。朔尔茨和瑟哈德里根据这些观察结果得出结论表示,父母亲倾向于通过储蓄来改变他们自己的退休前消费,这就意味着退休储蓄充足率分析应该考虑家庭规模。另一项研究把注意力放在了子女离家后家庭储蓄模式如何变化的问题上。如果子女在家时会妨碍父母的储蓄,那么,一旦子女离家,父母的储蓄可能会增加。其实,有很多原因会导致这种变化并不明显。例如,惯性可能会导致父母即使在子女离家后仍保持对雇主资助的养老金计划的缴费不变,至少会推迟改变储蓄率。同样地,即使在子女从理论上讲已经离开父母之后,父母可能还要负担他们上大学的学费或者替他们偿还贷款,从而使得衡量父母储蓄变化的情况变得更难。此外,父母可能希望在子女离家后自己享受一下短暂的挥霍。

科和韦伯(Coe and Webb,2010)对一些接受几项健康状况与退休调查的家庭进行了跟踪研究,并得出结论认为,子女离开后,父母似乎并没有减少自己的消费。但是,这项调查受到了批评,因为它只选取了 36 个家庭作为样本,而且这些家庭的父母在子女离开他们时都已经异常年迈。克洛斯和洛特克(Klos and Rottke,2013:ii)采用一个规模较大的德国数据集来分析父母对子女离家做出的反应。他们发现,"在子女离开父母的头四年里,家庭消费下降,储蓄显著增加"。然而,受过高等教育的父母更有可能送子女上大学,因此会继续负担子女读大学的相关费用,从而导致储蓄增加的"过渡"时间超过四年。克洛斯和洛特克(Klos and Rottke,2013:20)得出了"假设父母的消费在子女离开后仍保持不变,会夸大储蓄不足的问题"的结论。

采用另一种方法的分析人士对退休收入充足率问题进行了主观评价。如前所述,有子女家庭的人均财富似乎少于无子女家庭。这一结果表明,要么父母储蓄是为了改变他们自己的退休前消费,而不是改变家庭的总消费;要么有子女家庭与其他条件相似的无子女家庭相比,养老储蓄不足。如果真的出现后一种情况,那么,生育子女就可被认为不利于父母的退休规划。有人预计,在这种情况下,与无子女的退休人员相比,有子女的退休人员会对自己的收入、安全和生活质量做好更多的准备。罗韦德尔(Rohwedder,2006)采用健康状况与退休调查的数据对受访者关于以下问题的回答进行了分析:"总的来说,您对自己的退休生活是非常满意,还算满意,还是一点都不满意?""您觉得退休后的生活是变好了,与退休前差不多,还是没有退休前好?"以及"请告诉我,对于退休后没有足够的收入维持生活,您是很担心,有点担心,还是一点都不担心?"她分析发现,退休父母回答这些问题的方式与其他条件类似的无子女退休人员并没有显著的差异,这个发现支持了生育子女会以可预测、合理的方式影响父母为退休储蓄的观点。

为了说明根据家庭规模和构成进行调整可能会对社保替代率产生的影响,本章以下各节将使用奇特罗和迈克尔(Citro and Michael,1995)构建的框架来计算生活在同一家庭的"等同成年家庭成员"(adult equivalent)的人数。"等同成年家庭成员"的表达式是:

$$\text{等同成年家庭成员}(A+PK)^F$$

式中,A 表示家庭中的成年成员人数,K 是未成年成员人数,P 是未成年成员相对于成年成员的生活成本,而 F 则是一个反映家庭规模经济的因子。按照通常的做法,笔者假设 P 和 F 的值都是 0.7。P 的值越小,就越会导致家庭未成年成员相对较低于成年成员的生活成本,而 F 值越小,则会随着家庭规模的扩大而导致越大的规模经济。笔者假设,子女在年满 21 岁前都属于家庭成员。

在任何一年,个人的收入假定等于家庭总收入除以家庭"等同成年成员"的人数,而职业生涯年均收入是根据家庭规模调整后的年收入,因此,这种方法可用来考虑在受访者是单身、已婚、离异或再婚,无子女,有子女一起生活,子女已经离家等各种情况下的收入。同样,受访者的家庭社保福利金或其他退休收入总额除以计算替代率时的家庭等同成年成员的人数,就能得到计算替代率时的个人收入。对于少数仍有子女一起生活的退休家庭,可以根据家庭成员情况对社保福利金和养老福利金进行调整。

如何说明社保替代率?

我们使用政策模拟小组开发的一套微模拟模型来计算社保替代率。[1] 这些模型模拟了美国人参加社保计划以及由雇主资助的待遇确定型养老金计划和

---

[1] 关于这些模型的背景资料,可参阅 Holmer 等人(2015)。请访问 www.polsim.com。

缴费确定型养老金计划的情况。这些美国社会保障总署、劳工部和国家审计总署使用的模型都为复制类似于由美国社会保障理事会（Social Security's Board of Trustees）和社会保障总署首席精算师办公室取得的结果的系统层面和分布结果而接受过标准化。

计算社保替代率用的分母是根据年龄在21～65岁之间的个人或成员年龄在21～65岁之间的家庭的收入现值，用社会保障信托基金（Social Security Trust Funds）的历史或预计收益计算的。年龄在21～65岁之间的个人或成员年龄在21～65岁之间的家庭的收入现值被转换成一种每年随平均工资指数或消费者价格指数增加的稳定收益路径。这些数值与其他研究使用的退休前收入指数化平均值在性质上相似，但它们被设计为包括有收入年份（earnings-years）并与终身收入现值保持一致的数值。①

笔者以1940年出生并活到70岁的个人为例来说明模拟结果。笔者之所以选择活到70岁的个人，是因为几乎所有符合条件的个人到了70岁的年龄都已经领取社保福利金。② 社保替代率等于个人的规定社保福利金总额（包括任何辅助补充福利金）占本人35年最高收入平均值的百分比。夫妻的社保替代率等于夫妻的社保福利金总额除以夫妻的退休前平均收入。合并退休收入替代率包括社保福利金、待遇确定型养老金计划的养老金给付额以及雇主赞助的缴费确定型养老金计划用通胀指数化年金给付额表示的数额。雇主资助计划外的退休储蓄没有包括在这些计算中，房屋净值也没有包括在内。

用与平均工资指数挂钩的收入计算的个人社保替代率中位数是60%，这个替代率远远高于通常讨论的40%。如前所述，美国社会保障总署曾经表示，平均收入者可获得40%的社保替代率。同样，戈斯等人（Goss et al.，2014）给出了2011年社保福利金申领者的个人替代率，他们发现用与工资挂钩的平均收入计算的社保替代率中位数是39%。笔者的模拟结果与社会保障总署和戈斯等人的模拟结果之间的差异是由替代率计算方法以及计算替代率时包括的受益人人数和福利内容不同造成的。

笔者计算社保替代率使用的分母是21～62岁期间挣到的与工资挂钩的全

---

① 这种计算替代率分母的方法对任何给定年份都只有相对较小的分布影响。但是，随着时间的推移，退休前收入现值会发生变化，因此，利率的变化可以改变平均替代率。

② 62～70岁人群的死亡率会在一定程度上改变70岁人群的社保替代率，从而有可能不成比例地减少替代率高于平均水平的低收入退休人员的人数，同时还会增加替代率往往也是较高的女性丧偶者的人数。

部收入的平均值,而美国社会保障总署计算社保替代率使用的分母是个人 35 年最高收入的平均值。因此,笔者在这里使用的终身收入低于美国社会保障总署使用的终身收入,从而就计算得出了较高的社保替代率,但也提供了一个不同的可用来衡量社保计划如何处理终身总收入的个人更优标准。

此外,笔者在计算社保替代率时采用的 1940 年出生的人群不但包括全部活到 70 岁的社保福利受益人,而且还包括那些只领取(配偶或丧偶者)辅助补助金的受益人。相比之下,戈斯等人(Goss et al.,2014)在计算社保替代率时只包括那些根据本人的收入记录有资格申领社保福利金的人。同样,对于有资格根据本人收入领取社保福利金的个人,笔者在计算社保替代率时还包括他们可领取的全部福利金,包括配偶或丧偶者辅助补助金,而戈斯等人(Goss et al.,2014)只计算受益人根据本人收入记录领取的社保福利金。这种计算方法明显低估了那些可领取配偶或丧偶者辅助补助金的退休人员(通常是女性退休人员)的总社保福利金。2012 年,大约有 1/5 的退休人员领到了辅助补助金,而这些辅助补助金使他们的总社保福利增加了 78%(Biggs et al.,2015)。

这里介绍的个人社保替代率虽然很难解释清楚,但却更加完整地反映了社保受益人群和他们领到的社保福利金。例如,如果一个很少外出工作的妻子领到了相对于她本人收入而言很高的社保福利金,而她在退休前的生活水平取决于她丈夫的收入,那么,她的情况对于退休准备来说意味着什么呢?我们认为,她的情况证明了以家庭为单位计算社保替代率的合理性。这样,我们既避免了解释社保替代率的问题,同时又把整个社保受益人群和他们领到的全部社保福利金包括在内。

当我们以家庭为单位计算与工资挂钩的社保替代率时,1940 年出生的人群的社保替代率中位数从 60% 下降到 54%。也许更重要的是,社保替代率很低和很高的人数减少了。例如,以夫妻为单位计算,有 10% 的社保福利受益人的社保替代率达到了 100%;而以个人为单位计算,前 10% 受益人的社保替代率则高达 165%。

尽管如此,这些社保替代率是根据按平均工资指数化的收入计算出来的,它们实际上是通过拿受益人领到的社保福利金与在职人员的收入,而不是与他们自己的退休前收入进行比较计算出来的。在计算社保替代率时采用按消费者价格指数化的分母可以更好地说明如何拿家庭社保福利金或养老福利金与他们自己退休前平均收入的购买力进行比较。对于 1940 年出生的人群,用按消费者价格指数化的退休前收入计算的个人社保替代率中位数是72%,而用按工资指数化的退休前收入计算的个人社保替代率中位数则是60%;用按消费者价格指数化的退休前收入计算的夫妻社保替代率中位数是65%,而用按工资指数化的退休前收入计算的夫妻社保替代率的中位数则是54%。

接下来,我们考虑根据家庭规模和构成进行调整如何改变社保替代率。按家庭规模进行调整,能使1940年出生的人群用按通胀指数化的平均退休前收入计算的家庭社保替代率的中位数从65%提高到82%。毫不奇怪,按家庭规模进行调整对1940年出生的人群中的未婚个体影响最小,仅仅使他们的社保替代率中位数从67%上升到了68%,因为这类个体的社保替代率可能受到无子女的影响。按家庭规模进行调整会对已婚者产生大得多的影响,能使他们的社保替代率中位数从61%提高到82%。按家庭规模进行调整,会导致离异者的社保替代率中位数发生较小但仍很重要的变化,即从64%上升到75%。对于丧偶个体来说,按家庭规模进行调整的影响主要取决于性别:通过按家庭规模进行调整,男性丧偶者的社保替代率会提高,因为他们在家庭退休前收入中占的份额通常低于他们自己的退休前收入。在按家庭规模进行调整以后,男性丧偶者的社保替代率中位数从78%上升到了87%;而对女性丧偶者的社保替代率正好产生相反的影响——社保替代率中位数从88%下降到了81%,这也反映了独居退休人员相对于退休夫妇损失的规模经济。

PSG(政策模拟小组)模型也对雇主资助的养老金计划的福利进行了模拟,允许计算覆盖退休总收入更大份额的退休收入替代率。PSG模型还对个人退休账户滚存养老储蓄进行了模拟,但没有对与滚存养老金储蓄无关的个人退休账户或其他个人退休储蓄进行模拟。这样做的假设前提是,缴费确定型养老金账户的收益等于社会保障信托基金的收益。在退休时,退休家庭被认为会把缴费确定型养老金账户转换成按通胀调整的年金。

不过,PSG模型并没有对包括住房权益、非退休资产收入和社保外政府转移支付计划的补助在内的全部退休收入来源进行模拟。对于1940年出生的人群来说,社保福利金以及待遇和缴费确定型计划养老金收入的总和大约占到退休家庭非劳动总收入的2/3,这意味着退休总收入有可能多于社保福利金和雇主资助的养老福利金的总和。①

---

① 请参阅布特里卡等人(Butrica et al., 2012:table 6)。

如果把雇主资助的养老金收入和社保福利金合在一起,那么,在根据家庭规模进行调整后,用按消费者价格指数化的退休前收入计算的退休收入替代率的中位数就上升到了126%。有75%家庭的退休收入替代率超过了占其职业生涯平均收入85%的比例,90%家庭的退休收入替代率超过占其职业生涯平均收入50%的比例。因此,在考虑了生活费用方面的规模经济、子女花费的家庭收入以及与工作相关的成本以后,大多数70岁人群的家庭生活水平似乎高于他们退休前的平均生活水平。

相比之下,如果在不进行家庭规模调整的情况下,对于1940年出生的人群中43%的个体来说,用按工资指数化的收入计算的退休收入替代率没有达到社保福利金和养老福利金合并替代率的75%。因此,关于美国人是否面临退休"挑战"或退休"危机"的许多不同意见可归因于对收入充足率的不同定义,但不可归因于对美国人实际退休收入具体是多少的不同预测。

结束语

退休收入替代率是个人、理财顾问和政策制定机构常用的衡量退休收入充足率的指标,但直到最近仍很少有人关注如何计算退休收入替代率的问题。最初美国采用程式化工资收入者不切实际的收入模式,拿退休人员的退休收入除以其临近退休时的收入这种简单的方法来计算退休收入替代率,并且忽略了配偶的收入和储蓄的作用。但最近,由于采用美国社会保障总署的数据和微模拟模型,因此,计算退休收入替代率的方法得到了改进,而计算退休收入替代率已经采用退休人员整个职业生涯的平均收入,而不是他们退休前一年的收入。

即便如此,关于计算退休收入替代率时如何对退休前收入进行指数化的问题,仍然存在关键的概念分歧。按价格指数化的退休收入替代率衡量的是家庭在退休后替代其退休前平均消费的能力,而按工资指数化计算的退休收入替代率实际上是在比较退休家庭的收入与在职家庭的收入。鉴于退休家庭希望维持自己退休前的消费水平,而不是与在职家庭的生活水平进行"攀比",因此,采用经过通胀调整的收入计算的退休收入替代率可能是一种衡量退休收入充足率的较优速算方法。

关于在计算退休收入替代率时应该如何考虑生育子女对父母退休储蓄需要的影响这个问题,也存在意见分歧。有关这个问题的研究仍在继续,但与其他方面相似的无子女家庭相比，有子女家庭确实较少为退休储蓄。尽管如此，对退休收入充足率的主观评价似乎并没有显示，有子女家庭受到了不利的影响。所以，根据家庭规模和构成进行调整的做法似乎是一种以更具有可比性的方式分析有子女家庭和无子女家庭退休收入替代率的合理方法。

采用这些不同的方法计算的模拟人群退休收入替代率表明定义问题有多么重要。有许多模型被用于预测未来美国退休人群的退休收入、社保福利金和养老金收入。然而，与不同模拟模型预测的退休收入数额差异相比，如何考虑、定义和计算退休收入充足率方面的差异，似乎会对人们退休准备的看法产生更大的影响。出于这个原因，分析人士和政策制定机构退而了解美国人在为退休储蓄时想做些什么，这一点极其重要。美国人是想维持自己个人或家庭的退休前消费水平，还是想维持他们和子女一起生活时的消费水平？同样，他们是关心保持退休前的消费，还是更在乎"与别人攀比"，即在退休后能维持与在职人员相同的生活水平？这些概念性问题与预测美国人未来收入、社保福利和养老金收入的技术性问题一样重要。尽管诸如社会保障总署、国会预算局、劳工部等政府机构已经花费大量的资源来预测未来退休人员的收入，但未来最有成效的措施可能是把研究重点更紧密地放在未来退休人员需要多少收入才能过上体面的退休生活这个问题上。

参考文献

Bernheim, B. D., L. Forni, J. Gokhale, and L. J. Kotlikoff (2000). 'How Much Should Americans Be Saving for Retirement?' *American Economic Review,* 101(3): 288–92.

Biggs, A. G., G. Pang, and S. J. Schieber (2015). 'Measuring and Communicating Social Security Earnings Replacement Rates,' *Journal of Retirement,* 2(4): 69–85.

Butrica, B. A., K. E. Smith, and H. M. Iams (2012). 'This is Not Your Parents' Retirement: Comparing Retirement Income across Generations,' *Social Security Bulletin,* 72(1): 37–58.

Citro, C. and R. Michael (1995). *Measuring Poverty: A New Approach,* Washington, DC: National Academy Press.

Clingman, M. and O. Nichols (2004). *Scaled Factors for Hypothetical Earnings Examples under the 2004 Trustees Report Assumptions,* Actuarial Note Number 2004.3. Baltimore, MD: Office of the Chief Actuary, Social Security Administration.

Coe, N. B. and A. Webb (2010). *Children and Household Utility: Evidence from Kids Flying the Coop,* Center for Retirement Research Working Paper, 2010-16. Chestnut Hill, MA: Center for Retirement Research. <http://crr.bc.edu/wp-content/uploads/2010/11/wp_2010-16-508.pdf>.

Congressional Budget Office (CBO) (2014). *CBO's 2014 Long-Term Projections for Social Security: Additional Information.* Washington, DC: CBO.

Duesenberry, J. S. (1949). *Income, Savings and the Theory of Consumer Behavior.* Cambridge, MA: Harvard University Press.

Engen, E. M., W. G. Gale, C. E. Uccello, C. D. Carroll, and D. I. Laibson (1999). 'The Adequacy of Household Saving,' *Brookings Papers on Economic Activity*, 1999(2): 65–187.

Frank, R. H. (2005). 'Positional Externalities Cause Large and Preventable Welfare Losses,' *American Economic Review*, 95(2): 137–41.

Gale, W. G., J. K. Scholz, and A. Seshadri (2009). *Are All Americans Saving 'Optimally' for Retirement?* Working Paper. Madison, WI: University of Wisconsin–Madison. <http://www.ssc.wisc.edu/~scholz/Research/Are_All_Americans_v6.pdf>.

Goss, S., M. Clingman, A. Wade, and K. Glenn (2014). *Replacement Rates for Retirees: What Makes Sense for Planning And Evaluation?* Actuarial Note Number 155. Washington, DC: Social Security Administration.

Grad, S. (1990). 'Earnings Replacement Rates of New Retired Workers,' *Social Security Bulletin*, 53: 2.

Holmer, M., A. Janney, and B. Cohen (2015). *PENSIM Overview.* Washington, DC: DOL. <http://www.polsim.com/doc/overview.pdf>.

Hurd, M. D. and S. Rohwedder (2011). *Economic Preparation for Retirement*, NBER Working Paper, 17203. Cambridge, MA: National Bureau of Economic Research.

Hurd, M. D. and S. Rohwedder (2014). *More Americans May Be Adequately Prepared for Retirement than Previously Thought*, RAND Corporation RB-9792. Santa Monica, CA: RAND Corporation.

Klos, A. and S. Rottke (2013). 'Saving and Consumption When Children Move Out,' Paper presented at Beiträge zur Jahrestagung des Vereins für Socialpolitik 2013: Wettbewerbspolitik und Regulierung in einer globalen Wirtschaftsordnung— Session: Household Behavior, No. C12-V3. <http://hdl.handle.net/10419/79786>.

MacDonald, B. J. and K. D. Moore (2011). *Moving beyond the Limitations of Traditional Replacement Rates*, Society of Actuaries Working Paper. Washington, DC: Society of Actuaries. <http://www.soa.org/research/research-projects/pension/default.aspx>.

Mitchell, O. S. and J. W. R. Phillips (2006). 'Social Security Replacement Rates for Alternative Earnings Benchmarks,' *Benefits Quarterly* (Fourth Quarter), 22(4): 37–47.

Munnell, A. H. (2014). 'Yes, There is a Retirement Savings Shortfall,' *Market Watch*. July 16. <http://blogs.marketwatch.com/encore/2014/07/16/yes-there-is-a-retirement-savings-shortfall>.

Munnell, A. H. and M. Soto (2005). *What Replacement Rates do Households Actually Experience in Retirement?* Center for Retirement Research Working Paper, 2005–10. Chestnut Hill, MA: Center for Retirement Research.

Munnell, A. H., A. Webb, and L. Delorme (2006). *A New National Retirement Risk Index*, CRR Issue Brief #48. Chestnut Hill, MA: Center for Retirement Research.

Nichols, O. (1977). *Actual Replacement Rates for Retiring Workers*, Actuarial Note Number 93. Washington, DC: Office of the Chief Actuary, Social Security Administration.

Rohwedder, S. (2006). *Self-Assessed Retirement Outcomes: Determinants and Pathways*, MRRC Working Paper, 2006–141. Ann Arbor, MI: Michigan Retirement Research Center.

Scholz, J. K. and A. Seshadri (2007). *Children and Household Wealth*, MRRC Working Paper, 2007–158. Ann Arbor, MI: Michigan Retirement Research Center.

Skinner, J. (2007). 'Are You Sure You're Saving Enough for Retirement?,' *Journal of Economic Perspectives,* 21(3): 59–80.

Social Security Administration (SSA) (2013). *Annual Statistical Supplement to the Social Security Bulletin, 2012.* Washington, DC: Social Security Administration.

Social Security Administration (SSA) (2014). 'Social Security Retirement Planner: Decide When to Retire.' <http://www.ssa.gov/retire2/>.

Social Security Trustees (2013). *The 2013 Annual Report of the Board of Trustees of the Federal Old-Age and Survivors Insurance and Federal Disability Insurance Trust Funds.* Washington, DC: Social Security Administration.

Social Security Trustees (2014). *The 2014 Annual Report of the Board of Trustees of the Federal Old-Age and Survivors Insurance and Federal Disability Insurance Trust Funds.* Washington, DC: Social Security Administration.

Steuerle, C. E., C. Spiro, and A. Carasso (2000). *Measuring Replacement Rates at Retirement,* Straight Talk on Social Security and Retirement Policy, 24. Washington, DC: Urban Institute.

第九章 事关养老储蓄者和终身年金受益人成本和风险的基本原理

凯瑟琳·唐纳利(Catherine Donnelly)
蒙特塞拉特·吉兰(Montserrat Guillén)
延斯·佩克·尼尔森(Jens Perch Nielsen)

    本章旨在提高养老储蓄者有关自己退休时可用财富的确定性。为了做到这一点,我们讨论了如何设计新的透明投资策略在预期退休日期到来前执行的问题。由于降低退休时可用财富的不确定性需要承担理财成本,因此,我们考察了这个成本/风险取舍问题。

    养老储蓄者首先必须为自己退休时可用的财富确定一个上限,这样才能确定新的透明投资策略。采用这种方法令人惊讶的结果是,与没有确定这个财富上限相比,在确定了财富上限以后,养老储蓄者更有可能达到这个财富上限。例如,我们假设某个养老储蓄者确定了退休时有10万美元财富的上限,并推行为此制定的最佳投资策略,这就意味着,这个养老储蓄者带着10万美元财富退休的概率是70%。但是,推行这一投资策略也意味着这个养老储蓄者在退休时的财富绝对不会超过10万美元。此外,我们假设,如果摆脱这个财富上限的约束,就可能推行一种不同的最优投资策略,而这种投资策略有50%的概率能产生10万美元或更多的退休财富。

    我们提出的投资策略得到了充分的描述,它们可通过定制的投资产品来付诸实施,如某种托管账户或目标日期基金,也可以由经验丰富的个人来执行。它们可能会使养老储蓄者为自己的退休生活进行更好的规划,因为养老储蓄者更能确定退休后有多少钱可花。

    我们来考虑一个一次性缴费的养老储蓄者,打算在30年后退休(考察一次性缴费储蓄者得出的结果可以很容易地扩展应用到采用追加缴费方式的养老储蓄者)。单笔缴费投资是根据一种确定退休财富上限和/或下限的投资策略进行的。下面,我们来分析退休财富的分布。

背景与动机

至少有以下四个因素会影响养老储蓄者和年金受益人的认识:

(1)养老储蓄期限:养老储蓄者的退休日期和寿命总存在不确定性;

(2)用按风险经过调整的指标衡量的回报:虽然目前并没有就如何最好地衡量投资业绩这个问题达成广泛的共识,但我们认为,风险和回报都应该用分位数,而不是(譬如说)预期值等来衡量;

(3)波动性:波动的投资收益意味着到退休时积累的财富数量是不确定的,因此,部分养老储蓄者厌恶投资收益波动,而许多养老储蓄者则厌恶资金损失;

(4)费用:投资管理成本的主要问题是定价缺乏透明度以及养老储蓄者不了解投资组合管理费用会造成的投资收益损失。

我们研究养老储蓄的方法有赖于三个概念。首先,对任何投资策略的比较都必须根据绩效风险进行调整。我们所说的绩效风险是指遭遇重大损失的可能性。大部分有关储蓄计划绩效的研究(Gerrard et al.,2014;Guillén et al.,2013,2014;De Franco and Tankov,2011;Benartzi and Thaler,1999)都缺乏这样的风险调整分量。其次,长寿风险通常是通过以很高的成本把风险转移给第三方的方式来管理的。我们认为,集中管理长寿风险可以潜在地为养老金领取者节省大量的成本(Donnelly et al.,2014)。最后,管理费对退休时的财富产生重要的影响。许多作者已经研究表明,为管理投资基金和降低长寿风险而支付的费用导致养老金领取者的财富大幅缩水(Guillén et al.,2014;MacKay et al.,2015)。

一项对于养老储蓄者来说明智的退休和退休后投资策略需要分析退休后可用的财富的随机分布状况(Basu et al.,2011;Greninger et al.,2000;Browne,1999;Grossman and Zhou,1996)。某个特定时间点上储蓄和消费期间积累的财富取决于个人的投资决策和投资资产在整个投资期里所经历的市场状况。一个生活在十年经济扩张时期的消费者与另一个可能在泡沫破灭和经济衰退期间失去大部分资产的养老金领取者相比,可能会有不同的退休后可用财富。

他们一生的投资经历对应着两条结果相反的轨迹(Jin and Zhou,2008;Bodie et al.,1992)。

我们来考虑确定一种期初投入一笔资金或者定期投入一定资金的动态投资策略以便在预定退休日期达到目标资本总额的问题。许多研究都引入了投资组合或终期财富约束(Bouchard et al.,2010;Van Weert et al.,2010;Gaibh et al.,2009;Boyle and Tian,2007;Cuoco,1997;Korn and Trautmann,1995;Zariphopoulou,1994)。我们的研究要对达娜等人(Dhaene et al.,2005)阐述的问题——投资者希望找到以固定概率获得最高目标资本的最优恒定比例投资组合——进行不同的表述。我们引入了一种不同的风险观,因为我们同时考虑了目标资本上限和下限。我们规定投资者在退休时最多拥有一个目标资本,而达娜等人(Dhaene et al.,2005)则关注确保养老储蓄者至少以最大的概率获得目标资本。我们还提出了一个具有最高和最低目标资本(或者目标资本上下限)的更加一般的情境,这样养老金领取者就可以确保自己退休时的财富处于这两个目标资本之间。

在提出这个机制的同时,我们设法推介能使养老储蓄者获得位于目标资本上下限之间的潜在最终财富并使他们的投资组合根据他们选择的投资策略自动调整的透明、自动产品。正如莱什诺和莱维(Leshno and Levy,2002)以及冯·高德克尔等人(von Gaudecker et al.,2011)所指出的那样,人群的风险选择行为存在很大的异质性。因此,如果决策能自动进行,那么就能降低不确定性和成本。我们的最终目的就是要把我们建议的储蓄阶段投资策略与退休后的理财管理结合起来,以设计防范长寿风险成本也不是很高的年金计划。例如,在部分年金计划中,风险由基金参与者共同承担,而不是转移给保险市场(Donnelly et al.,2013,2014)。

养老金产品设计创新在欧洲十分罕见,因为欧洲的公共或职业养老金通常能提供可维持生计(或更高水平)的退休收入。欧洲的私人养老金部门大多使用传统产品,即享受一些节税优惠的退休前纯理财投资产品以及没有更多客户的退休后年金产品。

投资业绩对于终身投资者的重要性得到了广泛认可(Milevsky and Huang,2011)。养老储蓄者拿他们的积蓄进行长期投资,通常要长达几十年。微小的业绩偏差会随着几十年的回报而被大幅度放大。目前的投资业绩评估往往采用过于短视的方法,忽视了养老储蓄投资业绩长期性的问题,如我们也要在这里讨论的时间作用。

我们构建的模型和提出的策略的基本原理

我们的分析为退休时可用财富设定了限额,我们称之为设限情境。这些限额制约了退休时可用财富的随机分布,并且导致与不设限情境显著不同的风险—回报状况。我们对退休时可用财富设置了限额,并且对设限和不设限情境进行了比较。

图 9.1 和 9.2 对这两种情境进行了比较。图 9.1 展示了两个养老储蓄者不受限制的情境,显示了这两个养老储蓄者在 30 年里对自己的退休时可用财富不设限制的情境。其中的一个储蓄者非常不幸,他最终在退休时可用的财富比最初的投资少了很多(如浅灰线所示);而另一个储蓄者很幸运,最终实现了非常成功的投资(如黑线所示)。为了与设限情境进行比较,我们在图 9.1 中也给出设限情境中的上下限。设限情境中的上下限恰好被不设限情境中的模拟结果所超越。

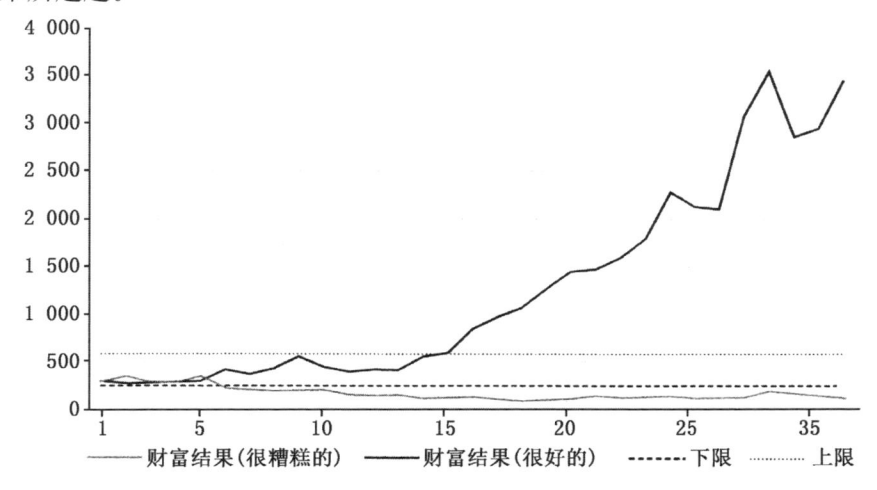

注:养老储蓄者奉行的投资策略没有对退休时可用财富设置任何限额。浅灰线表示那个投资结果少于最初缴费的养老储蓄者在投资期间的财富变化路径,而黑线则表示那个积累了大量投资收益的养老储蓄者在投资期间的财富变化路径。水平虚线和点线表示上下限,为与图 9.2 进行比较而添加。

资料来源:本章作者编制。

图 9.1　一次性缴费投资 30 年积累财富的样本退休时财富变化路径

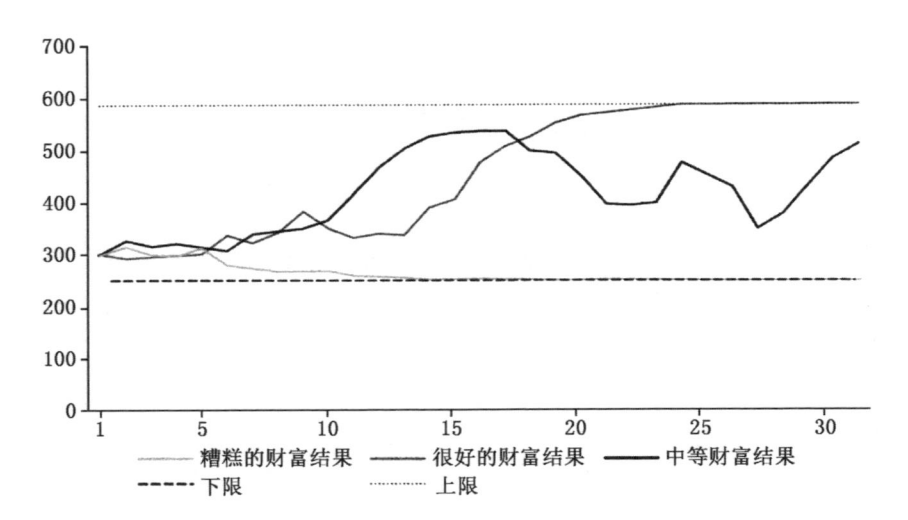

注：这种投资策略设置了退休时可用财富的下限（水平点线）和上限（水平虚线）。浅灰线表示到退休时只累积最少财富（假定等于下限）的养老储蓄者，深灰线表示积累了由上限规定的最多财富的养老储蓄者，而黑线则表示积累的财富位于上下限之间的养老储蓄者。

资料来源：本章作者编制。

图 9.2　一次性缴费设限投资 30 年积累财富的样本退休时财富变化路径

图 9.2 显示了设限情境中的退休财富上限和下限（由水平虚线和点线表示）。这种情境就意味着积累财富的轨迹被限制在上下限之间。具体来说，退休时可用财富不可能低于下限：图中浅灰线表示的情境就是如此。也就是说，每当浅灰线触到下限的折现值时，投资者就选择只投资于债券（在这些模拟中，年折现因子等于 1，因此，上下限在 30 年里恒定不变）。图中的第二条线，也就是深灰线，表示在退休前触到上限折现值的情境。这种情境与触到下限的情境非常相似：一旦深灰线碰到上限的折现值，投资者就把全部财富都投在无风险债券上。在用黑实线表示的第三种情境中，投资者一直处在上下限之间，而他积累的财富必然既不会跌破下限，也不会涨破上限。虽然投资有可能获得较多的收益，但投资者积累的财富至少不会少于最小值，但最多也不会超过最大值。

本章在附录中介绍了调整投资策略的技术性详细情况，唐纳利等人（Donnelly et al.，2014，，2015a，2015b）给出了更多的细节。

数字示例

本章研究了设限情境下的最优投资策略。我们把不设限策略作为基准策略。我们的初始投资是 300 单位,[①]时间跨度是 30 年。表 9.1 列示了采用设限策略积累的终期财富的分布状况。左边第一栏中的数值是用百分比表示的概率,随后各栏列示与每种不同情境下积累的财富相对应的百分数。

第二栏列示了不设限情境下积累的财富的百分数。在这一栏中,投资者期初有 300 单位的财富,30 年后有 1% 的几率最多还有 82.09 单位的财富,有 40% 的几率最多有 473.87 单位的财富。奉行不设限投资策略,就意味着 30 年后只有略大于 20% 的概率最终能积累比初始投资少的财富,有略小于 50% 的概率积累至少是初始投资两倍的财富。请注意:我们没有考虑通货膨胀;无风险利率为零。我们只假设有风险的股票比无风险的债券有更高的预期回报,并且我们用实际波动场景来计算表中例子的数值。

表 9.1 中的第三栏显示我们只设置 250 单位下限投资 30 年后积累的财富。这种投资策略意味着投资者有 30% 的概率在 30 年后最多可能导致 300 单位的初始投资损失 50 单位。设置下限也意味着初期投资至少翻倍的概率下降到了略低于 30%。换句话说,积累有保证的最少财富的代价就是失去潜在的高收益。

在第四栏里,我们只设置了一个 587.10 单位这个接近初始投资两倍的上限,投资者在 30 年后有 50% 的概率能积累达到上限的财富。与不设限的情境相比,设置上限的结果就是提高低分位数,但投资者有 1% 的概率最终只能积累 100.86 个单位的财富,这就意味着他有可能损失 2/3 的初始投资。

---

① 按照本章附录中使用的符号,我们把参量值确定为:$r=0, \mu=0, \sigma=0.1544, A=1, T=30, g=0, x_0=300$。需要注意的是,这里的参量值选择意味着投资者的风险规避常数为 $\gamma=-0.44$。我们使用了类似于唐纳利等人(Donnelly et al., 2015a)和吉兰等人(Guillén bet al., 2014)提出的参量。

表 9.1　在不设限和设置终期财富上下限的不同情境下初始投资 300 单位 30 年后可积累财富的分布

概率(%)	不设限[a]	只设 250 单位的下限[b]	只设 587.10 单位的上限[c]	同时设 250 单位的下限和 587.10 单位的上限[d]
1	82.09	250.00	100.86	250.00
2.5	111.91	250.00	137.49	250.00
5	146.08	250.00	179.48	250.00
10	198.62	250.00	244.03	250.00
20	288.14	250.00	354.02	250.00
25	331.88	250.00	407.76	256.80
30	376.80	250.00	462.95	291.56
40	473.87	312.82	582.22	366.68
50	587.10	387.57	587.10	454.28
60	727.38	480.17	587.10	562.82
70	914.77	603.88	587.10	587.10
75	1038.57	685.60	587.10	587.10
80	1196.24	789.69	587.10	587.10
90	1735.38	1145.59	587.10	587.10
95	2359.53	1557.63	587.10	587.10
97.5	3080.05	2033.27	587.10	587.10
99	4198.77	2771.78	587.10	587.10

注：a. 这一栏显示在不设终期财富约束的情况下以第一栏所示的概率可积累的最大终期财富。b. 这一栏表示采用限制终期财富不少于 250 单位的最优策略以第一栏所示的概率可积累的最大终期财富。c. 这一栏表示终期财富不超过 587.10 单位的最优策略下以第一栏所示的概率可积累的最大终期财富。d. 这一栏表示根据把终期财富限制在 250~587.10 单位之间的最优策略以第一栏所示的概率可积累的最大终期财富。

资料来源：本章作者编制。

表 9.1 的最后一栏列示了在设置上下限、完全受限情境中期末可积累的财富。这一栏的主要结果是，养老储蓄者在期末有 20% 的概率正好获得下限规定的 250 单位的财富。相比之下，在没有设限的情境中，投资者在期末有类似的

概率获得少于250单位的财富;而在设上下限、完全受限的情境中,投资者只有30%的概率可获得几乎是初始投资两倍的财富,但绝不会获得超过587.10单位这个上限的财富。事实上,投资者有50%的概率到期末可积累介于250单位和587.10单位之间的财富。

我们用$F_{(L,U)}(\cdot)$来表示给定下限L和上限U情境下的终期财富统计分布函数,并把这个函数解释为终期财富有$F_{(L,U)}(x)$的概率最多等于x。请注意,由于不设限情境等价于下限$L=0$、上限$U=\infty$的设限情境,因此,不设限情境下的终期财富分布函数是$F_{(0,\infty)}(\cdot)$。与前面一样,我们把不设限情境作为基准情境。

图9.3显示了三张概率图,使我们能够直观地比较设限和不设限情境下的终期财富分布。在图9.3a中,黑色实线表示$F_{(0,\infty)}(x)$相对于$F_{(250,\infty)}(x)$——对应于设置了250单位的下限,但没有设置上限的情境——的位置随着x变化的情形。这条线上的每个点对应可能的终期财富值,尽管这个值没有在图上明确标示。x和y坐标分别给出了设限和不设限情境下终期财富不超过这个值的概率。在图9.3的各图中,对角虚线就是$F_{(0,\infty)}(x)$相对于其本身的图示,我们把这条虚线作为基准线。

虚线下面的黑色实线表示设限情境中的分位数小于不设限情境中的分位数,而虚线上面的黑色实线则表示设限情境中的分位数大于不设限情境中的分位数。例如,黑色实线水平段的一部分位于虚线之上,这表明设限情境中的最小分位数位于不设限情境中的最大分位数之上,就相当于投资者的终期财富触碰到了设限情境中的下限。

在图9.3b中,黑色实线表示,$F_{(0,\infty)}(x)$相对于$F_{(0,587.10)}(x)$——对应于设置了587.10单位的上限,而没有设置下限的情境——的位置随着x变化的情形。在图9.3b中,设限情境中的低分位数大于不设限情境中的低分位数,只有在触到上限以后才开始下降。在图9.3c中,设限情境下的下限是250,上限是587。它给出了设限情境下的分位数,这些分位数通常在一个较小的区间内小于不设限情境中的分位数。图9.3表明,我们建议的方法可以把终期财富的分布限制在一个有限域内。

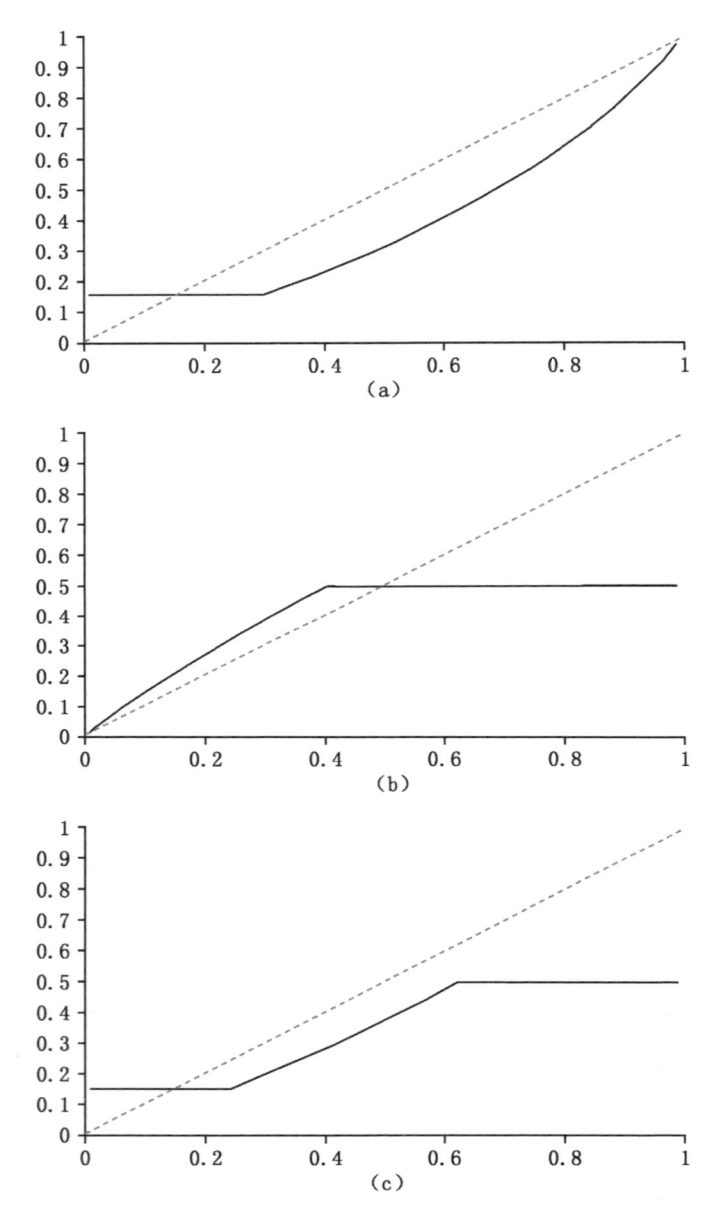

注：虚线对角线对应于不设限的情境。图 a 只考虑设下限的情境（黑色实线），图 b 只考虑设上限的情境（黑色实线），而图 c 则考虑同时设上下限的情境（黑色实线）。

资料来源：本章作者编制。

图 9.3　30 年后养老储蓄者可积累财富分布图

结束语

我们在储蓄或消费阶段对退休计划投资决策的困惑,在很大程度上是因为对风险了解不够。我们认为,使用给期望收入设限的方法来传递不确定性程度的信息要容易得多。通过让养老储蓄者确定财富的上限和下限,我们就能创造一种确定应投资于有风险股票的当前财富量的自动方法。这种方法能带来一种内嵌式保证,即可积累的财富绝不会小于养老储蓄者确定的下限,也绝不会大于养老储蓄者确定的上限。这种投资策略可由养老储蓄者本人或基金经理来执行。

只根据预期回报来比较投资策略的好坏,忽略了潜在结果中最危险的内容,我们认为决策者应该关注结果分布的极端情况。这就是我们重视用分位数来设定目标界限,把投资限制在目标界限以内,并通过风险调整判断来比较结果分布的原因。概率图的直观性充分体现了可付诸实施的投资策略的威力。

当我们像吉兰等(Guillén et al.,2014)那样研究行政管理成本对预期收益率或中位数收益率的影响时,我们确定了财富分布的风险水平。财富分布的风险水平可以用(财富)分布中的(低)百分位数来衡量(即风险值衡量指标)。然后,我们对两种财富分布———一种是无行政管理成本的财富分布,另一种是有正的行政管理成本且风险与给定基准相同的财富分布——进行比较。因此,我们发现投资收益的减少完全是由管理成本造成的,因此,有行政管理成本和无行政管理成本的财富分布百分数相同。这种方法允许对由于存在管理成本而损失的收益进行风险调整后的评价。在这里,我们已经看到,在养老储蓄者的背景下,终期财富的风险可以使用适当的投资策略来加以限制。因此,我们提出的机制不需要养老储蓄者自己来付诸实施,而是委托基金经理来降低风险。

致谢

蒙特塞拉特·吉兰要感谢 ICREA Academia 和西班牙政府对 ECO2013-48326-C2-1-P 研究项目的资助。

附录

我们假设根据一个时间上连续的市场模型,在有限时间范围[0,T](T 是大于 0 的整数)内进行投资。我们把 t 称作"结束时间"。市场由有风险的股票和无风险的债券构成,股票价格由一维标准布朗运动 $W=\{W(t); t \in [0,T]\}$ 驱动,无风险债券的价格过程是 $\{S_0(t); t \in [0,T]\}$,而有风险股票的价格过程则是 $\{S_1(t); t \in [0,T]\}$,它们的导数形式分别是:

$$dS_0(t)=rS_0(t)dt, \ dS_1(t)=S_1(t)(\mu dt+\sigma dW(t))$$

式中,$\sigma>0, S_0(0)=1$,而 $S_1(0)$ 则是一个固定不变、严格为正的常数。我们假设 $\mu>r$。

投资者在 t 时可获得的信息 F_t 由一直持续到 t 时的布朗运动产生。风险的市场价格是 $\theta=(\mu-r)/\sigma$。

投资者从一笔固定的非随机初始财富 $x_0>0$ 开始,并计划进行一个序列的已知未来储蓄 $a>0$。把 $C(t)$ 定义为投资者计划进行的从 0 到 t 期间的离散储蓄总和:

$$dC(t)=\begin{cases}a & \text{如果 } t=1,2,\cdots,T-1 \\ 0 & \text{否则}\end{cases}$$

换言之,在每个时期结束时,投资者就向他们的基金支付一笔缴费 $a>0$。

投资组合过程 $\pi=\{\pi(t); t \in [0,T]\}$ 平方可积,而 $\{F_t\}$ 则是循序可测量过程。投资者采用自筹资金策略在每个时期 $t \in [0,T]$ 把一笔资金 $\pi(t)$ 投入股票,因此,$\pi=\{\pi(t); t \in [0,T]\}$ 是一个投资组合过程。

对应于投资组合过程的财富过程 $X^\pi=\{X^\pi(t); t \in [0,T]\}$ 是由以下财富方程给出的 F_t 调整适应过程:

$$dX^\pi(t)=(rX^\pi(t)+\pi(t)\sigma\theta)dt+\pi(t)\sigma dW(t)+dC(t), X^\pi(0)=x_0$$

把投资者的储蓄计划 g——即投资者未来各期储蓄总和的折现值——定义如下:

$$g(t):=\int_t^T e^{-r(s-t)}dC(s), \forall t \in [0,T]$$

于是,投资者初始财富 $x_0>0$ 的允许投资组合集合可定义如下:

$$A:=\{\pi:\Omega\times[0,T]\to R: X^\pi(0)=x_0, and\ X^\pi(t)+g(t)\geq 0, t \in [0,T]\}$$

我们说,如果 $\pi \in A$,那么,投资组合过程 π 就可接受。

把状态价格密度过程 H 定义为 $H(t)=\exp\left(-\left(r+\frac{1}{2}\theta^2\right)t-\theta W(t)\right)$,对于每个 $t \in [0,T]$。投资组合过程 π 必须满足预算约束:

$$E(H(T)X^\pi(T))\leq x_0+g(0)$$

投资者的效用函数是幂效用函数：
$$v(x):=\frac{1}{\gamma}x^{\gamma}, x>0$$

对于一个固定的常量 $\gamma \in (-\infty, 1)\{0\}$，投资者在终期财富区间的约束下寻求终期财富预期效用的最大化。

把常量定义为 $A=\theta/(\sigma(1-\gamma))$，并把最大化过程定义为：
$$Z(t)=\exp\left(\left(r+\theta\sigma A-\frac{1}{2}\sigma^2 A^2\right)t+\sigma A W(t)\right), \forall t\in[0,T]$$

设有下限和上限的问题

唐纳利等人(Donnelly et al., 2015a)提出并解决了只设上限 U 的问题。在这里，我们把问题扩展到设有一个投资者的终期财富必然不会跌破的下限 $L \in (0,U)$ 的问题。这个问题，再加上设有上限的问题，就意味着投资者的终期财富位于 $[L,U]$ 的区间内。

已有作者(如 Basak, 1995)很好地研究了添加下限的问题。而且，设置下限也是合乎逻辑的，因为养老储蓄者通常会担心自己的养老财富低于某个最低水平。

为了避免投资者能立刻保证期末效用最大化这种不值得关注的情况和不能满足无套利条件的情况，我们假设 $L<(x_0+g(0))e^{rT}<U$。

问题 1

求 $\pi^\theta \in A$，使得：
$$E(v(X^{\pi^\theta}(T)))=\sup_{\pi\in A}\{E(v(X^\pi(T)))\}$$

并且几乎可以肯定 $X^{\pi^\theta}(T)\in[L,U]$。

设有下限和上限的最优终期财富

下一个命题给出了问题 2 在终期财富同时受到上限和下限约束时的最优终期财富表达式。

命题 1

期末 T 设限问题的一个解是：
$$X^\theta(T)=(z_0+g(0))Z(T)-\max\{0,(z_0+g(0))Z(T)-U\}$$

$$+\max\{0, L-(z_0+g(0))Z(T)\}$$

式中,选择 $z_0>0$,使得在投资者的初始财富 $X^\theta(0)=x_0$,储蓄计划 g 给定的情况下预算约束得到满足。

证明

这里的证明是唐纳利等人(Donnelly et al.,2015a)的一个命题证明的改编版。

命题 2

解决问题 2 的最佳投资策略,就是把以下数量的资金投资于有风险的股票:

$$\pi^\theta(t):=A[1-\Phi(d_+(t,P(t);U)-\Phi(-d_+(t,P(t);L))]P(t)$$

并且把 $X^{\pi^\theta}(t)-\pi^\theta(t)$ 的资金投资于无风险债券,在股票投资中,$P(t)=(z_0+g(0)Z(t))$,而对于每个大于 0 的 K,函数 d_+ 由下式定义:

$$d_+(t,y;K):=\frac{1}{\sigma A\sqrt{T-t}}\left(\ln\left(\frac{y}{K}\right)+\left(r+\frac{1}{2}\sigma^2 A^2\right)(T-t)\right), \forall y>0$$

证明

这里的证明根据前面的结果进行,具体证明可参阅唐纳利等人(Donnelly et al.,2015b)。

引理 1(百分数)

假设投资者有初始财富 $x_0>0$,并且执行储蓄计划 g。于是,我们可以定义:

$$\beta_p:=\sigma A\sqrt{T}\Phi^{-1}(p)+\left(r+\theta\sigma A-\frac{1}{2}\sigma^2 A^2\right)T$$

如果投资者采取最优设限策略,即终期财富被限制在区间 $[L,U]$ 内,那么,投资者有终期财富 $X^\theta(T)$ 的百分数概率是:

$$Q_p(X^\theta(T);(L,U))=\max\{L,\min\{U,(z_0+g(0))e^\beta p\}\}$$

证明

关于引理 1 的证明,可参阅唐纳利等人(Donnelly et al.,2015b)。

参考文献

Basak, S. (1995). 'A General Equilibrium Model of Portfolio Insurance,' *Review of Financial Studies*, 8(4): 1059–90.

Basu, A., A. Byrne, and M. Drew (2011). 'Dynamic Lifecycle Strategies for Target Date Retirement Funds,' *Journal of Portfolio Management*, 37: 83–96.

Benartzi, S. and R. Thaler (1999). 'Risk Aversion or Myopia? Choices in Repeated Gambles and Retirement Investments,' *Management Science*, 45(3): 364–81.

Bodie, Z., R. Merton, and W. Samuelson (1992). 'Labor Supply Flexibility and Portfolio Choice in a Life Cycle Model,' *Journal of Economic Dynamics and Control*, 16(3): 427–49.

Bouchard, B., R. Elie., and C. Imbert (2010). 'Optimal Control under Stochastic Target Constraints,' *SIAM Journal on Control and Optimization*, 48(5): 3501–31.

Boyle, P. and W. Tian (2007). 'Portfolio Management with Constraints,' *Mathematical Finance*, 17(3): 319–43.

Browne, S. (1999). 'Reaching Goals by a Deadline: Digital Options and Continuous Time Active Portfolio Management,' *Advances in Applied Probability*, 31(2): 551–77.

Cuoco, D. (1997). 'Optimal Consumption and Equilibrium Prices with Portfolio Constraints and Stochastic Income,' *Journal of Economic Theory*, 72(1): 33–73.

De Franco, C. and P. Tankov (2011). 'Portfolio Insurance under a Risk-Measure Constraint,' *Insurance, Mathematics and Economics*, 49(3): 361–70.

Dhaene, J., S. Vanduffel, M. Goovaerts, R. Kaas, and D. Vyncke (2005). 'Comonotonic Approximations for Optimal Portfolio Selection Problems,' *Journal of Risk and Insurance*, 72(2): 253–300.

Donnelly, C., R. Gerrard, M. Guillén, and J. P. Nielsen (2015a). 'Less is More: Increasing Retirement Gains by Using an Upside Terminal Wealth Constraint,' *Insurance, Mathematics and Economics*, 64: 259–67.

Donnelly, C., M. Guillén, and J. P. Nielsen (2013). 'Exchanging Uncertain Mortality for a Cost,' *Insurance, Mathematics and Economics*, 52(1): 65–76.

Donnelly, C., M. Guillén, and J. P. Nielsen (2014). 'Bringing Cost Transparency to the Life Annuity Market,' *Insurance, Mathematics and Economics*, 56: 14–27.

Donnelly, C., M. Guillén, J. P. Nielsen, and A. M. Pérez-Marín (2015b). *On the Practical Implementation of Retirement Gains by Using an Upside and a Downside Terminal Wealth Constraint*, UB Riskcenter Working Papers Series 2015-07. Barcelona: University of Barcelona.

Gaibh, A., J. Sass, and R. Wunderlich (2009). 'Utility Maximization under Bounded Expected Loss,' *Stochastic Models*, 25(3): 375–407.

Gerrard, R., M. Guillén, J. P. Nielsen, and A. M. Pérez-Marín (2014). 'Long-Run Savings and Investment Strategy Optimization,' *Scientific World Journal*, 2014, article ID 510531, 13 pages. doi:10.1155/2014/510531

Greninger, S. V. Hampton, K. Kitt, and S. Jacquet (2000). 'Retirement Planning Guidelines: A Delphi Study of Financial Planners and Educators,' *Financial Services Review*, 9(3): 231–45.

Grossman, S., and Z. Zhou (1996). 'Equilibrium Analysis of Portfolio Insurance,' *Journal of Finance*, 51(4): 1379–403.

Guillén, M., S. F. Jarner, J. P. Nielsen, and A. M. Pérez-Marín (2014). 'Risk-Adjusted

Impact of Administrative Costs on the Distribution of Terminal Wealth for Long-Term Investment,' *Scientific World Journal*, 2014, article ID 521074, 12 pages. doi: 10.1155/2014/521074

Guillén, M., J. P. Nielsen, A. M. Pérez-Marín, and K. Petersen (2013). 'Performance Measurement of Pension Strategies: A Case Study of Danish Life-Cycle Products,' *Scandinavian Actuarial Journal*, 2013(1): 49–68.

Jin, H. and X. Zhou (2008). 'Behavioral Portfolio Selection in Continuous Time,' *Mathematical Finance*, 18(3): 385–426.

Korn, R. and S. Trautmann (1995). 'Continuous-Time Portfolio Optimization under Terminal Wealth Constraints,' *Mathematical Methods of Operations Research*, 42(1): 69–92.

Leshno, M. and H. Levy (2002). 'Preferred by "All" and Preferred by "Most" Decision Makers: Almost Stochastic Dominance,' *Management Science*, 48(8): 1074–85.

MacKay, A., M. Augustyniak, C. Bernard, and M. R. Hardy (2015). 'Risk Management of Policyholder Behavior in Equity-Linked Life Insurance,' *Journal of Risk and Insurance*. Published online Sept. 24 (doi 10.111/jori.12094).

Milevsky, M. A. and H. Huang (2011). 'Spending Retirement on Planet Vulcan: The Impact of Longevity Risk Aversion on Optimal Withdrawal Rates (Corrected July 2011),' *Financial Analysts Journal*, 67(2): 45–58.

Van Weert, K., J. Dhaene, and M. Goovaerts (2010). 'Optimal Portfolio Selection for General Provisioning and Terminal Wealth Problems,' *Insurance, Mathematics and Economics*, 47(1): 90–7.

von Gaudecker, H. M., A. van Soest, and E. Wengström (2011). 'Heterogeneity in Risky Choice Behavior in a Broad Population,' *American Economic Review*, 101(2): 664–94.

Zariphopoulou, T. (1994). 'Consumption-Investment Models with Constraints,' *SIAM Journal on Control and Optimization*, 32(1): 59–85.

第十章 养老基金的基础设施投资与全球金融监管

哈维尔·阿隆索(Javier Alonso)

阿方索·阿雷利亚诺(Alfonso Arellano)

戴维·图艾斯塔(David Tuesta)

在最近的全球金融监管讨论中,私人养老基金可能应该投资于另类资产,尤其是基础设施项目,是一个引人注意的话题。[①] 根据经合组织的定义,基础设施项目是指:

国家、州或地区的公共工程系统,包括道路、公用事业管线和公共建筑。基础设施通常被用来开展旨在为公众提供基本服务的长期资本活动。基础设施投资被认为能在长期内产生可预测的稳定现金流。由于自然垄断以及政府规制或特许的原因,基础设施资产通常是在有限竞争的环境下运行,基础设施投资通常都是资本密集型投资,并且包括对必须长期运营和维护的有形资产的投资(Della Croce et al.,2011:15—16)。

虽然养老基金在进行基础设施投资时需要考虑相关的利弊,但至少有三个诱人的因素导致养老基金投资另类资产变得值得关注。首先,这些资产在盈利和风险方面都很有吸引力,许多养老基金显然在这两个方面有过成功的经历。其次,鉴于机构投资者常持长期观,因此,有人提出了这类长期资产适合机构投资者投资的论点。最后,在政府预算有限,银行因金融监管而被迫撤出对这种资产的投资的情况下,有人认为有必要为基础设施建设提供资金。

[①] 2015年2月,在哥斯达黎加圣荷西举行的国际养老金监督官组织(International Organisation of Pension Supervisors,IOPS)和国际养老基金监管机构组织(International Organisation of Pension Funds Supervisory Authorities,AIOS)会议上,这个议题成了这次会议的主要讨论内容。

在这样的背景下，世界各国都在推进旨在允许或促进养老基金投资基础设施的监管变革。一般来说，这方面的变革意味着允许养老基金更多地投资特定的基础设施建设项目，同时设计特定的金融工具来平衡养老基金会员在形象、风险、回报和投资组合多样化方面的投资评判标准。在这一章里，我们旨在评估政府监管对养老基金决定投资这类特殊金融资产的作用。我们进行了定量分析，目的是要揭示可能影响养老基金投资基础设施的不同解释变量，其中包括金融监管因素。在下文中，我们先强调指出鼓励养老基金投资基础设施项目的要素，并分析养老基金投资这种另类资产的利弊，然后重点关注不同地区与养老基金基础设施投资相互作用的金融监管因素。我们还进行了计量经济学分析，旨在评估目前哪些因素对养老基金投资基础设施具有最大的影响力。最后，我们以总结关键结论的形式来结束这一章。

导致养老基金投资基础设施趋势形成速度加快的因素

我们为21个国家72只投资项目包括基础设施的养老基金建立了数据库（见表10.1）。在目前正在进行基础设施投资的国家，养老基金的基础设施投资占其投资组合的比例平均为5.6%。这个平均水平受到两个正在积极进行基础设施投资的国家的影响，即加拿大（6.6%）和澳大利亚（8.6%）。值得注意的是，在我们的样本中，有十多只养老基金在非上市基础设施资产上的投资达到了占它们总投资10%~30%的水平。此外，据德拉·克罗斯（Della Croce, 2012）估计，2010~2013年，世界最大的十只养老基金把自己另类资产的配置比例从17.6%提高到了19.5%。有几个因素促成了这个趋势。

表 10.1   **养老基金的基础设施投资**

基金名称	实际(%)	目标(%)	年份
Aust-Ausfund	0	10.0	2010
Aust-BUSS(Q)	17.9	0.0	2010
Aust-Care	6	0.0	2010
Aust-Catholic	0	5.0	2010
Aust-Cbus	14.1	0.0	2010
Aust-Firstsuper	0	7.5	2010

续表

基金名称	实际(%)	目标(%)	年份
Aust-First State SA	3.5		2011
Aust-Future	8	0.0	2013
Aust-Health Super	4.6		2009
Aust-AusGov Superfund	6.7		
Aust-Hesta	0.8	10.0	2010
Aust-Hosplus	0	4.0	2009
Aust-Military	9	0.0	2010
Aust-MTM	31.1	25.0	2010
Aust-Q Super	6.2		2011
Aust-QIC	4	0.0	2010
Aust-State Super	1.9	0.0	2010
Aust-Sun Super	5.1	5.0	2013
Aust-Australian Super	9.8	14.0	2013
Aust-Retail Employees	13.8		2011
Aust-Reward	13.8		2011
Aust-Telstra	3	0.0	2010
Aust-Unisuper	4.4	6.5	2010
Aust-VIC	5.5	0.0	2010
Aust-West Schem	17.9	0.0	2010
Argentina-Sustainability Guarantee Fund	13.6	20.0	2013
Bras-Pension Funds	1.0	0.0	2010
Brasil-Previ	6.9	0.0	2013
Brasil-Funcef	6.9	0.0	2013
Brasil-Fapes	0.0	0.0	2013
Can-CPP Alberta	6.1		2012
Can-Caisse de Depo	1.4	8.8	2010
Can-CPP	6.1		2012
Can-CPPIB	5.5	0.0	2010

续表

基金名称	实际(%)	目标(%)	年份
Can-OMERS	14.9	21.5	2013
Can-OTTP	8.4	8.5	2013
Can-PSP	6.1		2012
Can-Quebec Pension Plan	4.0	5.0	2013
Chil-AFP	1.2	0.0	2010
Chil-Provida	0.0	0.0	2013
ChiI-Habitat	0.2	0.0	2013
Chi！-Pension Reserve Fnnd	0.0	0.0	2013
Col-AFP	0.7	0.0	2010
Den-PFA	0.8	0.0	2013
Finland-Ilmarien	0.3	0.0	2013
Finland-Keva	0.0	0.0	2013
Israel-Menora-Mitvachim	2.9	0.0	2013
Japan-Pension Fund Association	0.1	0.0	2013
Mex-AFORE	4.8	0.0	2010
Mex-AFORE XXI Banorte	0.3	5.0	2013
Mex-Banamex	1.8	2.5	2013
Ned-ABP	1.5	3.0	2013
Ned-PFZW	2.4	3.0	2013
Ned-PGGM	0.8	0.0	2010
Ned-PMT	0.6	1.0	2013
New Zealand-Superannuation Fund	1.9	0.0	2013
Per-AFP	3.7	0.0	2010
Portugal-BPI Pension Fund	3.3	0.0	2013
Portugal-CGD Staff's Pension Fund	1.6	1.6	2013
RSA-Gov Employees	0.1	0.0	2013
Swe-AP Fonden	0.8	0.0	2010
Swe-AP4	0.0	0.0	2013

续表

基金名称	实际(%)	目标(%)	年份
Swe-AP3	1.4	2.0	2013
Spain-Endesa	0.0	0.0	2013
Spain-Fonditel	0.1	0.0	2013
Turkey-Oyak	4.4	0.0	2013
UK-USS	4.4	5.0	2013
USA-Alaska PFC	0.0	18.0	2010
USA-Calpers	0.0	3.0	2010
USA-MERS	0.0	5.0	2010
USA-Calsters	0.0	2.5	2010
USA-NYC Combined Retirement Service	0.0	0.0	2013

注：表中"Aust"表示澳大利亚；"Can"表示加拿大；"Chil"表示智利；"Col"表示哥伦比亚；"Den"表示丹麦。

资料来源：本章作者转引自 Inderst(2014)、OECD(2014a)、Tuesta(2013)、Weber 和 Alfen(2010)、Future Fund Board(2011)、Infrastructure Partnerships Australia(2010)以及 Macquarie(2009)。

金融危机

在 2008～2010 年的金融危机结束以后，各国纷纷削减公共支出，从而严重阻碍了对经济增长至关重要的基础设施融资。

欧盟委员会(European Commission,2014c)表示，到 2020 年，欧洲需要为基础设施投资筹集 1.5 万亿～2 万亿欧元的资金，而美国同期也需要为基础设施投资筹集 1.7 万亿～3.0 万亿美元的资金。包括欧盟委员会(European Commission,2014a，2014b)在内的一些国际机构寻求推行与私营部门联合融资的方案，其中的一个原因就是，过去曾扮演融资角色的银行由于受到《巴塞尔协议Ⅲ》(Basel Ⅲ)的约束，特别是要接受资本充足率监管(Capital Requirement Regulation,CRR)，现在也面临资金供应的问题。有鉴于此，欧盟委员会表示，保险和养老基金业可能是参与基础设施融资的理想候选机构。

养老基金及其在经济中发挥的作用

随着养老基金和宏观经济稳定双赢局面的出现，有越来越多的人支持养老基金参与基础设施投资(Escriva et al.,2010)。图 10.1 显示了养老基金通过不同的传导机制,主要是金融、财政和劳动力市场机制,与经济增长之间形成的互动。该图还突出反映了基础设施发挥的作用以及它们对经济增长产生的影响,并且还表明养老基金可以成为基础设施项目的支持者及其对经济增长的影响。阿隆索等人(Alonso et al.,2009)的一项研究表明,基础设施的增长弹性可能位于 7.0%～13.5%之间。

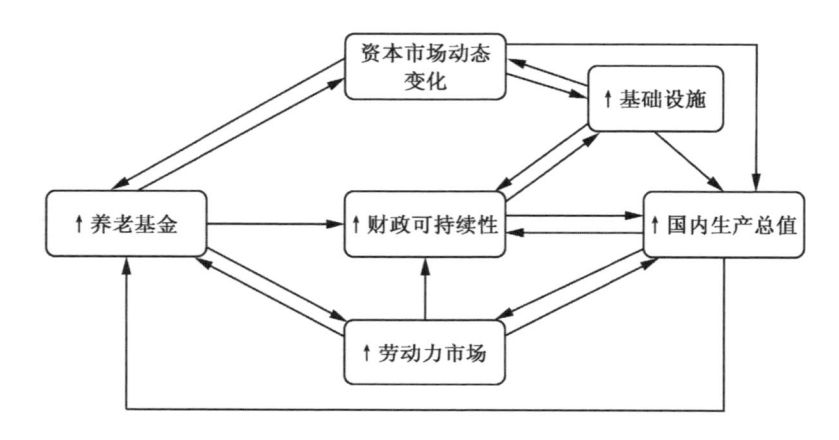

资料来源:本章作者绘制。

图 10.1　养老基金与基础设施:理论上的良性循环

在图 10.1 中,关注财政传导渠道也很重要。财政有可能受到正面影响,因为私营部门的参与意味着公共借贷需要的减少,从而降低财政疲软程度并促进经济增长。同样,资本市场通过养老基金发挥了重要的融资作用,为经济主体带来了更多的资源,并且还提高了财政效率和可持续性。

应该指出,要想使养老基金和基础设施投资之间这样的"良性循环"取得成功,必须有用途明确的好项目、合适的融资工具以及能使与基础设施项目建设有关的利益集团齐心协力地追求投资成效的制度框架。

超低的利率

低利率环境是另一个促使养老基金考虑投资基础设施项目的重要因素,因为这种另类资产可以抵消低利率给养老基金造成的负面影响。在缴费确定型养老金计划的情况下,低利率对已经受到寿命延长威胁的养老金积累过程产生了直接的影响;而待遇确定型养老金计划则难以在低利率环境下保证履行其承诺。

养老基金为何要投资基础设施？

除了上述促成养老基金投资基础设施项目政策趋势的因素外,至少考虑三个相关的理念性评判标准也很重要。

养老基金会员的看法

相关文献提出了各种不同的理由来证明养老基金加大基础设施投资的合理性(Alonso et al.,2009)。这些理由可以归纳为六个基本理念：

(1)养老基金的投资组合与基础设施项目的长期性在期限上非常吻合；

(2)基础设施往往像自然垄断企业、受监管的垄断企业或寡头垄断企业那样运行,会降低竞争水平或导致非市场竞争,从而有利于构建资产价值更加稳定的投资组合；

(3)基础设施项目资产与通常受经济周期涨跌影响的其他金融资产类别之间的相关性较小；

(4)基础设施为抵御通胀提供了保障；

(5)基础设施是一种很好的风险—回报选择工具；

(6)等项目成熟后,基础设施资产具有更大的现金流稳定性。

简而言之,基础设施有助于拓展投资组合的效率边界(Andrews and Wahba,2007;Weber and Alfen,2010;Sawant,2010)。

尽管基础设施投资具有以上这些诱人的特点,但统计数据缺乏有可能阻碍深入研究这个问题的进程。澳大利亚披露了有关这个问题的大量信息,彭和纽厄尔(Peng and Newell,2007)、伯德等人(Bird et al.,2012)、康纳利(Connolly,2012)以及英德尔斯特(Inderst,2014)都报告了澳大利亚基础设施投资风险调整后的高回报以及与其他资产类别低相关性的研究成果。英德尔斯特(Inderst,2014)指出,这个问题的有些方面需要更加深入的分析,因为许多有关这个问题的研究都使用小样本并根据预期价值来估算未上市基础设施的资产价值,因此往往会在高估潜在投资组合多样化的同时低估这类资产的价值波动性以及它们与上市投资工具的相关性。

养老基金负债及其在投资项目选择中的作用

是否把基础设施投资包括在养老基金投资组合中的决策,还应该取决于养老基金的养老金负债特点。养老金负债的价值与预期养老金给付额(未来现金流出)和折现率有关,而这里的折现率表示有可能导致工资、通货膨胀和许多非市场相关因素波动的内在风险。预期养老金给付额的增加也可归因于未来的服务成本和其他非市场相关因素。养老福利金的不确定性因人群以及与市场有关或无关的敞口风险而大相径庭。在最近的金融危机中,许多待遇确定型养老金计划确实遇到了资金问题。考虑到基础设施项目投资是长期投资,因此,这类投资可以与长期的养老金负债相匹配(Della Croce,2012;Della Croce and Yermo,2013)。基础设施投资机会在过去也被证明是一个问题,特别是对于英国规模较小的养老金计划来说(NAPF,2013)。

通过关注养老基金负债的特点和养老基金的财务状况,我们发现,对于养老基金来说,增加自己对长期基础设施的投资,有可能是明智之举。例如,医疗保健基础设施可能是一个值得关注的投资选项。云(Yun,2012)认为,医疗保健业将成为本世纪最重要的成长行业,而医疗保健业的基础设施资产则将是少数几种能够持续产生高回报的资产类别之一。人口减少和老龄化对大多数投资资产来说是一个人口统计学方面的不利因素,但对医疗保健业来说却是一个有利因素。因此,对医疗保健基础设施的投资可以使养老基金阻断长寿风险这个导致其收入与负债失衡的变量的影响。对养老基金来说,投资医疗保健行业或许是对冲长寿风险的一种天然方式。

投资基础设施的局限性

基础设施投资是一项非常复杂的工作,需要对股东、金融机构、监管机构、保险公司、基础设施项目建设者和营造商、原材料供应商和最终用户等不同利益相关者的利益进行协调(Tuesta,2015)。此外,为实现这个目标设计的特殊目的工具需要解决不同的风险和保险问题:施工(延误、额外成本、技术故障)、运营(产能不足、成本增加、产品质量)、供应合同(供应短缺或中断、供应价格)、金融市场(回报率、国际汇兑)、市场波动(需求、价格、延期付款)和政治因素(征用、政治动荡、监管)。

因此,养老基金可能难以应对所有这些问题和风险。为了有效构建基础设施投资组合,养老基金需要把重要的资源投资于人力资本,并且发展一定程度的与项目特点、市场运行和制度框架互动的专门技能,这很可能是我们从澳大利亚和加拿大养老基金那里可以借鉴的最重要经验(Inderst,2014)。从这两个国家的情况来看,要想鼓励养老基金参与基础设施项目投资,至少必须加强三方面的工作。

有好的项目可供投资

养老基金面临一些不利于其投资基础设施的因素。这些因素主要可归纳为每个国家国内金融市场项目许可(或项目融资)程序与不同条件之间的关系。此外,可能还有其他一些与养老基金评价这类资产投资和国家特有型监管的专业能力有关的更多是行业专有型障碍。项目融资还涉及一些内在风险(OECD,2014d)。对于绿地投资项目,内在风险在构思项目时就已经很明显,施工风险会导致项目成本超出预算。在运营阶段可能会遇到供应、运营和市场风险。市场风险是一种经常可能出现的风险,在基础设施预期使用量比初始估计低很多时就会发生,它会影响项目的盈利能力。此外,还有其他风险,包括监管、法律和信用风险。

养老基金进行基础设施投资会遇到一个更加根本的问题,这个问题就是缺乏高质量的基础设施投资项目。虽然一些国际机构的估计表明,全球有大量的潜在基础设施投资项目,但实际上,可利用的投资机会要有限得多。不同国家私营部门的融资传统存在巨大的差异。在欧洲,基础设施建设的常规融资程序导致本国的开发公司自己做本国的基础设施项目。例如,在西班牙和德国,大多数收费公路建设由公共部门提供资金,而在葡萄牙和法国等其他欧洲国家,收费公路建设由私营部门提供资金。此外,在发达国家,比较有利可图的基础设施项目已经建设完毕,而那些有待完成的项目往往涉及较多的风险和较不确定的盈利性。欧盟委员会(European Commission,2014 a,2014 b)在这种背景下提出了一个缓解这个问题的建议:在欧盟层面建立披露基础设施项目必要信息的渠道,以便任何欧盟国家的任何潜在机构投资者都可以参与基础设施建设项目的融资。

法制

那些与合同法不确定性有关的因素是另一些同样重要的影响基础设施投

资的因素。公共基础设施的投资者需要明确和稳定的法律法规以及高效的合同签订和执行程序(OECD,2014b)。然而,实际情况并非总是如此,有些国家的政府已经改变了它们签署的特许合同的某些条款。例如,西班牙政府没有履行在太阳能发电方面签署的合同,而开发商只能默默忍受电价下跌。这种违约行为可能会对基础设施项目的财务回报产生巨大的影响。

减险工具

金融部门的监管框架(巴塞尔协议Ⅱ和Ⅲ以及偿付能力Ⅱ)把衡量此类风险的必要性置于优先地位,并且规定了为防范这些风险所必需的资本金。然而,这种监管框架会阻碍某些机构为基础设施建设融资。此外,单一险种保险公司等传统保险公司在上次金融危机期间纷纷倒闭。在没有单一险种保险公司支持的情况下,信用评级机构就会对很多基础设施投资项目做出差评。例如,对项目债券的使用自 2008 年以来已经有所萎缩,原因就是信用评级机构下调了担保项目债券的单一险种保险公司的信用等级(OECD,2014d)。

许多人认为,世界银行、国际开发银行或欧洲投资银行等国际金融机构参与基础设施投资,已经成为金融危机后出现的基础设施基本融资方式。尽管如此,公私合作关系(PPP)仍可被视为有助于激励私营部门参与基础设施融资(World Bank,2011)。有些基础设施项目可能从经济的角度看并没有可行性,但却可能具有社会可行性或能产生正外部性。在这种情况下,私营部门不会愿意承办这样的项目,除非得到某种确保适当投资回报的最低收益保证。但是,政府必须确保基础设施投资能创造高于基础设施建设成本和需担保风险的价值。

全球金融监管与养老基金的基础设施投资

2004 年生效的巴塞尔协议Ⅱ迫使贷款机构为防范运营风险和市场风险增加资本金。巴塞尔协议Ⅱ允许贷款机构使用内部模型来计算其根据风险加权的资产。2008~2010 年的金融危机暴露了由贷款机构的高杠杆率、流动性问题以及低水平和低质量的资本金造成的金融体系脆弱性。巴塞尔协议Ⅲ就是旨在消除这种脆弱性的产物,它要求金融机构提高其资本金的质量和数量,加强风险管理体系建设,降低杠杆率,增加流动性,并采取逆周期措施。

全球金融监管对银行参与基础设施项目融资的限制

全球金融监管对基础设施融资产生了立竿见影的影响。首先,融资机构变得更加厌恶风险。有些国家规定了 50% 的流动性覆盖率(Liquidity Coverage Ratio,LCR),这项规定实际杜绝了对基础设施项目进行融资的可能性。其次,流动性覆盖程度取决于融资期限,因为,融资期限越长,资本金消耗就越多。由于基础设施建设和运营融资具有长期性的特点,因此,这项规定进一步抑制了对基础设施项目的持续投资。

除了全球立法外,还有一些当地法规可能也会对与基础设施融资相关的产品的开发产生负面影响。例如,西班牙的基础设施融资基金一直没能取得成功,因为这些基金必须遵守的偿付能力要求成了阻碍它们组织公私合作项目竞标的障碍,原因就在于它们管理的基金通常并不是公司型基金。这些招标项目常常是为建筑公司安排的(CEOE,2013)。

养老基金的基础设施投资及其监管

有几个原因导致对养老基金投资基础设施的监管变得复杂,首先是确定养老基金可参与哪些基础设施项目投资的问题;其次,历史数据不足以评估这方面的监管可能产生的影响。这些资产由实物设施支持,因此,它们的特点将决定项目融资的具体类型。收费公路投资项目的融资方式不同于光伏发电厂或医院投资项目的融资方式。例如,一条连接一个国家两个主要城市的收费公路与一条连接人口相对稀少地区的收费公路也没有直接的可比性。除了不同类型的基础设施外,投资项目的类型还必须反映它是绿地投资还是旨在维护或改善现有资产的"褐地投资"。融资项目还必须考虑投资采用股票形式还是债券形式以及这些投资工具是否在有组织的市场上交易。有时是直接投资建设基础设施,而另一些时候则通过其他金融工具进行间接投资。有直接关系的投资包括,譬如说,养老基金通过购买项目债券、债务抵押债券向开发商提供贷款,或者通过购买绿地投资份额的方式入股一项或数项具体的基础设施项目。间接投资可以通过购买参与基础设施开发的上市公司的股票,或者购买无论是否上市的基础设施投资基金。考虑到养老基金有这么多投资基础设施的可能性,理想的监管方式几乎就是为每个项目制定具体的监管措施。不过,这显然是不可能的,而且在这方面也存在制定一般监管措施的困难。

在一些国家,投资基础设施资产的养老基金是在本国融资性投资监管、资本市场允许或禁止这类投资的复杂程度以及养老基金获得基础设施直接或间接融资的技术可能性强加的限制条件下进行基础设施投资的。不同国家也针对这种复杂性采取了不同的监管对策,有的依靠养老基金进行基础设施投资的总体灵活性,而有的则强制规定约束条件。

金融监管极为灵活的地区

那些实行完全灵活监管的国家可能会发现,鉴于潜在的基础设施投资项目纷繁多样,对这类资产的投资进行立法成本太高,并且认为投资者本身是评估基础设施项目投资风险的最佳主体,因此只规定投资应该"谨慎"并且精心规划(OECD,2014a)。采用这种模式就意味着养老基金应该具备成功评估每个项目的必要知识。这类国家通常包括盎格鲁—撒克逊国家(英国、美国、澳大利亚和加拿大)以及比利时和荷兰,它们都没有对基础设施投资规定定量限制。

即使这类实行完全灵活监管的国家也采取大相径庭的投资政策。例如,加拿大和澳大利亚选择了差别很大的投资工具。加拿大未上市基础设施资产项目的直接投资有两点值得关注:一是加拿大的项目债券市场是世界上最大的项目债券市场之一,二是加拿大养老基金的基础设施投资组合有很大一部分海外资产;而澳大利亚把风险打包到基础设施基金管理的特殊融资工具中,在这方面积累了丰富的专业知识。最近,加拿大的养老基金更加积极地投资未上市资产。我们还注意到,澳大利亚养老基金对基础设施的投资受到了澳大利亚推行强制性缴费确定型养老金制度的激励,而加拿大养老基金基础设施投资的快速增加则得益于这个国家非常成熟的私人待遇确定型养老基金(Inderst,2014)。

通过规定限制或附加条件对养老基金的基础设施投资实施的监管

有些国家对养老基金投资基础设施规定限制条件,例如,经合组织(OECD,2014a)考察的国家有 1/3 不允许养老基金对私人投资基金进行投资或者通过直接贷款的方式进行基础设施投资。然而,经合组织(OECD,2004a)分析的国家大多允许养老基金投资私人债券(包括基础设施债券),但投资私人债券的限额几乎总是低于投资政府债券的限额。大多数国家不允许养老基金投资非上市股票,并对上市资产投资规定了限额,许多拉美国家就是这方面的例子。根据图艾斯塔(Tuesta,2015)提供的数据,巴西、智利、哥伦比亚、墨西哥和秘鲁拥有这个地区最重要的私人养老金计划,但这些国家的私人养老金计划的基础设施投资已经占它们总投资组合的2.6%。墨西哥的情况尤其值得注意,迄今为止,墨西哥私人养老金计划的投资组合中平均有4.8%是基础设施项目投资。

拉美国家这方面的监管经验十分有限。第一批基础设施债券是根据1998年智利的单一险种计划开发的,这项计划使得智利的关键基础设施得到了融资。但随后,智利就不得不放弃这项计划,目前,智利的养老基金通过基础设施基金来进行这类投资。墨西哥借助于所谓的房地产投资信托基金(Real Estate Investment Trusts,Fibra)和发展资本证书(Development Capital Certificate,CKD),在开发养老基金投资基础设施项目的打包工具方面处于领先水平。与此同时,哥伦比亚以有限的政府融资发行了基础设施债券。秘鲁的养老基金选择它们自己设立信托基金的方式来进行基础设施投资,这些信托基金持有基础设施基金的股份,并在董事会中发挥积极的作用。秘鲁还为大型基础设施项目发行所谓的"在建工程证书"(Work in Progress Certificates,CRPI),这类大型基础设施项目更像是公共工程项目,因为它们有政府税收收入提供的实质性担保。

拉美国家对养老基金的全部基础设施投资都设有某种类型的数量限制,有时是直接限制,如在确定特殊投资工具的情况下;有时则是间接限制,如对债券或股票投资规定限额。哥伦比亚和墨西哥等拉美国家对其基础设施投资工具设置了不同的数量限制,具体取决于养老基金会员的风险胃纳和养老基金的投资组合(Tuesta,2015)。墨西哥规定的养老基金基础设施投资限额最高可达占养老基金投资组合的12%,而哥伦比亚的上限则是某些养老基金投资组合的7%。

欧盟的情况

近年来,欧盟已经为鼓励机构进行基础设施投资做出了一些努力(European Commission,2014a,2014b)。但是,欧盟成员国养老金制度纷繁多样,这种多样性一直阻碍着对共同基础设施投资市场的监管。在欧盟内部,成员国的立法占据主导地位,从而导致对这类投资限制最宽松的成员国(比利时,限额高达10.58%)与最严厉的成员国(西班牙,限额只有6.06%)之间存在显著的差异(见本章附录和表10.2中的数据)。

2009年,欧盟委员会提出了一份另类投资基金管理公司(Alternative Investment Fund Managers，AIFMs)指令草案，目的是要在欧盟层面创建一个监管和监督另类投资基金管理公司的框架，从而让监管当局和投资者都觉得另类投资基金管理变得比较透明(European Commission，2014 a，2014 b)。欧盟负责管理欧洲养老基金的机构欧洲保险与职业养老金管理局提出了职业退休准备金机构(IORP)指令Ⅰ和Ⅱ的草案，目的就是要对成员国的职业养老基金立法与欧盟的偿付能力监管标准Ⅱ的要求进行协调。换句话说，欧盟的重点是通过允许对相关风险进行适当评估的模型，优先考虑偿付能力和主动风险管理，而不是忘记欧盟要求的控制和报告支柱。

表 10.2　　养老基金基础设施投资的监管自由化指数

国家	指数	国家	指数	国家	指数	国家	指数
比利时	10.58	瑞典	7.93	冰岛	6.01	赞比亚	4.91
加拿大	10.58	德国	7.93	约旦	6.01	尼日利亚	4.57
爱尔兰	10.58	韩国	7.78	瑞士	5.68	尼日利亚	4.57
荷兰	10.58	葡萄牙	7.61	巴西	5.68	罗马尼亚	4.57
直布罗陀	10.58	美国	7.59	马耳他	5.66	捷克共和国	4.33
马耳他	10.58	匈牙利	7.22	波兰	5.50	阿尔巴尼亚	4.18
马拉维	10.22	希腊	6.80	保加利亚	5.50	哥伦比亚	4.18
澳大利亚	9.86	毛里求斯	6.79	斯洛伐克共和国	5.32	中国	4.18
英国	9.86	奥地利	6.74	亚美尼亚	5.31	巴基斯坦	4.18
以色列	9.85	意大利	6.47	亚美尼亚	5.31	俄罗斯联邦	3.98
新西兰	9.83	土耳其	6.47	哥斯达黎加	5.29	马尔代夫	3.79
挪威	8.71	法国	6.43	斯洛文尼亚	5.29	埃及	3.74
日本	8.41	泰国	6.10	坦桑尼亚	5.29	多米尼加	3.38
爱沙尼亚共和国	8.36	特立尼达与多巴哥	6.07	秘鲁	5.29	智利	3.07
牙买加	8.31	南非	6.07	肯尼亚	4.93	乌干达	3.02
卢森堡	7.95	西班牙	6.06	马其顿共和国	4.93	印度	2.30
芬兰	7.94	墨西哥	6.04	纳米比亚	4.91	乌克兰	2.25

资料来源：本章作者转引自 OECD(2014a)。

虽然欧洲保险与职业养老金管理局已经认识到基础设施对经济增长的重要性及其对养老基金的潜在好处,但仍警告称,在欧盟通过任何统一的立法之前,仍需要做更多的工作并进行磋商。为此,欧洲保险与职业养老金管理局(EIOPA,2013)提出了一份讨论文件,该文件首先确定了应该如何在偿付能力监管标准Ⅱ的框架下处理各种基础设施和其他长期资产以及应该允许哪类理财投资者进行这些投资。欧洲保险与职业养老金管理局认为,保险公司首选的长期资产投资是(债券、贷款或股权形式的)直接项目融资、(上市和非上市)基础设施投资基金和基础设施贷款的证券化工具。①

欧洲投资银行发起的"欧洲 2020 项目债券计划"是欧盟为缓解上述问题而采取的最高级别的举措。欧洲投资银行扮演着与之前单一险种保险公司类似的角色,担保基础设施绿地投资的风险,并对项目进行适当的信用评级。具体而言,这项计划主要有以下特点:把项目损失的风险限制在 20% 以下;目标是为这个项目争取"A"级信用评级(养老基金和保险公司投资的最低信用等级要求);欧洲投资银行根据它们的财务状况和信用评级有可能发放次级贷款;挑选可由欧洲投资银行自己审计的项目投资或公私合作项目。2015 年,欧洲保险与职业养老金管理局成立了一个工作组,负责确定哪些类型的基础设施投资能够在风险明确的情况下长期提供可预测的现金流,并且还负责评估新型基础设施资产的衡量标准,其中包括透明度和标准化方面的衡量标准。

影响养老基金基础设施投资的不同变量:经验证据

正如我们已经指出的那样,监管和非监管因素可能会鼓励或阻碍养老基金参与基础设施融资。在这一节里,我们提出一个旨在量化哪些因素最具有经验相关性的模型。

数据

我们的数据有多个来源。有关养老金投资监管以及制度和商业环境不同方面的信息取自经合组织的几种出版物和世界经济论坛美国报告(World Economic Forum USA's report)。我们采用三组变量来确定哪些因素会影响养老

---

① 没有明确说明这些投资类型是否也适合养老基金。

基金对基础设施的投资。

第一组变量取自经合组织数据截至 2013 年 12 月的报告（OECD, 2014a）。这份报告披露了关于养老基金投资基础设施受到的不同形式的限制和有关法律规定的信息。这里的变量是指经合组织国家和本章所选的非经合组织国家养老基金投资（股票、房地产、债券、零售投资基金、私人投资基金、贷款和银行存款等）资产类别受到的限制。我们还获得了这些资产是国内资产还是国外资产的信息。

第二组变量取自世界经济论坛美国报告（2012），数据涉及制度和商业环境、金融稳定性、非银行金融服务和金融准入。其中的一个变量子集集中关注资本账户自由化和基础设施总体质量，两者都按从 1（最低）到 7（最高）七个等级进行标准化。第二个变量子集由法定权利强度指数、投资者受保护力度指数和财务强度指数组成。第三个变量子集包括合同执行程序的数量（以天数计算）和占证券化交易总量的份额（按占证券化交易总量的百分比计算）。

经合组织（OECD, 2014c）提供了一组跟踪养老基金财务业绩（资产、投资和行业结构）趋势的补充变量，具体来说，是养老基金的资产占国内生产总值的份额、非金融企业债券占债券总额的百分比、待遇确定型养老金计划的资产占养老金计划总资产的百分比。

我们把养老基金对基础设施的投资作为因变量（OECD, 2014b），这里的基础设施投资总额包括属于交通、电信、公用事业和能源等部门的资产。养老基金可以通过不同的渠道进行基础设施投资，而它们的基础设施投资（占基础设施总投资的百分比）可以分为非上市股票、上市股票和债券三种不同的资产类别。在本章中，我们考虑了基础设施投资总额（基础设施投资总额＝非上市股票投资＋上市股票投资＋债券投资）。表 10.3 提供了有关所有变量更加详细的信息。

表 10.3　　　　　　　　　　　变量说明

变　量	说　明	来　源
养老基金投资国内基础设施不同资产类别受到的限制	根据经合组织的养老基金限制与监管报告，这个指数是用来衡量投资国内不同资产类别的易难程度。经合组织的报告包括股票、房地产、债券、零售投资基金、私人投资基金、贷款和银行存款等七个国内资产类别。根据现有规定或限制，每个指标使用不同的代码，这个指数的值越大，投资灵活性就越高	BBVA Research, OECD（2014a）

续表

变量	说　明	来　源
养老基金投资国外基础设施不同资产类别受到的限制	根据经合组织的养老基金限制与监管报告,这个指数是用来衡量投资国外不同资产类别的易难程度。这个变量也包括股票、房地产、债券、零售投资基金、私人投资基金、贷款和银行存款等七个资产类别。根据现有规定或限制,每个指标使用不同的代码;这个指数的值越大,投资灵活性就越高	同上
资本账户自由化	这个指数衡量一个国家资本账户自由化的程度,分 1(最不自由)到 7(最自由)七个等级。这个变量包括根据国际货币基金组织外汇安排和外汇管制年度报告(*Annual Report on Exchange Arrangements and Exchange Restrictions*)以及《2012 年金融发展报告》(*Financial Development Report* 2012)中金融发展指数法律与监管问题子支柱和债券市场发展子支柱的信息确定的资本管制水平	World Economic Forum USA Inc. (2012)
基础设施总体质量	这个变量包括对每个国家一般基础设施(如交通、电话和能源)进行的质量评估,分 1(极不发达)~7(按国际标准衡量受益面大且有效)个等级	同上
法定权利强度指数	这个指数衡量担保法和破产法保护借款人和贷款人权利,从而促进借贷的程度,分 0~10 共 11 个等级(评分越高,旨在扩大信贷渠道的担保法和破产法就越完善)	同上
投资者受保护力度指数	这个指数是信息披露程度指数、董事责任程度指数和股东诉讼便利指数的平均值,分 0~10 共 11 个等级,得分越高表示投资者受到保护的力度越大	同上
合同执行程序数量	这个变量表示从原告向法院提起诉讼到执行付款判决需要履行的程序的数量。这里的程序被定义为当事人之间,或当事人与法官或法院工作人员之间的任何互动(如立案步骤、审判和判决步骤以及执行判决的必要步骤)	同上
经合组织成员国养老基金相对于本国经济规模的重要性	这个指标衡量经合组织成员国养老基金的资产市值占本国经济规模的份额,这里用国内生产总值来表示经济规模	OECD (2014c)
待遇确定型养老金计划的资产占养老金计划总资产的百分比	这个指标表示待遇确定型养老金计划总投资与养老金计划总投资之间的关系	OECD Stats (2015)

续表

变　量	说　明	来　源
金融实力指标	这个指标是银行资产财务实力评级的加权平均值，用来衡量一国银行对储户和其他债权人履行偿债义务的能力。这个指标包括一国银行经营环境的定量和定性信息(只包括每个国家较大的银行)	World Economic Forum USA Inc. (2012)
非金融企业债券余额占债券和票据余额的百分比	这个变量表示国内非金融企业未清偿债券和票据总额占国内金融与非金融企业未清偿债券和票据总额的百分比	BIS (2015)
占证券化交易总量的份额	这个变量是指资产支持证券(ABS)、抵押贷款支持证券(MBS)、高收益债券和高杠杆贷款交易占证券化交易总量的百分比的三年平均值	World Economic Forum USA Inc. (2012)
英语文化圈国家	指英语是大部分人口第一语言的国家以及现在仍拥有大量可追溯到英帝国时期的英语知识的其他国家	同上
欧盟国家	对应于(从2013年起)欧盟现有的28个成员国	同上
欧洲自由贸易联盟国家	属于欧洲自由贸易联盟这个旨在促进自由贸易和经济一体化而创建的政府间组织的国家，包括冰岛、列支敦士登、挪威和瑞士	同上
拉美与加勒比地区国家	包括巴西、智利、哥伦比亚、哥斯达黎加、多米尼加共和国、牙买加、毛里求斯、墨西哥、巴拿马、秘鲁以及特立尼达与多巴哥	同上

资料来源：本章作者转引自表中注明的来源。

我们的观察单位是养老基金，而不是国家。由于好多国家（按字母顺序依次是亚美尼亚、保加利亚、捷克共和国、爱沙尼亚、芬兰、德国、卢森堡、马耳他、尼日利亚、波兰、俄罗斯联邦、斯洛伐克共和国和韩国）的立法不同，因此，这些国家的养老基金类型不同，金融监管条件和投资水平也不同。我们采用杜宾模型(Tobit model)来考察金融监管和制度框架对养老基金基础设施投资权重的影响，但对这个模型的使用受到因变量具体特点的制约。我们只能在某个区间观察这些因变量，所以我们看到了0和正值观察结果混合在一起的结果。因此，似然函数必须考虑因变量的这种特殊性和额外的计算复杂性。

金融监管与所考虑的金融产品有关。观测值少，但变量众多，再加上变量信息有限，这些都要求使用主分量方法。这种方法可以把信息聚合成养老基金投资组合中投资国内不同类别资产受到的限制和投资国外不同类别资产受到的限制两个指标(见附录)。

我们采用的杜宾模型也收入了一些地域二元变量，并且还考虑了以下几个方面：可以追溯到英帝国时期的广义英语文化圈国家（英语为大多数人口第一语言的国家和掌握大量英语知识的国家）、欧盟国家、欧洲自由贸易联盟国家以及拉丁美洲与加勒比地区国家。表 10.4 给出了所有变量的主要描述性统计。

表 10.4　　　　　　　　　　　描述性统计

	均值	标准差	最小值	最大值
养老基金基础设施投资（占其总投资的%）	3.104	8.843	0	51.3
养老基金投资国内基础设施不同类别资产受到的限制	5.847	2.8	0	10.579
养老基金投资国外基础设施不同类别资产受到的限制	1.891	2.515	0	9.848
基础设施总体质量	5.199	2.026	1	7
法定权利强度指数	5.033	1.042	2.83	6.64
投资者受保护力度指数	6.456	2.105	3	10
合同执行程序数量	5.825	1.368	3	9
养老基金相对于用国内生产总值表示的经济总量的重要性	32.93	5.454	21	46
	24.105	35.449	0	166.3
	20.329	35.506	0	100
待遇确定型养老金计划持有的资产占养老基金总资产的%	4.561	2.044	0	9
非金融企业债券余额占债券和票据余额总量的%	6.722	11.297	0	36.21
占证券化交易总量的份额	2.13	7.27	0.02	53.63
英语文化圈国家（广义）	0.123	0.331	0	1
欧盟国家	0.474	0.504	0	1
欧洲自由贸易联盟国家	0.018	0.132	0	1
拉美与加勒比地区国家	0.105	0.31	0	1

资料来源：本章作者转引自 OECD（2014a，2014b，2014c）以及 World Economic Forum USA Inc.（2012）。

养老基金可以通过不同的渠道进行基础设施投资。我们按照经合组织（OECD，2014b）的做法考察了养老基金进行的基础设施非上市股票、上市股票和债券投资，并且汇总得出了养老基金基础设施投资占养老基金总投资的比例。这个平均值表明，养老基金对这些资产的投资只占其总投资的一小部分，但国家之间存在很大的差别。有几个国家的养老基金没有进行基础设施投资，而葡萄牙、加拿大、巴西和澳大利亚等国的养老基金则有很大的基础设施参与度。

从养老基金投资国内外基础设施不同资产类别受到的限制来看，养老基金对国内基础设施的投资超过了它们对国外基础设施的投资；对养老基金投资国内基础设施资产类别的监管往往比对养老基金投资外国基础设施资产类别的监管更加全面。

关于衡量一国资本账户自由化程度的资本账户自由化指标，它的均值表明自由化程度相当高（均值是 5.2，而最大值是 7）。但从标准差的值可以看出，国家之间的不平等程度很大。

基础设施总体质量考虑了商业环境，并对国家的基础设施（交通、电话、能源等）的质量进行评估。这个指标采用了 1（极不发达）～7（受益面广且有效）七个标准化等级表示。这个指标的均值表明，被分析国家的基础设施相当发达（均值是 5.8，最大值是 6.64），但没有达到高效率水平。这个指标表明基础设施最发达的国家是瑞士和芬兰，而"最不发达"的国家是罗马尼亚、坦桑尼亚和尼日利亚。

法定权利强度指数是指担保法和破产法保护借款人和贷款人权利，从而促进借贷的程度。这个指标的第一个变量，即保护借款人和贷款人权利的力度，与这个指标的均值（6.5）相近，但国家之间存在显著的差异。像肯尼亚、南非和英国这样的国家保护力度很大，因此可能有机会获得信贷。相比之下，巴西、埃及、印度尼西亚、意大利、葡萄牙和俄罗斯联邦的保护力度很小，因此，获得信贷的可能性小、难度大。

至于投资者受保护力度，从均值看，大部分国家都位于均值（6.0）附近。我们可以强调加拿大、哥伦比亚和爱尔兰等在保护投资者方面达到的水平，这些国家的保护指数几乎达到了最大值，而其他像奥地利、希腊和瑞士这样的国家，这个指数呈现较小的数值。

执行合同所需程序的数量衡量从原告向法院提起诉讼到执行付款判决所需程序的数量。这个指标的均值显示，这个过程大约需要 33 个程序。除一些特例外，如爱尔兰只需要 21 个程序，而巴基斯坦和印度则需要 46 个程序，一般国家都在 30～40 个程序之间。

大多数国家的养老基金相对于本国经济总量而言都规模很小,但国家之间存在显著的差异。在大多数国家,养老基金资产占经济总量的比例还不到10%,但在澳大利亚、冰岛、荷兰和英国等少数几个国家,养老基金相对于本国经济总量的规模超过了100%。

我们还衡量了待遇确定型养老金计划持有的资产占养老金计划总资产的百分比。这个变量的均值表明这种养老金计划并不普遍,但很大的标准差证实了国家之间的显著差异。

金融实力指标是按银行资产计的金融实力评级的加权平均值。这个指标的均值是4.6,各国的具体数值从4到6不等,只有加拿大和澳大利亚等少数国家的这个指标值较高。

关于非金融企业债券余额占债券和票据总余额的百分比,数据显示,百分比很小,但变异性很高。在俄罗斯联邦和韩国,这个百分比是30%;而在其他国家,这个比例要低得多。

这里的占证券化交易总量的份额是指资产支持证券、抵押贷款支持证券、高收益债券和高杠杆贷款交易总和占证券化交易总量的百分比的三年平均值。就如这个指标的均值和标准差所显示的那样,在被分析国家之间存在巨大的差异,因为这个指标的三年平均值在大部分国家还不到1%。但在美国却高达53.63%。

模型

为了反映这些变量的信息,我们在表10.5中列示了模型回归的结果。

表10.5　　　　　　　　　　杜宾模型系数估计[a]

	模型Ⅰ	模型Ⅱ	模型Ⅲ	模型Ⅳ
养老基金投资国内基础设施不同资产类别受到的限制	2.58[c]	−1.73	−2.79	−4.85
养老基金投资国外基础设施不同资产类别受到的限制	−0.40	−2.34[d]	−4.66[c]	−4.93
基础设施总体质量		6.40[c]	12.87[b]	49.61[c]
法定权利强度指数		−5.96	−19.50[c]	−65.18[c]
投资者受保护力度指数		4.24[d]	4.84[c]	15.04[c]
合同执行程序数量		−5.96[d]	−11.73[b]	−38.67[c]

续表

	模型Ⅰ	模型Ⅱ	模型Ⅲ	模型Ⅳ
本国养老基金相对于用国内生产总值表示的本国经济总量的重要性		−0.23	−1.62	−5.55[c]
待遇确定型养老金计划持有的资产占养老金计划总资产的百分比		0.19[d]	0.09	−0.07
非金融企业债券余额占债券和票据余额总量的百分比		0.04	0.01	0.39[c]
占证券化交易总量的份额			9.00[c]	32.41[c]
			0.94[c]	5.14[c]
			0.34[d]	2.14[c]
英语文化圈国家(广义)				47.65
欧盟国家				140.59[c]
欧洲自由贸易联盟国家				90.24[d]
拉美与加勒比地区国家				94.61[b]
常数	−33.142[b]	0.628	69.281	29.45
观察值数量	57	57	57	57
伪 R^2	0.018	0.088	0.147	0.23
对数伪似然度	−80.655	−74.884	−70.026	−63.68

注：a. 因变量：养老基金的基础设施投资(占其总投资的%)；b. 表示估计值显著到1%；表示估计值显著到5%；c. 表示估计值显著到10%。

资料来源：OECD(2014a，20146，2014c)以及 World Economic Forum USA Inc.(2012)。

模型Ⅰ只把金融监管变量作为回归估计量。对养老基金投资不同基础设施资产类别受到的限制的系数估计表明，降低养老基金投资国内基础设施不同资产类别受到的限制将显著提高养老基金基础设施投资占其总投资的百分比，但降低养老基金投资外国基础设施不同资产类别受到的限额只产生在统计上与0没有区别的影响。因此，主要是养老基金投资国内基础设施受到的限制制约了养老基金的基础设施投资。这些结果表明，在金融监管领域还有很多工作要做。

模型Ⅱ包括金融监管变量以及其他一些与一般监管、立法、制度因素和养老金计划特点有关的变量。无论是对于养老基金投资国内还是国外基础设施资产，金融监管的影响现在都变成了负面影响，但对养老基金投资国内基础设施资产的负面影响可以忽略不计,而对养老基金投资外国资产的负面影响则略微显著。其他因素的重要性也对金融监管与养老基金基础设施投资决策之间的关系产生决定性影响,但养老基金的基础设施投资决策并不完全取决于对其投资基础设施的限制。

资本账户自由化程度、法定权利强度指数(衡量担保法和破产法保护借款人和贷款人权利的力度)以及养老基金相对于经济总量的重要性都对养老基金投资基础设施产生显著的影响。投资者受保护力度对养老基金投资基础设施的比例产生略微显著的负面影响。对此,一种可能的解释是在基础设施投资的背景下,投资者受保护水平和养老基金投资机会与其他投资者的投资机会呈此消彼长的关系。我们考察的其他变量的影响在统计上与0没有区别。

模型Ⅲ反映了更多与金融系统相关的细节,回归分析结果进一步支持了我们通过模型Ⅱ观察到的结果。只有养老基金相对于经济总量的重要性的影响有所减小。金融系统工具变量的系数为正且显著,从而表明金融市场的灵活性、规模和发展水平与养老基金投资基础设施的水平之间存在直接的关系。

模型Ⅳ还收入了最后一组与地理区域有关的变量。结果证实了模型Ⅲ考虑的全部因素的重要性。地理区域效应表明,影响养老基金基础设施投资比例的国家特征在欧盟、欧洲自由贸易联盟国家、拉美与加勒比地区国家尤为重要。

模型Ⅳ得出的其他结果证实了金融保护水平、法定权利的稳定性和公平性与金融机构的素养和实力之间的相关性。金融市场的发达程度对养老基金的基础设施投资比例也产生显著的正面影响。

结束语

本章探讨了驱动养老基金投资基础设施项目的因素。把养老金投资于基础设施的吸引力在于,这类资产的相关性低于养老基金投资组合中的其他金融资产,具有更好的风险—回报特征,并且期限较长。然而,基础设施项目投资也有风险,需要掌握大量的专业知识。

许多国家正在调整养老金监管,以便允许养老基金更多地参与基础设施项目。澳大利亚和加拿大的监管框架允许这两个国家的养老基金以极大的灵活性进行基础设施投资,并且显然取得了成功。欧洲目前正在建立资本市场联盟(Capital Markets Union)的背景下开展这方面的讨论,而欧盟正在设法解决成员国监管不同的问题。拉丁美洲国家,特别是墨西哥,已经在为养老基金开发专门的基础设施投资金融工具。

我们的实证分析也表明,金融市场的发展水平(如可用资本账户自由化、非金融企业债券余额占债券和票据余额总量的份额以及占证券化交易总量的份额等指标来衡量)与养老基金的基础设施投资正相关。

致谢

本章作者要感谢伊格纳西奥·阿帕里西奥—托利塞斯(Ignacio Aparicio-Torices)和玛利亚·罗德里格兹—乌尔瓦诺(Maria Rodriguez-Urbano)提供了研究方面的帮助。本章所表达的观点是作者本人的观点,并不一定反映他俩各自的学术倾向。

附录:用综合指数来衡量养老基金基础设施投资监管的灵活性

为了使养老基金基础设施投资监管的多样性同质化和标准化,我们编制了一个衡量养老基金有多大机会或便利进行这类投资的指数。我们使用主分量分析法(principal component analysis)这种约简数据的统计方法。主分量分析通过正交变换把一组可能相关的变量的观测值转换成一组被称为主分量的线性不相关变量的值。

主分量分析在数学中被定义为正交线性变换。这种变换被定义为一种使第一个主分量具有尽可能大的方差(因此可以尽可能多地解释数据的变异性),而每个后续分量在与之前的分量正交的约束下依次具有尽可能大方差的变换方法。

经合组织(OECD,2014a)报告了每种金融产品的详细监管情况,介绍了对养老基金实行的不同形式的约束和法律监管。这些产品包括股票、房地产、债券、零售投资基金、私人投资基金、贷款和银行存款。我们对其中的每种产品采用四个不同的代码("不允许投资""有限制允许""有限制允许但有例外"和"无限制允许")。因此,(任一产品)这个指标的数值越大,就意味着这种产品的监管灵活性越高。我们还根据每个国家的法律,对养老基金投资国内和国外基础设施七种资产类别受到的限制进行了区分。

主分量分析法可以把这七种资产类别的监管信息聚合在投资国内基础设施不同资产类别受到的限制和投资国外基础设施不同资产类别受到的限制这两个指标中：

投资国内基础设施不同资产类别受到的限制＝0.3850×国内股票＋0.3640×国内房地产＋0.3863×国内债券＋0.3896×国内零售投资基金＋0.3832×国内私人投资基金＋0.3603×国内贷款＋0.3763×国内银行存款

投资国外基础设施不同资产类别受到的限制＝0.3992×国外股票＋0.3439×国外房地产＋0.4142×国外债券＋0.4113×国外零售投资基金＋0.3615×国外私人投资基金＋0.3111×国外贷款＋0.3927×国外银行存款

这两个公式中的各权重值对应于每组乘积的第一个主分量（特征向量）的结果。在这两个公式中各种金融产品的权重值相近，但在反映投资国外基础设施不同资产类别受到的限制的公式中权重值似乎相差较大。

结果表明，监管法规允许养老基金投资基础设施的国家主要是有盎格鲁—撒克逊渊源的国家，其次是北欧和日本；包括西班牙、法国、意大利和瑞士在内的许多发达国家都有相关的立法限制；发展中地区，特别是非洲的发展中地区和拉丁美洲的一两个发展中地区，都有非常严厉的监管法规。

参考文献

Alonso, J., J. Bjeletic, C. Herrera, S. Hormazabal, I. Ordóñez, C. Romero, D. Tuesta, and A. Ugarte, (2009). *Projections of the Impact of Pension Funds on Investment in Infrastructure and Growth in Latin America*, BBVA Research Working Papers, 1002. Madrid. Spain: BBVA.

Andrews, A. and S. Wahba (2007). *Investing in Infrastructure: A Primer*, Infrastructure Paper Series, 2. New York: Morgan Stanley Partnership.

Bank of International Settlements (BIS) (2015). 'BIS Statistics.' <http://www.bis.org/statistics/index.htm>.

Bird, R., H. Liem, and S. Thorp (2012). 'Infrastructure: Real Assets and Real Returns,' *European Financial Management*, 20(4): 802–24.

CEOE (2013). *La inversión en infraestructuras públicas en España*. Madrid: CEOE. <http://www.ceoe.es/resources/image/inversion_infraestructuras_publicas_espana_propuesta_mejora_marco_legal_2013.pdf>.

Connolly, N. (2012). *Australians and Infrastructure Investments*. Seattle, WA: Russell Research.

Della Croce, R. (2012). *Trends in Large Pension Fund Investment in Infrastructure*, OECD Working Papers on Finance, Insurance and Private Pensions, 29. Paris: OECD Publishing.

Della Croce, R., P.-A. Schieb, and B. Stevens (2011). *Pension Funds Investment in Infrastructure: A Survey*. Geneva: OECD. <http://www.oecd.org/futures/infrastructureto2030/48634596.pdf>.

Della Croce, R. and J. Yermo (2013). *Institutional Investors and Infrastructure Financing*, OECD Working Papers on Finance, Insurance and Private Pensions, 36. Paris: OECD Publishing.

EIOPA (2013). *Discussion Paper on Standard Formula Design and Calibration for Certain Long-Term Investments*. Frankfurt: EIOPA. <https://eiopa.europa.eu/Publications/Reports/EIOPA_Technical_Report_on_Standard_Formula_Design_and_Calibration_for_certain_Long-Term_Investments__2_.pdf>.

Escrivá, J., E. Fuentes, and A. García-Herrero (2010). *Balance y Proyecciones de la Experiencia en Infraestructura de los Fondos de Pensiones en Latinoamérica*, Santiago, Chile: BBVA.

European Commission (2014a). *Long-Term Financing of the European Economy*. Brussels: EU. <http://eur-lex.europa.eu/legal-content/EN/TXT/PDF/?uri=CELEX:52013DC0150&from=EN>.

European Commission (2014b). *Communication on Long Term Financing of the European Economy*. Brussels: EU. <http://eur-lex.europa.eu/legal-content/EN/TXT/PDF/?uri=CELEX:52014DC0168&from=EN>.

European Commission (2014c). *Ad-Hoc Audit of the Pilot Phase of the Europe 2020 Project Bond Initiative*. Brussels: EU. <http://ec.europa.eu/economy_finance/financial_operations/investment/europe_2020/investment_needs_en.htm>.

Future Fund Board (2011). *Annual Report, 2011/2012*. Melbourne: Future Fund Board of Guardians. <http://www.futurefund.gov.au/__data/assets/pdf_file/0012/5106/FF_Annual_Report_2012_WEB.pdf>.

Inderst, G. (2014). 'Pension Fund Investment in Infrastructure: Lessons from Australia and Canada,' *Rotman International Journal of Pension Management*, 7(1): 40–8.

Infrastructure Partnerships Australia (2010). *The Role of Superannuation in Building Australia's Future*. Sydney: Infrastructure Partnerships Australia. <http://www.infrastructure.org.au/Content/TheRoleofSuperannuation.aspx>.

Macquarie Group (2009). *Infrastructure Sector Boosted by Government Spending*. Global Equity Research, Issue Brief. <http://www.macquarie.co.uk/dafiles/Internet/mgl/uk/mfg/docs/global-listed-infra-annual-sector-review.pdf>.

NAPF (2013). *Trends in Defined Benefit Asset Allocation: The Changing Shape of UK Pension Investment*. London: NAPF. <http://www.napf.co.uk/PolicyandResearch/DocumentLibrary/~/media/Policy/Documents/0314_Trends_in_db_asset_allocation_changing_shape_UK_pension_investment_NAPF_research_paper_July_2013_DOCUMENT.ashx>.

OECD (2014a). *Annual Survey of Investment Regulations of Pension Funds*. Paris: OECD. <http://www.oecd.org/finance/privatepensios/annualsurveyofinvestmentregulationofpensionfunds.htm>.

OECD (2014b). *Annual Survey of Large Pension Funds and Public Pension Reserve Funds. Report on Pension Funds' Long-Term Investments*. Paris: OECD. <http://www.oecd.org/finance/private-pensions/survey-large-pension-funds.htm>.

OECD (2014c). *Pension Markets in Focus 2014*. Paris: OECD. <http://www.oecd.org/finance/private-pensions/pensionmarketsinfocus.htm>.

OECD (2014d). *Private Financing and Government Support to Promote Long-Term Investments in Infrastructure*. Paris: OECD. <http://www.oecd.org/daf/fin/private-pensions/Private-financing-and-government-support-to-promote-LTI-in-infrastructure.pdf>.

OECD Stats (2015). 'Funded Pensions Indicators.' <https://stats.oecd.org/Index.aspx?DataSetCode=PNNI_NEW#>.

Peng, H. and G. Newell (2007). 'The Significance of Infrastructure in Australian Investment Portfolios,' *Pacific Rim Property Research Journal*, 14(4): 423–50.

Sawant, R. (2010). *Infrastructure Investing: Managing Risks and Rewards for Pensions, Insurance Companies and Endowments*. Chicago: Wiley Finance.

Tuesta, D. (2013). 'Uso de los Fondos de Pensiones en Obra Pública: Experiencia de los Países Latinoamericanos,' presented at Seminario: Acceso de los fondos de pensiones al financiamiento de obra pública, San José, Costa Rica.

Tuesta, D. (2015). 'Pension Funds' Experience Investing in Infrastructure,' presentation in IOPS/AIOS International Seminar on Pension Systems. San Jose de Costa Rica. <https://www.bbvaresearch.com/en/publicaciones/pension-funds-experience-investing-in-infrastructure>.

Weber, B. and H. Alfen (2010). *Infrastructure as an Asset Class: Investment Strategies, Project Finance and PPP*. Chicago: Wiley Finance.

World Bank (2011). *Best Practices in Public-Private Partnerships Financing in Latin America: Conference Report*. Washington, DC: World Bank. <https://einstitute.worldbank.org/ei/sites/default/files/Upload_Files/BestPracticesPPPFinancingLatinAmericaConferenceReport.pdf>.

World Economic Forum USA Inc. (2012). *The Financial Development Report*. New York. <http://www.weforum.org/issues/financial-development>.

Yun, J. (2012). 'Healthcare Sector is a Natural Hedge for Pension Funds' Investing,' Forbes. Dec. 12. <http://www.forbes.com/sites/joonyun/2012/12/25/healthcare-sector-is-a-natural-hedge-for-pension-funds>.

尾　页

宾夕法尼亚大学沃顿商学院养老金研究理事会简介

宾夕法尼亚大学沃顿商学院养老金研究理事会(Pension Research Council of the Wharton School at the University of Pennsylvania)致力于发起有关影响员工养老金和其他福利的关键政策问题的辩论。该理事会发起了美国和世界各国私人和社会退休保障及相关福利计划的跨学科研究,试图通过对这些复杂安排的经济、社会、法律、精算和金融基础进行基础性研究来加深对这些安排的认识。沃顿商学院养老金研究基金会由沃顿商学院院长任命的顾问委员会成员,都是员工福利研究方面的引领者,并且在希望加强私营部门经济保障手段的同时认识到社会保障和其他公共部门收入维持计划的重要作用。读者如想了解更多有关沃顿商学院养老金研究理事会的信息,请访问 http://www.pensionresearchcouncil.org。

伯特纳养老金与退休研究中心简介

设在沃顿商学院的伯特纳养老金与退休研究中心(Boettner Center for Pensions and Retirement Research)是用约瑟夫·E. 伯特纳(Joseph E. Boettner)的姓名命名的养老金与退休研究中心。这个研究中心旨在支持全球老龄化、退休、公共和私人养老金方面的学术研究、教学和成果推广。宾夕法尼亚大学得到了伯特纳家族的慷慨捐助,而这个家族捐助宾夕法尼亚大学的目的是通过研究人口老龄化如何影响老年人经济安全和生活满意度等问题来提高对老年人经济状况的关注。该中心致力于研究和评估与全球人口老龄化和退休有关的挑战和机会,如何加强年轻人和老年人的退休收入、储蓄和投资行为,以及身心健康与成功的退休生活之间的相互关系等问题。如果读者想了解有关伯特纳养老金与退休研究中心的更多信息,请访问 http://www.pensionresearchcouncil.org/boettner。

沃顿商学院养老金研究理事会顾问委员会执行理事简介

奥利维亚·S. 米切尔(Olivia S. Mitchell)是员工福利计划国际基金会(International Foundation of Employee Benefit Plans)的特聘教授,现任职于宾夕法尼亚大学沃顿商学院商业经济与公共政策系。

顾问委员会成员名单

• 弗吉尼亚州威廉斯堡威廉玛丽学院(College of William and Mary)梅森商学院(Mason School of Business)的朱莉·阿格纽(Julie Agnew)

• 得克萨斯州奥斯汀的加里·W. 安德森(Gary W. Anderson)

• 马里兰州奥尔尼布利茨斯坦咨询公司(Blitzstein Consulting)的大卫·S. 布利茨斯坦(David S. Blitzstein)

• 北卡罗来纳州罗利州立大学管理学院的罗伯特·L. 克拉克(Robert L. Clark)

• 康涅狄格州罗威顿格雷厄姆资本管理公司(Graham Capital Management)的朱莉娅·科罗纳多(Julia Coronado)

• 北卡罗来纳州财政部部长珍妮特·考威尔(Janet Cowell)

• 马萨诸塞州沃尔瑟姆塔佩斯特里网络(Tapestry Networks)的彼得·A. 费雪(Peter A. Fisher)

• 加州洛杉矶明晟(MSCI)资本集团的 P. 布雷特·哈蒙德(P. Brett Hammond)

• 伊利诺伊州绍姆堡精算师协会(Society of Actuaries)的艾米丽·凯斯勒

(Emily Kessler)
- 马萨诸塞州剑桥哈佛大学经济系的戴维·I. 莱布森(David I. Laibson)
- 纽约大都会保险公司的罗宾·莱娜(Robin Lenna)
- 华盛顿特区乔治华盛顿大学商学院的安娜玛丽亚·卢莎迪(Annamaria Lusardi)
- 华盛顿特区全美州退休行政官协会(National Association of State Retirement Administrators)的珍妮·马寇·雷蒙德(Jeannine Markoe Raymond)
- 法兰克福歌德大学(Goethe University)金融系的雷蒙德·毛雷尔(Raimond Maurer)
- 马萨诸塞州栗树山(Chestnut Hill)波士顿学院管理学院的艾丽西亚·H. 穆奈尔(Alicia H. Munnell)
- 伦敦韦莱韬睿惠悦咨询公司(Willis Towers Watson)的迈克尔·奥尔扎格(Michael Orszag)
- 华盛顿特区合并资源公司(Amalgamated Resources)的理查德·普洛斯腾(Richard Prosten)
- 芝加哥安娜·拉帕波特咨询公司(Anna Rappaport Consulting)的安娜·M. 拉帕波特(Anna M. Rappaport)
- 北卡罗来纳州夏洛特保险与年金协会—大学退休权益基金会研究所(TIAA-CREF Institute)的大卫·P. 里查德森(David P. Richardson)
- 华盛顿特区伯灵律师事务所(Covington & Burling, LLP)的理查德·C. 谢伊(Richard C. Shea)
- 宾夕法尼亚州费城宾夕法尼亚大学沃顿商学院商业经济与公共政策系的肯特·斯梅尔特斯(Kent Smelters)
- 宾夕法尼亚州费城宾夕法尼亚大学沃顿商学院金融系的尼古拉斯·S. 苏勒雷斯(Nicholas S. Souleles)
- 宾夕法尼亚州莫尔文先锋集团(Vanguard)的斯蒂芬·P. 乌特库斯(Stephen P. Utkus)
- 华盛顿特区雇员福利研究所(Employee Benefit Research Institute)的杰克·L. 范德黑(Jack L. VanDerhei)
- 纽约州纽约哥伦比亚大学商学院的斯蒂芬·P. 泽尔德斯(Stephen P. Zeldes)

养老金研究理事会会员名单

- 安联资产管理公司M项目(Allianz Asset Management Project M)
- 美林美国大学银行(American College Bank of America Merrill Lynch)
- 资本集团(Capital Group)
- 联邦储备雇员福利系统(Federal Reserve Employee Benefits System)
- 威廉·A. 弗雷(William A. Frey)
- 国际雇员福利计划基金会(International Foundation of Employee Benefit Plans)
- 投资公司协会(Investment Company Institute)
- 摩根大通美世人力资源咨询公司(J. P. Morgan Chase & Co. Mercer Human Resource Consulting)
- 大都会人寿保险公司(MetLife)
- 美国互助人寿保险公司(Mutual of America Life Insurance Company)
- 加拿大安大略省养老金委员会(Ontario Pension Board)
- 养老金与投资公司(Pensions & Investments)
- 太平洋投资管理有限责任公司(Pacific Investment Mgmt. Co. LLC, PIMCO)
- 保诚保险公司(Prudential)
- 美国金融业监管局"让退休变得简单"(Retirement Made Simpler, FINRA)
- 美国社会保障总署(Social Security Administration)
- 北美精算师协会(Society of Actuaries)
- 道富环球投资管理公司(State Street Global Advisors)
- 普信集团(T. Rowe Price)
- 美国教师退休基金会(TIAA Institute)
- 韦莱韬睿惠悦咨询公司(Willis Towers Watson)
- 先锋集团(Vanguard Group)

沃顿商学院养老金研究理事会最近出版的出版物

Reimagining Pensions: The Next 40 Years. Olivia S. Mitchell and Richard C. Shea, eds. 2016. (ISBN 978-0-19-875544-9.)

Recreating Sustainabl,e Retirement. Olivia S. Mitchell, Raimond Maurer, and P. Brett Hammond, eds. 2014. (ISBN 0-19-871924-3.)

The Marhet fm • Retirement Financial Advice. Olivia S. Mitchell and Kent Smetters, eds. 2013. (ISBN 0-19-968377-2.)

Reshaping Retirement Security: Lessons from the Global Financial Crisis. Raimond Maurer, Olivia S. Mitchell, and Mark Warshawsky, eds. 2012. (ISBN 0-19- 966069-7.)

Financial Literacy. Olivia S. Mitchell and Annamaria Lusardi, eds. 2011. (ISBN 0-19-969681-9.)

Securing Lifelong Retirement Income. Olivia S. Mitchell, John Piggott, and Noriyuki Takayama, eds. 2011. (ISBN 0-19-959484-9.)

Reorienting Retirement Rish Management. Robert L. Clark and Olivia S. Mitchell, eds. 2010. (ISBN 0-19-959260-9.)

Fundamentals of Private Pensions. Dan M. McGill, Kyle N. Brown, John J. Haley, Sylvester Schieber, and Mark J. Warshawsky. 9th edn, 2010. (ISBN 0-19-954451-6.)

The Future of Public Employees Retirement Systems. Olivia S. Mitchell and Gary Anderson, eds. 2009. (ISBN 0-19-957334-9.)

Recalibrating Retirement Spending and Saving. John Ameriks and Olivia S. Mitchell, eds. 2008. (ISBN 0-19-954910-8.)

Lessons from Pension Reform in the Americas. Stephen J. Kay and Tapen Sinha, eds. 2008. (ISBN 0-19-922680-6.)

Redefining Retirement: How Will Boomer-s Fare? Brigitte Madrian, Olivia S. Mitchell, and Beth]. Soldo, eds. 2007. (ISBN 0-19-923077-3.)

Restructuring Retirement Risks. David Blitzstein, Olivia S. Mitchell, and Steven P. Utkus, eds. 2006. (ISBN 0-19-920465-9.)

Reinventing the Retirement Paradigm. Robert L. Clark and Olivia S. Mitchell, eds. 2005. (ISBN 0-19-928460-1.)

Pension Design and Structure: New Lessons from Behavim-al Finance. Olivia S. Mitchell and Steven P. Utkus, eds. 2004. (ISBN 0-19-927339-1.)

The Pension Challenge: Risk Transfer-s and Retirement Income Security. Olivia S. Mitchell and Kent Smetters, eds. 2003. (ISBN 0-19-926691-3.)

A History of Public Sector Pensions in the United States. Robert L. Clark, Lee A. Craig, and Jack W. Wilson, eds. 2003. (ISBN 0-8122-3714-5.)

Benefits for the Workplace of the Future. Olivia S. Mitchell, David Blitzstein, Michael Gordon, andjudith Mazo, eds. 2003. (ISBN 0-8122-3708-0.)

Innovations in Retirement Financing. Olivia S. Mitchell, Zvi Bodie, P. Brett Hammond, and Stephen Zeldes, eds. 2002. (ISBN 0-8122-3641-6.)

To Retire or Not: Retirement Policy and Practice in Higher Education. Robert L. Clark and P. Brett Hammond, eds. 2001. (ISBN 0-8122-3572-X.)

Pensions in the Public Sector. Olivia S. Mitchell and Edwin Hustead, eds. 2001. (ISBN 0-8122-3578-9.)

以上出版物可从养老金研究基金会网站下载：http://www.pensionresearchcouncil.org。